社区治理与社区教育

庄西真 等/著

苏州大学出版社

图书在版编目(CIP)数据

社区治理与社区教育／庄西真等著. —苏州：苏州大学出版社，2016.11
ISBN 978-7-5672-1921-2

Ⅰ.①社… Ⅱ.①庄… Ⅲ.①社区教育-研究 Ⅳ.①G77

中国版本图书馆 CIP 数据核字(2016)第 273001 号

书　　名：	社区治理与社区教育
著　　者：	庄西真 等
责任编辑：	刘诗能
装帧设计：	吴　钰
出版发行：	苏州大学出版社（Soochow University Press）
社　　址：	苏州市十梓街1号　邮编：215006
印　　装：	宜兴市盛世文化印刷有限公司
网　　址：	www.sudapress.com
邮购热线：	0512-67480030
销售热线：	0512-65225020
开　　本：	700mm×1000mm　1/16　印张：18.25　字数：328千
版　　次：	2016年11月第1版
印　　次：	2016年11月第1次印刷
书　　号：	ISBN 978-7-5672-1921-2
定　　价：	38.00元

凡购本社图书发现印装错误，请与本社联系调换。服务热线：0512-65225020

目　录

导论 / 1

第一章　何为社区 / 8
 一、社区概念的解析 / 8
  （一）社区概念的历史溯源 / 8
  （二）社区概念的中国化 / 12
 二、社区的构成要素 / 15
  （一）社区构成要素的学术争议 / 15
  （二）社区构成的基本要素 / 17
 三、社区的基本功能 / 20
  （一）社区的一般功能 / 20
  （二）社区的特质功能 / 23
 四、社区的类型划分 / 25
  （一）根据主要功能划分社区类型 / 26
  （二）根据空间特征划分社区类型 / 26
  （三）根据地理区域划分社区类型 / 28
  （四）根据规模大小划分社区类型 / 29
  （五）根据发展水平划分社区类型 / 30
 五、中国社区发展的回顾与展望 / 31
  （一）中国社区发展的历程回顾 / 31
  （二）中国社区发展的未来展望 / 35

第二章　关于社区治理 / 39
 一、治理的内涵 / 39
  （一）治理概念的解析 / 39
  （二）从"管理"到"治理"的逻辑演绎 / 44

二、社区治理概述 / 48
    （一）社区治理的必要性 / 48
    （二）社区治理的基本内涵 / 50
    （三）社区治理的理论基础 / 52

三、社区治理的组织结构 / 57
    （一）政府组织在社区治理中的角色定位 / 58
    （二）营利组织在社区治理中的角色定位 / 61
    （三）非营利组织在社区治理中的角色定位 / 63

四、社区治理的基本模式 / 66
    （一）政府主导型 / 67
    （二）社区自治型 / 69
    （三）合作共治型 / 71

五、当今中国社区治理的新趋势 / 73
    （一）社区治理理念的整合化：东方与西方的交错 / 73
    （二）社区治理进程的同步化：城市与乡村的统筹 / 74
    （三）社区治理重点的现代化：体系与能力的呼应 / 76
    （四）社区治理空间的拓展化：实体与网络的协作 / 77
    （五）社区治理权力的下移化：政府与公民的互动 / 79

第三章　了解社区教育 / 81

一、社区教育的含义 / 81
    （一）社区教育的基本含义 / 81
    （二）现代社区教育的基本特征 / 84

二、社区教育的兴起与发展 / 88
    （一）社区教育的萌芽时期(18世纪末期—19世纪中期) / 88
    （二）社区教育的初步发展时期(19世纪中后期—20世纪中期) / 89
    （三）社区教育的蓬勃发展时期(20世纪中期至今) / 90
    （四）中国社区教育的发展 / 90

三、社区教育的作用 / 93
    （一）社区教育与人的发展 / 93
    （二）社区教育与学习型社区建设 / 95
    （三）社区教育与终身教育体系构建 / 98
    （四）社区教育与和谐社会 / 99

四、社区教育模式 / 102

　　　　（一）国外社区教育模式　/102
　　　　（二）中国社区教育模式　/104
　　五、社区教育的发展趋势　/106
　　　　（一）国际社区教育发展新趋势　/107
　　　　（二）我国社区教育发展展望　/110

第四章　社区教育的条件　/113
　　一、社区教育的教师　/113
　　　　（一）社区教育教师的结构类型　/113
　　　　（二）社区教育教师的素质要求　/115
　　　　（三）社区教育教师队伍的建设　/118
　　二、社区教育的学员　/120
　　　　（一）社区教育学员的内涵与教育需求特征　/120
　　　　（二）全国人口结构变化与社区教育潜在需求　/121
　　　　（三）我国社区教育实践中的学员类型　/123
　　三、社区教育的场所　/128
　　　　（一）社区教育场所的内涵与分类　/128
　　　　（二）我国社区教育的场所建设　/131
　　四、社区教育的资源　/134
　　　　（一）社区教育资源的内涵　/134
　　　　（二）社区教育资源的分类　/136
　　　　（三）社区教育资源整合的路径　/138
　　五、社区教育的政策　/141
　　　　（一）世界先进国家和地区社区教育的政策　/141
　　　　（二）我国社区教育的政策　/145

第五章　社区教育的内容　/148
　　一、发达国家和地区社区教育的内容　/148
　　　　（一）美国　/148
　　　　（二）日本　/151
　　　　（三）北欧　/152
　　　　（四）中国台湾　/153
　　二、我国社区教育的内容　/155
　　　　（一）企业职工岗位培训　/156
　　　　（二）老年人兴趣爱好培训和休闲活动　/156

（三）中小学生节假日培训和社会实践活动　/157
　　（四）婴幼儿早教活动　/157
　　（五）农民工教育与技能培训　/158
　　（六）学历教育　/159
　　（七）公民素养教育　/159
三、社区教育课程的开发　/159
　　（一）社区教育内容选择的影响因素　/159
　　（二）多元需求导向下的社区教育课程开发　/161
四、社区教育的数字化资源与课程开发　/171
　　（一）数字化资源的表现形式　/172
　　（二）数字化资源的开发与维护策略　/174
　　（三）MOOCs在社区教育中的应用　/176
五、社区教育的活动课程　/183
　　（一）社区教育活动课程的内涵解析　/184
　　（二）社区教育活动课程的特征　/185
　　（三）社区教育活动课程的实施策略　/186

第六章　社区教育的实施　/190
一、社区教育的时间安排　/190
　　（一）社区教育时间安排的系统性　/191
　　（二）社区教育时间安排的灵活性　/191
二、社区教育的组织方式　/194
　　（一）集中学习　/194
　　（二）分散学习　/195
　　（三）远程学习　/196
　　（四）居家学习　/196
　　（五）移动学习　/198
三、社区教育的过程管理　/200
　　（一）社区教育过程管理概述　/200
　　（二）我国社区教育的管理架构　/204
　　（三）我国社区教育的运行机制　/205
四、社区教育的成果认证　/209
　　（一）国外学习成果认证概况　/210
　　（二）我国社区教育的成果认证　/212

五、社区教育的效果评估 /221
　　　　(一) 社区教育的效果评估概述 /221
　　　　(二) 社区教育效果评估的特点 /223
　　　　(三) 社区教育效果评估的原则 /224
　　　　(四) 社区教育效果评估的指标内容 /226
　　　　(五) 社区教育效果评估工作的一般步骤 /230

第七章　社区教育的创新案例 /231
　　一、社区教育模式的选择与创新 /232
　　　　案例一：南通市社区教育"三合三学"模式 /232
　　　　案例二：常州市终身教育共同体模式 /234
　　　　案例三：扬州市仪征市陈集镇"一链三联"模式 /236
　　二、社区教育品牌化的路径探索 /238
　　　　案例一：常州市钟楼区的"运河文化课程" /239
　　　　案例二：宿迁开放大学的"农民电商培训" /241
　　　　案例三：苏州市张家港市凤凰镇的"河阳文化三进工程" /242
　　　　案例四：无锡市崇安区的市民"四品大讲坛" /244
　　三、社区教育的评价制度 /246
　　　　案例一：江苏省社区教育示范区建设标准 /247
　　　　案例二：江苏省省级乡镇(街道)社区教育中心建设方案 /248
　　　　案例三：省标准化居民学校标准 /252
　　四、"互联网+"与社区教育 /253
　　　　案例一："江苏学习在线"平台 /255
　　　　案例二："常州终身教育在线"平台 /257
　　　　案例三：南京市"鼓楼市民学习在线"平台 /259
　　五、社区教育师资队伍的建设策略 /261
　　　　案例一：苏州市虎丘街道"山塘书院"讲师团 /263
　　　　案例二：常州市社区教育名师工作室建设 /264
　　　　案例三：淮安市金湖县农村成人教育师资队伍建设 /266

参考文献 /269
后记 /279

导　论

只有一个国家或地区经济社会发展到一定程度，人们普遍产生了一种教育需求，而这种需求是家庭教育、学校教育不能满足的时候，一种新的教育类型才可能应运而生，社区教育就是这样出现的。作为一种有着相对清晰边界的独立的教育类型，社区教育的出现比家庭教育、学校教育要晚得多。社区教育与社会建设密切关联，要理解社区教育，必须首先要了解社会、了解社区，因为没有社会进步、社会分化、社会建设就不可能有社区，如果没有社区在社会建设中作用的日益凸显，社区教育也就不可能产生，即使产生了，也很难有大的发展。社区教育（或者说是准社区教育）在20世纪初就被介绍到了中国，但真正获得大的发展是在半个多世纪后的80年代，就足以证明这一点。在这里不是社区教育不重要，是因为没有对社区教育的迫切需要。

一

在中国文字里，"社"在春秋战国时期便已出现，指"土地神"或"祭土地神"，或者"祭土地神"的"坛"，是个多义词，但都与土地和农业有关，也与人际行为有关；后来甚至以"社"作为人群及其居所的计量单位。如《管子·乘马》："方六里，名之曰社。"这是以（土地）面积计社。还有以家户数计社的，如张纯一校注的《晏子春秋》上说"二十五家为一社"。"会"的成词与"社"大致同时，但更加多义，其基本意思是"合，盖子"，引申为"会合"，用于人时就有"聚会"、"盟会"和"公会（公开会合以辩难）"的意思。直到今天，很多农村地区还有三五天一"小会"，十天一"大会"的说法和传统。显然，即使是最早的"会"、最庸常的"会"，也不是自然界两片云的偶然相遇，而是人类有目的的行为。

"社"和"会"凑到一起，最早出现在《旧唐书》里："辛卯，礼部奏请千秋节休假三日，及村闾社会……"此"社会"指的是"旧时于春秋社日迎赛土神的集会"，是中国人在轴心文明之后的农业文明发达时期一个比较重要的日子里的一场比较重要的集会。鉴于此,我们说"社会"的第一个特性即人性,人类性。在一些科普作品里,甚至在很多所谓的系统论、复杂性研究的作品里,也有把某些具有群体性行为的动物群称作"某某社会"的,如"蚁群社会"、"蜂群社会"、"狼群社会"。一般所谓社会,非特殊说明,仅指人类社会。

到了宋代,"社会"一词的含义有所扩展,指"由志趣相同者结合而成的组织和团体",具有了一定的组织性。确切地讲,这个时候的组织还不是现代意义上的系统组织,而只是有某种相对明确的共同目的(包括共同的志向和兴趣)的"团体"、群体。群体性,这是"社会"的第二个特性。而群体之所以能聚集到一起,是因为共同的目的,所以群体性也同时蕴含着第三个特性——目的性,虽然这个目的并非形成后就一成不变,也未必绝对清晰。

当代,"社会"一词则指"由一定的经济基础和上层建筑构成的整体"。这一解释,是中国人所理解的马克思主义的社会系统观点,也是现代汉语对"社会"的一般性解释。它强调的是生产力之上的社会制度——包括经济制度及其决定的政治制度和社会文化。既可以理解为社会基础、制度和文化的互动,也可以理解为经济、政治、文化、环境等子系统之间的互动所形成的具有组织性的整体。

现代通常意义上的中文"社会"一词来自于日本,对于英文society一词,近代学者严复曾译为"群",日本人则译为"社会"。值洋务运动,时兴师夷,大量学者通过转译日文翻译著作来学习西方,而双音节词又比单音节词更为适合当时的汉语口语,故而并不太严谨的"社会"一词反而击败了更为准确的"群",牢牢地扎根于汉语言中,流传至今。

在英文里,society的意涵也经历了一个与中文"社会"较为类似的演变过程:16世纪时,society具有了"众人之集合与意见一致"的意思——人性、集体性、意见目的性都有了;17世纪,与state相比,society指的是"一群为同一目的而结合在一起的自由人"——目的性更明确,而前者指的是"一种权力的组织,根据的是层级制度与君权之意涵"——强调社会较邦国更具普遍性,更有系统蕴含;18世纪末,society的普遍意涵为"生命共同体"——强调有机性和整体性,这其实就是系统性的雏形;19世纪,society被化约为一个大团体;20世纪,这个大团体最主要的两个特征就是"组织与机制"——明确提出了组织性,并且未经详细论证就天才地指出了组织的机制根源。[①] 这最后一点是中文的"社会"所没有的。除最后一个重要区别,中文"社会"还没有像英文society那样强调社会基础

---

① 雷蒙·威廉斯:《关键词:文化与社会的词汇》,刘建基译,北京:生活·读书·新知三联书店,2005年版,第446-451页。

乃是自主的"自由人",从而使得中国人所理解的"社会"与"国家"没有太严格的区分;不过,在其他诸多方面,在从"伙伴"到"有组织的团体"上,"社会"和society都没有太大的差别。

笔者主张把社会看作是一个有特定内涵和外延的概念。近年来,中共中央文件中的一些概念,体现了对作为子系统,而不是一个无所不包的整体概念的社会的探讨。类似概念有社会建设、社会体制、社会治理、社会管理、社会事业等。这些概念中,最重要的是社会建设。从中央文件上看,社会建设概念最初提出,是在2004年党的十六届四中全会文件中。当年之所以提出社会建设概念,体现了我们党对经济建设与社会建设关系的新认识,即在坚持以经济建设为中心的同时,更加重视并加强社会建设。经济建设强调物质财富增长,社会建设强调人与人、群体与群体之间关系协调,两者缺一不可。经济建设固然重要,但是,如果没有社会建设与之匹配,经济建设也难以持续。① 改革开放以来,企业不再办社会了,大批职工和家属从"单位人"变成了"社会人",谁为他们服务?大批农民工进城,谁来为这些没有城市户籍的新市民服务呢?鳏寡孤独、少年儿童、老弱病残、城市贫民谁来帮扶?刑满释放、劳教解除、监外执行人员,不良青少年和肇事惹祸的精神病人,谁给他们特殊关怀?林立的楼群取代了传统的胡同、里弄、大杂院,家庭的私密性增加了,邻里交往却减少了,如何重建新型的社会交往方式?这些问题不解决,就会影响社会和谐,进而影响经济发展。

二

为了解决这类问题,政府的注意力首先集中到街道办事处和居民委员会这个我们简称为"街居制"作用的发挥上,要求"街居制"对此承担起某种责任。实际上,民政部于1987年和1991年先后提出了"社区服务"和"社区建设",2000年年末中央办公厅和国务院转发了民政部《关于在全国推进城市社区建设的意见》,这表明政府已经比较清楚地认识到依靠基层行政力量来稳定社会的现实意义。② 过去我们所熟悉的居民委员会现在也更名为"社区工作委员会"。

"社区"是当今社会人们十分关心并且经常提及的一个概念。具体地说,你我都生活在社区中,但我们对社区又了解多少呢?社区是我们生活中不可缺少的一个基础,是社会结构最基础层面上的社会单元。20世纪80年代中期以来,

---

① 李强、王拓涵:《发现社会》,中国人民大学复印报刊资料《社会学》,2016年第8期,第45-51页。
② 李友梅:《社区治理:公民社会的微观基础》,《社会》,2007年第2期,第159-207页。

随着社会经济背景的变化和"社区"概念被政府正式采纳并开展"社区建设"运动,社区已经成为城市和乡村的细胞,是社会建设和管理的基础环节,是政府联系社会的桥梁,也是解决社会矛盾的第一道减压阀。

最早对"社区"概念进行完整学术诠释的当推德国社会学家滕尼斯(Ferdinand Toennies)。1887年,滕尼斯出版《社区和社会》(*Gemeinschaft and Gesellschaft*)一书,德文Gemeinschaft有"集体"、"联合"、"公有"、"共同体"等义,是故,该书中文版也译作《共同体与社会》。"社区"之要义即在于它是一个"共同体",是地缘共同体、利益共同体、情感共同体、信仰共同体。举凡村庄、市镇、城市街区等,均可视为社区。不过,现今使用的"社区"一词已与滕尼斯的界说渐行渐远。滕尼斯认为,社区是基于血缘关系而结成的共同体。"社区"不同于"社会",社区的基础是本质意识,体现出守望相助的亲密关系,因而它是有机整合;社会的基础是选择意志,崇尚权利、法律、理性,因而它是机械整合。

随着工业化和城市化的进展以及由此而产生的种种社会问题,滕尼斯所提出的"社区"逐渐引起了社会学家的研究兴趣。20世纪20年代即第一次世界大战以后,美国社会学家把滕尼斯的社区(Gemeinschaft)译为英文的community,并很快成为美国社会学的主要概念。"社区"一词是在20世纪30年代经美国"转口"引进中国的,费孝通等燕京大学社会学系的部分学生首次将英文的community译为"社区","社区"逐渐成为中国社会学的通用语。[①] 到1955年,美国社会学家乔治·希勒里发现,在各种社会学文献中至少出现了94种社区定义。1981年,居住在美国的华人社会学家杨庆堃教授统计发现,有关社区的定义已经增加到140多种。截至目前,关于社区的定义已不下150种。在这些定义中,社区被界定为群体、过程、社会系统、地理区划、归属感和生活方式,等等。虽然有如此之多的社区定义,但归纳起来只有一点是完全一致的,那就是社区是由人组成的。在这么多个社区定义中,有相当一部分都涉及三个因素:地域、共同联系和社会互动。

世界卫生组织于1974年集合社区卫生护理界的专家,共同界定适用于社区卫生作用的社区定义:"社区是指固定的地理区域范围内的社会团体,其成员有着共同的兴趣,彼此认识且互相来往,行使社会功能,创造社会规范,形成特有的价值体系和社会福利事业。每个成员均经由家庭、近邻、社区而融入更大的社区。"这个社区定义是笔者比较认同的。

---

① 姜振华、胡鸿保:《社区概念发展的历程》,《中国青年政治学院学报》,2002年第4期,第121－124页。

我国政府政策文件中提到的社区更强调实际操作,强调社区的地域化和行政化色彩。北京市有关文件对社区的定义是:"社区是社会的基本单元,是社会成员获取基本公共服务的重要场所,也是政府行使社会管理职能和组织提供公共服务的基础平台。"

2000年,国务院批转民政部《关于在全国推进城市社区建设的意见》中提出:"社区是指聚居在一定地域范围内的人们所组成的社会生活共同体。"该文件还明确指出了城市社区的范围:"目前城市社区的范围,一般是指经过社区改革后做了规模调整的居民委员会的辖区。"2006年中央首次提出建设农村社区的任务。2011年,中央做出加强和创新社会管理的决策,提出强化城乡社区自治和服务功能,健全新型社区管理和服务体制。2000年,中央决定在全国推进城市社区建设。2006年,中央首次提出建设农村社区的任务。

在当今中国治理体系中,社区治理具有基础性地位和作用。这主要是因为,一方面,社区是社会的基本构成单元。我国城乡社区建设操作领域所界定的"社区",大都是指居民委员会辖区和村民委员会辖区共同体,它们属于基层法定社区范畴,是现实社区的重要表现形式。正是这些现实社区的有机集合构成了当代中国这一生机勃勃的社会有机体,社区治理在国家治理上,具有基础性的地位和作用。社区治理属于地域性基层社会治理范畴,这首先表现为社区治理属于人们通常所说的"块块管理",也就是对某一地域范围内的公共事务和公共行为实施综合治理,而与专门治理某一类事务的"条条管理"具有显著区别;其次表现为社区治理是整个社会治理的基础环节,属于社会治理的"前沿阵地",直接面对居民群众,具有零距离了解社情民意和群众需求的天然优势,能够做到在第一时间提供服务、解决问题。

社区是社会的基本构成单元,是一个个"小社会"和大社会的缩影。透过社区,人们能够观察到千变万化的社会现象,能够倾听到社会生活浪潮发出的声音,党和政府对社会成员的服务管理,也有赖于通过社区得以贯彻落实到千家万户。这就需要我们深刻理解社会建设和社区治理的内在关系,科学把握社区治理的基本特征,积极推进社区治理创新。

三

如何通过良好的社区管理,达到社会治理的目标,不仅是中国这样一个后发国家现代化过程中遇到的问题,也是发达国家在现代化进程中普遍遇到的问题。

发达国家在工业化的过程中都经历了这些。早期西方城市社区建设的重要目标是解决居民的贫困问题,当时纷纷成立的各种慈善组织带动了城市社区建设和社区服务的兴起。到20世纪,为了改善城市化过程中人际关系冷漠等问题,西方许多国家开始把由国家负担并高度集中的社会福利和社会服务,转为由政府和社会共同负担。今天,在我国,城乡社区已经具有多重功能,包括社会福利、医疗卫生、大众教育、预防犯罪,等等。很多人都不知道现在社区承担的工作有100多项,涉及党建、计生、综治、精神文明、卫生、就业再就业、妇联、青少年教育、老龄、普法、低保、助残、警务等10余类。社区教育就是社区重要的公共服务工作,社区教育与其他社区工作有着千丝万缕的关系。社区教育(community education)是社区工作(community work)的新模式,伴随工业化和城市化而出现。欧美各国纷纷开办服务于社区成员的教育机构,使得社区教育在西方不断发展,并对其他地区起了相当好的示范作用。中国的社区教育兴起于20世纪八九十年代,以20世纪80年代中期上海的社区教育委员会出现为重要标志,其目标在于社区支教,社区补充学生课堂外的其他需要,内容以青少年德育教育为核心。可以说那时的社区教育还不是原本意义上的社区教育,只能看作是学校教育的补充。1993年以后,社区教育在教育观、职能承担、内容、网络等方面有了新发展,其实质是借助教育社会化和社会教育化的统一来营造学习化社区,在促进社区成员全面、可持续发展的同时服务社区发展,进而促进社会的和谐、稳定。

首先,基层政府需转变观念,支持并确立居民参与社区教育的主体性地位。如今,依靠传统的单一行政化力量已无法可持续地处理社区教育事务,必须依靠社区各主体间的多元协同,形成多元主体共治的发展社区教育的局面。

其次,社区教育是培育和形成社区治理体系过程中不可替代的重要环节。社区各种活动的开展,需要专业知识和科学技术。居民们需要接受相关理念,掌握相关知识和科学方法,拥有一定专业技能。坐落在社区之中的社区学校(任何可以提供教育的机构)为社区居民提供了一个良好的公共空间和智力支持。从"自然课堂"到各种专业教室,从居民体验课程到交互式电子学习平台,这一系列社区教育活动改变了社区居民的理念,普及了相关理念,训练了相关技能,并有效培育、提升了社区居民的公共性。因而,基于当前城乡社区的现状,有效推进社区自治就必须依靠持久有效的社区教育,使先进理念和科技知识能够在社区居民中得到普及与应用。

再次,参与治理的主体性需要依靠社会组织才能得以实现。发挥社会组织的作用,使之参与到社区教育事务的共治过程中来,是提升社区治理能力、实现社会治理转型的必要条件。截至2016年一季度,全国有业务主管部门并经过民政部门登记的社会组织有66.4841万个,其中社会团体32.9万个、民办非企业单位33.1万个、基金会4841个。① 社会组织成为政府与居民之间值得信赖的纽带,不断整合多方社会资源,吸引更多居民参与到社区共治之中,调动起他们自主参与社区公共事务的积极性,激发出了社区的真正活力。

最后,社区教育是广大民众在社会现代化过程中适应社会转型和变迁,实现自身社会化的重要载体,也是社区民众实现终身学习的基本教育形态。在社会现代化发展过程中,社区教育与学校教育一样,是人们生存和发展、适应社会现代化、获取现代性不可或缺的重要手段,同时更是推动社区发展、促进社会现代化的重要手段和动力。因此,我们需要正视社区教育在社会现代化发展过程中的功能,不断推进中国社区教育的发展。唯有这样,才能不断加快中国社会的现代化进程。

---

① 谢志强:《创新社会治理:治什么 谁来治 怎么治》,《光明日报》,2016年07月13日,第4版。

第一章 何为社区

[**内容提示**] 本章首先从概念解析的角度出发,对社区概念的演变历程做了一个全面的梳理。作为一个社会学概念,社区概念不但经历了一个复杂的语义变迁过程,而且经历了独具特色的中国化过程。随后,在厘清学术界关于社区构成要素争议的基础上,归纳出社区的基本构成要素。接着,总结出社区所具备的一般功能和特质功能,并且从不同维度出发对社区类型进行了相应的划分。最后,将研究的关注点落在当前中国的社区发展问题上,既回顾了中国社区的发展历程,又展望了中国社区发展的未来趋势。

[**核心概念**] 社区;概念;要素;功能;类型;中国社区

在不断的流变过程中,社区概念的学术内涵也在不断发生变迁,社区这一概念也逐渐成为社会科学研究和社会治理领域的热点词汇。加之社区本身形式的复杂性、多样性与歧义性,要求我们对社区概念的演化做一个"贯通古今、兼顾东西"的全面梳理。为了理清社区这一概念的发展脉络,必须对其进行追本溯源式的研究。

一、社区概念的解析

总体上来看,社区概念经历了从德语的 Gemeinschaft 到英语的 community,再到汉语的语义变迁过程。在社区概念的中国化过程中,其内涵与外延又发生了明显的变化。

(一) 社区概念的历史溯源

从实践层面来看,社区作为一种地域性的聚居共同体,早在原始社会人类进化到群体定居阶段就出现了。而从理论层面上看,社区作为社会学的一个专用术语和研究对象,最初出现在工业社会的发展过程之中。

然而,对于究竟什么才是社区,学术界并未达成共识。到1955年,美国社会学家乔治·希勒里发现,在各种社会学文献中至少出现了94种社区定义。1981年,居住在美国的华人社会学家杨庆堃教授统计发现,有关社区的定义增加到140多种。截至目前,关于社区的定义已不下150种。直到今天,对于社区概念的争论仍然没有停止。正如有学者所指出的那样,社区概念"不断地以新的意义或面貌借尸还魂或浴火重生"①。由于侧重点的不同,对社区概念的定义呈现出一种五花八门的景象。有的从社会群体、过程的角度去界定社区,认为社区是具有共同利益和信念的人在共同参与和组织多样性生活的过程中所构成的群体;有的从社会系统、社会功能的角度去界定社区,认为社区是享有共同利益和共同功能的人组成的群体;有的从地理区划(自然的与人文的)的角度去界定社区,认为社区是居住在一定地方的人共同生活、实现自治的共同体;还有人从归属感、认同感及社区参与的角度来界定社区。②

一般认为,社区这一概念最早是由德国社会学家滕尼斯提出来的。1887年,滕尼斯在其代表作《社区与社会》(*Gemeinschaft and Geseiischaft*)一书中正式提出了社区这一概念,意在通过社区与社会的研究反映从传统农业社会向现代商业化社会过渡的整体变迁趋势。在德语中,Gemeinschaft的原意是共有、共享、公社、团体、共同体等。对滕尼斯而言,他并无意使用一般意义上的共同体概念。滕尼斯认为,人们相互的社会关系可以分为两类:一类是基于情感、恋念和内心倾向的关系,一类是为了达到某种目的而建立在占有物的合理交易和交换基础上的关系。滕尼斯把通过血缘、地缘等基于情感、恋念和内心倾向关系建立起来的人群组合称之为共同体。在滕尼斯看来,这种共同体是根据人们的自然意愿结合而成的,人们的关系建立在习惯、传统和宗教之上,人们之间有着亲密的、面对面的直接接触,能够强烈地感受到群体的团结,并受传统的约束。③ 传统的乡村是滕尼斯所认为的共同体的典型代表。需要注意的是,滕尼斯所理解的社区内涵十分丰富,他并没有将社区仅仅看作是一种地域共同体,社区同时还应该是

---

① 陈文德、黄应贵:《"社群"研究的省思》,台北:"中央"研究院民族学研究所,2002年,第359页。
② 张俊浦、李朝:《社区:从一个社会学概念到一种基本的分析框架》,《甘肃理论学刊》,2008年第5期,第90页。
③ 吴增基、吴鹏森、苏振芳主编:《现代社会学》(第五版),上海:上海人民出版社,2014年版,第227页。

精神共同体和血缘共同体。虽然滕尼斯并未对社区这一概念下具体的定义,但他为后世的社区研究奠定了深厚的理论基础。

随着工业化和城市化进程的推进,以及社区生活的不断变迁,出现了越来越多的社会问题,滕尼斯所提出的社区概念也逐渐引起更多西方社会学家的关注。20 世纪 20 年代,即第一次世界大战以后,美国社会学家密斯将滕尼斯的代表作翻译成英文,起初,他将这本书命名为 Fundamental Concepts of Sociology(《社会学的基础概念》),后来,又将其译为 Community and Society(《社区与社会》),从而首次将英文中的 community 与德文中的 Gemeinschaft 对应起来。英文中的 community 一词起源于拉丁语 Communis,意思是"共同的东西"和"亲密伙伴的关系"。就社会学领域而言,英文 community 一词主要强调三点:一是指小社会,即一个完整的大社会的重要组成部分;二是指这种小社会具有区域性,即强调其地域性特征;三是指共同体,即这一地域性人群具有文化和价值观上的某种共同性,使他们得以从完整的大社会中分离出来。可见,经过不同语言翻译之后,滕尼斯所讲的社区概念内涵已然发生了变化,开始更加强调社区概念的地域性成分。

20 世纪上半叶,以芝加哥学派为代表的美国社会学界开始将社区研究定位为对城市问题的研究。他们认为,从严格意义上讲,滕尼斯所强调的 Gemeinschaft 概念在现代社会中已经不复存在,社区研究中所指的 community 更多的是一种具有地域空间意义的"社区"。以人文区位学研究著称的芝加哥学派代表人物 R. E. 帕克等人首次对社区概念做出了明确的定义。他们认为:"对一个社区所能做的最简明扼要的说明是:占据在一块被或多或少明确地限定了的地域上的人群的汇集。但是,一个社区还远不止这些。一个社区不仅仅是人的汇集,也是组织制度的汇集。"[①]在这里,帕克赋予了社区概念的地域社会含义。此后,更多的社会学家与社区研究者开始从地域、功能、文化等不同角度来给社区下定义,从而赋予社区概念更加丰富的内涵。不同的理论流派虽然没有就社区的概念达成共识,但得到广泛认可的一点是,社区理应是具有归属感和认同感的区域社会。

这一时期对社区概念的研究,已经形成了三种理论取向,即类型学取向、生态学取向和结构功能主义取向。在类型学取向下,社区被看作是更广泛的关系或群体类型的表现。这一认识的重点在于将社区按照某种类型特点做出划分,

---

① R. E. 帕克等:《城市社会学——芝加哥学派城市研究文集》,北京:华夏出版社,1987 年版,第 110 页。

通过两个要素或者多个要素之间的比较,来对社区的概念进行深入考察。比如,从城市和乡村、地方性和普遍性、社区和社会、初级群体和次级群体等角度出发,可以对社区概念做一个全方位的剖析与解读。在生态学取向下,主要突出的是自然环境对于社区结构和演化的影响。生态学取向的研究始于盖宾(美国乡村社会学的创始人),随后芝加哥学派从这一角度出发做了深入的研究。这种生态学取向的研究是建立在一定假设基础之上的,即人类社区的演进是有规律可循的,环境条件是不同地区开放程度的重要影响因素。研究者还假定将人际互动区分为"生态互动"与"社会互动",或"社区"与"社会"两种形式。两组中的前一种是无意识的、自发的、不受人类控制的,并可以像研究自然现象那样加以研究。研究者常将人类生态与植物生态进行类比,当然,由于对象的差异,不能纯粹地对社区作生态取向的思考。在结构功能主义取向下,社区被看作是一种包含众多要素、具备多重要素的系统。结构功能主义倾向于把社区作为一种系统研究,并以此来分析影响系统形成与发展的各方面因素。随着结构功能主义理论的发展以及社区人类学向社会学的过渡,上述观点获得广泛的接受。

20世纪中后期以来,随着通信和交通的不断发展,超越传统社区范围的社区交往越来越频繁。有学者指出,社区居民应从地域和场所中解放出来,建立超出邻里关系甚至根本与邻里关系无关的群体关系,也就是所谓的"社区解放论"。世界卫生组织于1974年集合社区卫生护理界的专家,共同界定适用于社区卫生作用的社区定义:"社区是指固定的地理区域范围内的社会团体,其成员有着共同的兴趣,彼此认识且互相来往,行使社会功能,创造社会规范,形成特有的价值体系和社会福利事业。每个成员均经由家庭、近邻、社区而融入更大的社区。"

在进入网络时代以后,人们之间的交往可以最大限度地跨越地理上的距离,拉近彼此之间的联系。受此影响,传统的社区概念内涵又发生了较大变化,比如虚拟社区概念的诞生。所谓虚拟社区,是指以现代信息技术为依托,在互联网上形成的,由相互间联系相对密切的人们所组成的虚拟生活共同体。[①] 这里所讲的虚拟社区是一个超越地域限制的概念,它从根本上区别于传统的实体社区,具有网络性、虚拟性以及超空间性等方面的特点,社区概念也由此变得更加多样和复杂。随着时代的发展与进步,社区概念的内涵仍旧处在不断的变化之中,我们并无意给社区概念下一个统一的定义,而是希望时刻从发展的角度出发去看待

---

① 周德民、吕耀怀:《虚拟社区:传统社区概念的拓展》,《湘湖论坛》,2003年第1期,第68页。

与理解社区在新的时代背景下的发展形态。

(二) 社区概念的中国化

同许多概念一样,社区这一概念也是一个舶来品。在对社区不断的研究过程中,我国学术界逐渐形成对社区概念的独特理解。正如有学者所指出的那样,尽管中国的社区研究最初是西方舶来品,且至今仍有深深的西方社会学特别是芝加哥社会学派的印记,但经过数十年的自我发展,这个舶来品已经在深厚的中华文化中滋养出较为明显的本土化内涵。① 为此,我们有必要对社区概念从单一引进发展到复杂的中国化的历程做一个详尽的梳理。

在 20 世纪 20 年代,中国大地上掀起一场声势浩大的乡村建设运动。在中国农村社会发展史上,这是一场十分重要的社会运动。20 世纪初,整个中国都处于动荡之中,农业生产手段落后,农民无法维持生计,无法获得最基本的教育和医疗保障,文化水平普遍较为落后。在此背景下,救济乡村成为当时知识界的共识。以晏阳初、梁漱溟等为代表的老一辈社会学家借鉴中外社会学理论学说,在充分调研的基础上,开展了对后世影响深远的乡村建设运动。实际上,当时的乡村建设运动类似于滕尼斯所讲的社区建设,只不过当时社区概念尚未得到广泛的使用。

到了 20 世纪 30 年代,以费孝通为首的燕京大学社会学系师生开始将英文的 community 一词译为"社区"。对于"社区"一词在中国诞生的过程,费孝通曾做过专门的论述。1948 年 10 月 16 日,费孝通在学术刊物《社会研究》第 77 期上发表了一篇论文《二十年来之中国社区研究》。在该论文中,费孝通谈到 20 世纪 30 年代初期翻译滕尼斯著作及汉译词汇"社区"的形成过程:"当初,community 这个词介绍到中国来的时候,那时的译法是'地方社会',而不是'社区'。当我们翻译滕尼斯的 community 和 society 两个不同概念时,感到 community 不是 society,成了互相矛盾的不解之辞,因此,我们感到'地方社会'一词的不恰当,那时,我还在燕京大学读书,大家谈到如何找一个确切的概念。偶然间,我就想到了'社区'这么两个字样,最后大家援用了,慢慢流行。这就是'社区'一词的由来。"

作为社区概念的早期引入者之一,吴文藻对社区这一概念也颇有研究。关于将 community 翻译成"社区",吴文藻也是十分认可的。当时,吴文藻等人研究

---

① 李晓非:《拿来、改造、中国式运用——社区概念中国化的思考》,《学术探索》,2012 年第 9 期,第 37 页。

的对象主要是乡土中国,而维系乡土中国的重要支撑正是地域共同体以及由此带来的精神共同体。将 community 一词翻译成"社区",正好可以表达上述意思。吴文藻认为,滕尼斯在使用社区概念时,虽然没有提及地域特征,但他将社区概念降至社会之下,已具有地域性意义。从中国经济社会发展的现实状况出发,吴文藻将社区理解为有边界的相对封闭的实体。在当时的社会学研究中,社区被看作是整个中国社会的缩影,对于社区的研究可以更好地了解中国社会的发展与变迁轨迹。自此以后,社区就成为社会学研究的基本分析单位。

新中国成立之后,社区研究本该获得良好的发展机会。但事与愿违,在20世纪50年代前后,社会学被粗暴地批判为"资产阶级的伪科学",在很长一段时间里,社会学研究销声匿迹,社区研究也就失去了赖以生存的社会学学科基础。直到1979年以后,我国开始重建社会学,关于社会学的相关研究重新步入正轨,学术界对于社区的相关研究也逐渐多了起来。

改革开放以后,社区概念逐渐从一个学术话语转变为一个具有学术、经济和政治等多重意味的话语,这与当时我国经济社会转型发展的大环境是密不可分的。在改革开放初期,贫富分化现象就已经出现,但是当时并没有出现地域分隔明显的穷人区与富人区。但在后期,实际上已经出现了具有明显特征的穷人区与富人区,这使得社区的概念具有了阶层划分的意味。人们居住环境的变化,尤其是社区对单位的取代,反映了中国不断转型与分化的社会现实。施坚雅在研究中国时发现,一个村庄不是一个社区,社区是由基层市场所决定的,称之为基层市场社区:"如果可以说农民是生活在一个自给自足的社会中,那么这个社会不是村庄而是基层市场社区。我要论证的是农民实际社会区域的边界不是由他所住村庄的狭窄的范围决定,而是由他的基层市场区域的边界决定。"

尽管社区这个概念源远流长,但是社区被正式作为一个政治话语来使用则是在20世纪80年代。1986年,我国民政部发出开展社区服务的文件,首次将"社区"的概念引入城市管理。从20世纪90年代开始,社区建设逐渐成为中国城市管理改革的核心内容,并在90年代后期上升至中国共产党基层建设的基础环节。[①] 2006年,中央首次提出建设农村社区的任务。2011年,中央做出加强和创新社会管理的决策,提出强化城乡社区自治和服务功能,健全新型社区管理和服务体制。

在这一阶段,关于社区概念的研究开始带有更多政治学的意味。北京市有

---

① 李文茂、雷刚:《社区概念与社区中的认同建构》,《城市发展研究》,2013年第9期,第78-79页。

关文件对社区的定义是:"社区是社会的基本单元,是社会成员获取基本公共服务的重要场所,也是政府行使社会管理职能和组织提供公共服务的基础平台。"国务院批转民政部《关于在全国推进城市社区建设的意见》中提出:"社区是指聚居在一定地域范围内的人们所组成的社会生活共同体。"该文件还明确指出了城市社区的范围:"目前城市社区的范围,一般是指经过社区改革后做了规模调整的居民委员会的辖区。"[①] 显然,施坚雅所认为的关于中国社区的概念已经完全不同于滕尼斯当初提出的那个概念,缺少了亲密性、共同归属感等,而更多的是以经济交往和生活需求为基础。

而在日常生活之中,社区概念开始有了更多行政管理的意味。此时,对于社区概念的理解不仅远远超出了滕尼斯所讲的社区范畴,而且也与西方社会所讲的社区概念大相径庭。我们国家一般认为,社区是"聚居在一定地域范围内的人们所组成的社会生活共同体"。广义的社区泛指城区、街道所辖区域(大社区),狭义的社区特指街道居委所辖区域(小社区)。具体来说,这种"中国特色"的社区概念,主要表现出三个方面的特征:一是与大多数国家和地区不同,我国政府直接借用原本纯粹的学术概念——社区来命名基层社会的治理单元;二是当前中国社区建设中所指的社区基本为"法定社区",即法定的地域社会共同体,而不一定是自然形成的共同体,因此社区的边界即为行政管辖边界;三是社区建设是社会建设在社区"辖区"范围内的具体实践和体现,因此,我国当前的社区建设,是由国家力量主导的社区建设。[②] 我们承认,在合理的范围内拓展社区概念的内涵是必要的,但是切不可过于狭隘地理解社区概念,将社区等同于辖区、居民委员会、城市化的附带品等都是不可取的。

随着对社区研究的深入,我国学术界对于社区的理解呈现出一种更加多元化的趋势。郑杭生认为,社区是进行一定活动、具有某种互动关系和共同文化维系力的人类生活群体及其活动区域。袁方认为,社区是由聚集在某一地域内按照一定社会制度和社会关系组织起来的、具有共同人口特征的地域生活共同体。[③] 范国睿认为:"社区是生活在一定地域内的个人或家庭,出于政治、社会、文化、教育等目的而形成的特定范围,不同社区间的文化、生活方式也因此区别

[①] 施坚雅:《中国农村的市场和社会结构》,史建云、徐秀丽译,北京:中国社会科学出版社,1998年版,第40页。

[②] 李晓非:《拿来、改造、中国式运用——社区概念中国化的思考》,《学术探索》,2012年第9期,第38—39页。

[③] 张兴杰主编:《现代社会学新编》,北京:北京大学出版社,2012年版,第138页。

开来。"刘视湘从社区心理学的角度定义道:"社区是某一地域里个体和群体的集合,其成员在生活上、心理上、文化上有一定的相互关联和共同认识。"[①]

综上所述,不管是滕尼斯所说的社区,还是芝加哥学派所研究的社区以及后来在中国演化为行政性质的社区,都构成了基层社会的主要部分。但是,它们都不能涵盖基层社会的所有内容。滕尼斯所讲的社区更多的是在相对封闭的、不流动状态下的一种共同生活形态,正如他所说的:社区是过去的,社会是新的。事实上,随着科技、工业化、城市化、市场化的发展,滕尼斯所说的社区概念受到很大冲击,人们的活动空间和方式都发生了显著的变化,例如,出现了所谓的以网络为载体的虚拟社区。社区的边界、内容、运行方式都与以前有很大的差异和变化。施坚雅看到了市场在社区中的作用,认为市场就是一个社会体系,而市场可以有基层市场、中间市场和更高层次的市场,一个基层市场一般涵盖18个村庄左右。然而,在当今中国,即使在基层,人们日常的经常性活动(包括经济活动)也不再限于18个村庄范围,而是有了大幅扩大。随着交通和通信技术的发展,通常人们都在一个县域范围内开展其日常活动,县域由此成为基层社会。

二、社区的构成要素

想要全面了解一个概念,必须对这个概念的构成要素做一个全面而透彻的分析。正如前文所述,关于社区的概念,东西方学术界都存在较大的争议。在具体分析社区的构成要素时,有的学者提出三要素观点,即社区包括物质要素、社会要素、心理要素;有的学者提出四要素观点,即社区包括地域、人口、文化、归属感;也有的学者提出五要素观点,即地域、人口、区位、结构、社会心理;还有的学者提出社区构成的七要素,包括人口、地域、经济、社区的专业分工和相互依赖关系、共同的文化和制度、居民的凝聚力和归属感、社区服务的公共设施。但归根结底,还是对社区构成要素的理解有所差异,即不同的人去理解社区构成要素时,会有一定的侧重点。

(一)社区构成要素的学术争议

在这里,我们有必要首先对东西方学术界关于社区构成要素的看法做一个清晰的梳理,而后才能有助于我们理清与社区紧密相关的基本构成要素。

[①] 刘视湘:《社区心理学》,北京:开明出版社,2013年版,第60页。

1. 西方学术界对于社区构成要素的看法

关于社区构成要素的争议,实际上从社区概念诞生之日起就开始了。对于社区构成要素的看法,反映了对社区概念理解方式的不同。由于社区在西方社会无所不在,其发展形式十分丰富,可以说包罗万象,所以学者关于社区的界定也是多种多样的,很难形成一种统一的认识。接下来,我们将试图对一些有代表性的观点做一个深入的解读。作为最早定义社区的美国社会学家之一,帕克和他在芝加哥大学的同事们将社区发展为美国社会学研究的中心概念。帕克认为,社区的构成要素包括三个方面:一定地域、有组织的人口、个人生活相互依赖的关系。伯纳德和桑德斯对社区构成要素的看法与帕克虽有相似处,但也有一定的区别。他们认为,社区的构成要素包括:特定地区范围的人口,以地域为界具有整合功能的社会系统,具有地方性的自治自决的行动单位。[1] 也有学者在研究了以往关于社区构成要素的观点后,总结出了关于社区构成要素的基本看法。希勒里在1955年搜集的资料中发现,已有的94个关于社区的定义中,有69个承认社区包含三个要素,即社会互动、地区和共同的约束。乔纳森的相关研究表明,大部分社区研究者都同意社区含有如下要素:人口集团,地域,部分与劳动分工的互赖体系,具有文化和社会活动的特质,归属感,自我维持与发展。[2] 从西方学术界对社区构成要素的观点可以看出,社区构成的要素至少应该包括以下六个方面:地域、人口、社会关系、社会互动、价值与归属的认同、共同的行为规范。

2. 我国学术界对于社区构成要素的看法

自社区这一概念传入中国以后,国内关于社区构成要素的研究也按部就班地开展起来。围绕社区构成要素这一话题,国内学者也表达了各自不同的看法。何爱霞认为,社区的构成要素主要包括六个方面:社区要占有一定的地域,例如城市、集镇或村落等;社区要拥有一定的人群;社区中的人们一般具有某些共同利益,面临共同问题,具有共同需要而结合起来进行生产和生活活动;社区中的人们具有互动关系;社区要有一套相对完善的生活服务设施,如学校、医院、商场、邮局等;社区要有相应的社区制度和管理机构。[3] 王振海认为,社区的构成要素包括:地域,即社区的地域空间边界,这里所指的地域是社会空间、地理空间与人文空间的结合体;人口,即具有同质性和归属感的社区人群的数量、构成和

---

[1] 张兴杰主编:《现代社会学新编》,北京:北京大学出版社,2012年版,第138页。
[2] 叶忠海、朱涛主编:《社区教育学》,北京:高等教育出版社,2009年版,第26页。
[3] 何爱霞主编:《成人教育社会学研究》,青岛:中国海洋大学出版社,2007年版,第185页。

分布;结构,即社区内各种群体、部门、组织间的分布与连接状况;文化心理及生活方式,即通过共同生活形成的文化习俗、心理取向、生活方式、行为规范等心理文化维系力。宋林飞将社区理解为一种与社会关系相关的区位体系,这一区位体系包括三个构成要素:结点,即人口、住所等聚集点,是社会关系交叉与会合的地方;域面,即结点的各种作用力所能达到的地域,以及结点所吸引的全体人口及其日常活动;流网,即人流、物流、信息流、交通流等交织起来的状态,是处于运动变化中的网络。在叶忠海、朱涛等人看来,社区包括以下六个要素:有一定规模数量的居民,有一定的地域,有一套相对完善的生活服务设施,有特定的文化,有共同的认同心理和归属感,有相应的制度和管理机构。[①] 从以上国内学者对于社区构成要素的观点来看,虽然不同学者从不同的角度阐释了社区的构成要素,但是仍然可以发现,地域、人口、配套设施、社会关系等是必不可少的构成要素。

（二）社区构成的基本要素

综合国内外学者对于社区构成要素的看法,我们可以发现,构成社区的基本要素无外乎有六个方面:人口要素、地域要素、组织要素、物质要素、文化要素、心理要素。

1. 人口要素

对于社区而言,一定数量规模的人口是必不可少的构成要素。如果一个社区没有人,就没有了服务的对象与主体,社区也就失去了赖以生存的生命精神。人口是社区生活的主体,也是社区发展理念的引领者。此外,社区人口的构成、密度、流动状况等都会对社区的发展产生重要影响,甚至可以毫不夸张地说,社区人口是社区持续发展的内在动力。通常来说,社区是一个比家庭等初级群体更大也更为复杂的人类体系,它包含更多数量的人口,也涉及更多需要处理的社会关系。与其他人口群体相比,社区人口具有的一个重要特点是存在以下几个方面的共性:居住在共同地区,彼此常有往来;具有共同的利益,相互需要帮助;具有公共的服务,如市场、学校、交通等;具有共同的需要,包括生活的、心理的、社会的需要等;面临共同的问题,如经济、教育、卫生等方面的问题;具有共同的社区意识,即对所居住的社区有一种心理认同和共同的归属感;具有共同的关系,如生产关系、社会关系等。[②] 正是上述共性的存在,使得这类人口群体获得

[①] 叶忠海、朱涛主编:《社区教育学》,北京:高等教育出版社,2009年版,第26-27页。
[②] 叶忠海、朱涛主编:《社区教育学》,北京:高等教育出版社,2009年版,第26页。

社区居民的身份。

2. 地域要素

地域要素又被称为区位要素。正如前文所言,一般意义上而言,社区是一种地域性社会,它具有一定的边界。需要特别指出的是,在社会学中,社区是社会空间与地理空间的结合,而不是单一的地理空间。作为一种社会生活共同体,社区所具有的地域性特征将其与外部社会区分开来。社区的这一地域性特征,也将社区研究与社会学中的其他研究做出了区分。地域是社区居民的基本生存空间,也是一定地域范围内的自然要素和人文要素相互作用形成的结合体。它可以提供社区居民生产和生活所需要的环境与资源,也可以为社区居民提供交往的空间。如果没有一定的地域作为社区居民的生活场所,那么任何相关的社区活动都无法得到有效的开展。也就是说,地域要素是社区存在与发展的重要衡量标准,是社区开展各种活动的内在依托和基本前提。事实证明,社区的范围、资源、区位、生态环境、自然条件等因素都会对社区带来影响。一方面,上述因素会对社区的性质、定位、特点等产生影响;另一方面,上述因素也会对社区的发展方向、重点、水平等产生影响。

3. 组织要素

作为一种生活共同体,社区的正常运转离不开组织的存在。社区居民之间的社会互动以及社会关系会形成并且依赖于某种稳定的组织架构。菲利普·塞尔兹尼斯等人认为,社区是一群人,其外延包含广泛的活动和利益,"参与"指的是全体人的参与,而不是部分人的利益和行动,因此,社区是一种变化着的群体经历,也是具有同一种信念和利益的人的一种组织,是一系列不同的群体和行动所借以依托的单位。[①] 一般认为,社区组织是社区内有目的、有计划地建立起来的以满足社区居民生存和发展需要的各种团体和机构。组织是社区居民生活的重要推手,正是在社区组织的协调与管理之下,社区居民才能过上正常的社区生活。通常来说,每个社区都会有独立的组织机构来管理社区公共生活,协调社区人际关系及各种纠纷,维护社区居民的共同利益,并且为社区居民提供必需的公共资源。这里所讲的组织主要包括组织结构和组织制度。组织结构包括社区内的正式组织结构与非正式组织结构,而组织制度包括社区中形成的规章、规则等,二者可以共同影响社区居民的行为模式与交往方式。

4. 物质要素

在社区中,物质要素也是重要的构成要素。通常来说,物质要素是指与社区

---

① 张兴杰主编:《现代社会学新编》,北京:北京大学出版社,2012年版,第139页。

居民生活密切相关的基础服务设施。在社区发展中,物质要素主要发挥着基础性作用,它是保障社区居民生存的必要手段,也是社区居民维持正常生活所必需的基本物质前提。对于社区居民来说,要开展各种社区活动,离不开社区基础服务设施的保障。原因在于,社区基础服务设施的提供,可以在一定程度上提高社区活动开展的丰富性、多样性等,从而为社区居民提供更高质量的社区服务。具体而言,这些基础服务设施包括生产经营及日常生活运转所需的房屋、道路与交通工具,文化、教育、医疗活动的相关配套设施以及社区举行各种活动、比赛等需要的设施,等等。在当代社会中,社区基础服务设施是否完善、配套、实用,是衡量一个社区发展现代化水平的重要评价指标。对一个社区而言,如果没有良好的基础服务设施作保障,社区居民就不可能有丰富的物质生活。而且,如果居民对社区基础服务设施的需求长期得不到满足,那么就很难在社区生活中获得足够的幸福感。

5. 文化要素

在社区构成的基本要素中,文化要素也是必不可少的,它是一个社区赖以生存的内在动力要素,也是一个社区存在和延续的精神基础。社区的文化包括当地人们的信仰、价值观、道德规范、制度、传统、风俗等,它从思想上和心理上对社区成员起着维系作用,对社区成员的社区认同感、归属感起着至关重要的作用。[①] 正所谓"一方水土养育一方人",社区也同样如此。一般而言,每个社区都有自身独特的文化特征,它是识别社区、区别社区的重要标志。之所以形成这种独特的社区文化特征,原因在于,每个社区往往具有不同的经济条件、政治条件、自然条件、区位条件、居民职业结构以及历史文化传统等。从本质上讲,社区文化可以说是一种"家园文化",它可以提高社区居民的凝聚力,也可以渗透到社区居民的日常生活之中,为社区居民提供基本的行为规范,并且对社区居民的行为方式产生约束。另外,社区文化也是整个社会文化的重要组成部分,一方面,社区文化受到外部社会文化的制约;另一方面,社区文化反过来也会影响社会文化的繁荣程度。

6. 心理要素

从心理角度来看,社区比社会更有归属性和亲密性。与上述要素不同,心理要素是一个更加抽象的社区构成要素,但也是一个至关重要的社区构成要素。一个特定的人群之所以能共同生活在一起组成共同的社区,很重要的原因就在

[①] 钟玉英:《社会学概论》,广州:华南理工大学出版社,2011年,第123页。

于社区居民之间在心理上的纽带联系。这种心理上的纽带联系通常表现为社区居民对社区的归属感、认同感、依恋感和责任感等。归属感是指社区居民在社区生活中产生的自豪、羞耻等方面的情感;认同感是指社区居民对于长期生活的社区的认同心理,即是否把自己看作社区的一个成员;依恋感是指社区居民在社区长期生活之后暂时离开会产生的特殊情感,常常表现为对社区的恋恋不舍;责任感是指社区居民对整个社区的担当意识,即是否能够自觉履行一个社区居民的义务。对于一个社区的长远发展而言,以上心理要素至关重要。心理要素是社区居民之间融洽相处的黏合剂,也是社区居民共同行动的心理基础。如果一个社区中的居民都对社区具有较强的归属感、认同感、依恋感和责任感等,那么这个社区将会形成较为愉快和谐的氛围,社区居民的团结意识也将更为强烈。

最后,需要格外注意的是,随着时代的进步与发展,社区的基本构成要素也在发生着改变。对处在不断变化中的社区而言,其构成要素并非是一成不变的。正如前文我们所讲的虚拟社区,这种以网络为重要媒介的社区就在一定程度上打破了地域限制。所以,在虚拟社区中,传统意义上的地域要素不再是社区基本的构成要素,而文化要素、心理要素等仍然是其重要的组成部分。

三、社区的基本功能

作为社会的基本组成单位,社区承担着重要的社会功能。社区在居民的日常生活中发挥着至关重要的作用,而且社会中的一些普遍现象也可以在社区中找到影子,社区功能的发挥情况会对社会产生直接影响。因此,对于社区功能的探讨就成为一个令人关注的话题。在单位制逐渐瓦解,政府不断放权之后,社区这个原先并没有实质组织意义的居住单位,逐渐变成一个地域性的、整合多方利益的且具有多种功能的基层社会实体。社区功能的多重性是由社区内容的多样性和社区居民的多方面需求所决定的,也是社区作为社会实体的一种反映。[①]综合来看,社区的基本功能包括以下两个方面:一是社区的一般功能,二是社区的特质功能。

(一) 社区的一般功能

社区的一般功能是指社区所具有的一般意义上的社会功能。社区的一般功

[①] 赵德华:《社区与社区功能的探析》,《中南民族大学学报(人文社会科学版)》,2007年第6期,第40页。

能主要包括政治功能、经济功能、文化功能、教育功能和服务功能五个方面。

1. 政治功能

从根本上看,社区所具有的政治功能并非是凭空产生的,而是来源于社区在国家政治体制结构中的基础地位。在我国的政治体系中,基层政府职能达到乡镇一级,而街道办事处并不是一级政府,它只是当地政府的派出机构。在此情况下,如何将上级政府、党组织与基层社会联系起来就成为一个重要的现实政治问题。而社区居民委员会的存在正好可以解决上述问题,它可以成为联系上级政府、党组织与社区居民之间关系的纽带。这就使得社区居民委员会可以代表政府行使某些职能,并协助政府完成各项政治任务。社区居民委员会的存在,还有助于解决社区存在的一些社会矛盾,解决社区居民之间的纠纷,从而维持社会的稳定局面。而且,政府制定的各项政策、方针等也可以通过社区居民委员会传达下去。社区通过各种政治组织,如各级各类行政组织、公共事业组织、党派与社会团体机构等的活动来维护社会秩序,保障居民安全。[1] 正是由于上述原因,使得社区与生俱来地带上某种政治色彩,也自然地发挥着政府赋予的政治功能。

2. 经济功能

关于社区是否应该具有经济功能,是一个争议较大的问题。有学者指出,在我国不断深化推进改革开放的背景下,现代化的社区也应该贯彻"政社分开、政企分开、企社分开"的理念,所以社区不应该被赋予经济功能。然而,从实践层面上来看,社区经济功能的存在是不可否认的。而且,在某些社区之中,其所具有的经济功能还很突出。随着城市化进程的不断推进,原来一些不具有经济功能的社区也开始有了经济功能。社区生活质量的提高、居民文化的形成、服务环境的优化等都离不开一定的经济基础,因此,从现实层面上来看,社区的经济功能是不可缺少的。具体而言,社区的经济功能主要表现在两个方面:一是社区通过各种方式直接参与到本社区的经济活动中,提高本社区经济的发展水平,为社区居民提供更好的社会经济生活条件;二是社区通过其他社会功能的充分发挥,为社区经济的发展提供一个良好的外部环境,从而间接推动本地区经济的发展。如果社区经济功能能够得到良好的发挥,无疑将有助于实现社区的可持续发展。

3. 文化功能

对社会而言,文化可以说是人与人之间联系的重要桥梁。社会文化的产生、传播与发展,一方面要通过专门的学校、培训机构、公司等来完成,另一方面则需

---

[1] 方轮、胡艳曦:《城市社区教育资源开发与整合》,广州:广东人民出版社,2009年版,第8页。

要通过社区之类的社会组织来完成。一般认为,社区是社区文化的土壤,文化又制约着社区结构的形成,文化的孕育和传承又存在于社区的社会活动和生活工作之中。近年来,随着城市化进程的不断推进,社区建设的水平也不断提高,社区所具有的文化功能也越来越明显。作为新时期城市文化建设的重要组成部分,社区文化在推进社区精神文明建设、丰富社区居民业余文化生活,以及促进社区的安定团结方面发挥着不可替代的作用。社区文化所具有的功能主要体现在两个方面:一方面,社区文化对社区及社会的发展有着重要的影响,社区文化是整个社会存在和发展的基础条件,没有了社区文化,社会将失去发展的精神动力;社区文化还是社区与社会相联系的重要纽带,正是由于社区文化的存在,社区才能自然地融入整个社会之中。另一方面,社区文化可以对社区居民产生重要的影响,它可以起到引导居民价值观、规范居民行为、增强居民凝聚力的作用。

4. 教育功能

20世纪中后期以来,终身教育、全民教育等理念开始风靡全球,其强调个体在人生的任何一个阶段都能接受令其满意的教育。进入21世纪以来,这种潮流没有丝毫减弱。面对这样一种教育发展理念,我国提出了建设学习型社会的主张,不少城市也提出了建设学习型城市的目标。有研究指出,学习型城市应当具备这样一些特点:满足不同人对教育的不同需求;教育资源向全社会开放;教育设施为全民共享;不同的时间都有学习的机会,而且学习方便、环境良好。① 虽然,从目前来看,学校教育仍然是教育的主流,但是时代要求我们不能将所有教育的任务都放在学校身上,而是应该开发更为多元的教育主体。在此背景下,社区作为社会的基本组成单位,必须充分发挥其在学习型社会、学习型城市建设中的基础性作用。具体来说,其一,可以通过社区学校、图书馆等基础设施向社区居民开展知识文化教育,满足社区居民对新知识、新文化的需求;其二,可以通过社区文化活动的开展帮助社区形成良好的风气和交往氛围。

5. 服务功能

起初,社区的服务功能并没有得到充分重视。而在现代社会越来越强调服务功能的背景下,社区的服务功能受到越来越多的关注。而且,社区的上述功能大多是需要通过社区的服务功能来实现的。在社区生活中,社区事务是纷繁复杂的,总体上可以区分为两大类:一类是居民私人事务,如私人住宅内的布置与装修、个人生活必需品的购买、家庭防盗设施的安装、私人社会交往对象的确定

---

① 陈柳钦:《现代城市社区的内涵、特性与功能》,《郑州航空工业管理学院学报》,2008年第6期,第53页。

等;另一类是社区性公共事务,如社区道路的修建与修缮、社区绿化、社区内部公共设施的购置与维护等。① 对于前者,不属于社区的管辖范围,所以社区也没有服务的义务;而对于后者,则需要由社区出面来提供相应的公共服务,原因在于,社区公共产品的提供是社区义不容辞的责任。社区服务主要有两种形式:一种是政府向社区提供的服务,包括政府对社区的宏观指导、资金投入以及福利支持等;另一种是社区内部提供的服务,包括社区提供的人际交往服务、文化活动服务以及养老方面的服务等。

(二) 社区的特质功能

社区除了具备上述一般功能以外,还具备一些特质功能。社区的特质功能主要包括社会化功能、社会参与功能、社会整合功能、社会互动功能、社会保障功能五个方面。

1. 社会化功能

刚刚出生的人,只能说具备了生理意义上的人的特征,尚未成长为一个社会学意义上的人。对个体而言,社会化是个体在特定的社会文化环境中,学习和掌握知识、技能、语言、规范、价值观等社会行为方式和人格特征,适应社会并积极作用于社会、创造新文化的过程。人的社会化是一个漫长的过程,而且,它是在与社会相互作用的过程中实现的。从文化角度来看,社会化是个体不断传播、接受与内化文化的过程;而从社会结构的角度来看,社会化的本质任务就在于帮助个体学习、扮演各种社会角色。社区作为社区居民的重要生活场所,在促进社区居民社会化过程中发挥着至关重要的功能与作用。在社区中,社区居民可以了解到社区各方面的文化特点,与其他社区居民开展正常的社会交往,并在这一过程中提高自身的社会化水平。同时,社区在开展活动的过程中,可以邀请社区居民扮演不同的角色,通过这种角色的扮演深入体验不同的社会身份,从而帮助社区居民形成正确的世界观、人生观和价值观。

2. 社会参与功能

基层社区不同于完全意义上的行政组织,从严格意义上讲,按照社区原则,城市的基层社区组织是自治组织,是群众自我管理、自我服务的组织。社区建设中的各类群众性组织本身具有天然的"民间色彩",它的属性是"自",即自主和

---

① 卜万红:《论现代城市社区的基本功能》,《上海城市管理职业技术学院学报》,2007 年第 3 期,第 27 页。

自治。① 可以说,自主和自治是社区的本质特征和价值所在。而在这种自治性的组织中,社区居民的参与是必不可少的一部分,社会参与也就成为社区重要的特质功能。社区居民的社会参与是社区存在的重要特征,也是维持和促进社区可持续发展的基础,如果没有社区居民的广泛参与,就无法体现社区多样化的社会功能。对于社区内部的公共事务,需要社区居民的广泛参与,只有这样,才能不断地提高社区居民参与社区自治的能力,也才能不断提高社区的自治水平。在现代化的社区中,可以为居民提供各种形式的参与。比如,社区居民可以通过选举、召开民主生活会等方式实现政治参与。又比如,社区居民可以通过社区组织的各种文化活动实现文化参与。

3. 社会整合功能

一般来说,社会整合是指社会通过各种方式或媒介将社会系统中的各种要素、各个部分和各个环节结合成为一个相互协调、有机配合的统一整体,增强社会凝聚力和社会整合力的一个过程,它是与社会解体、社会解组相对应的社会学范畴。对社区而言,社会整合也是其重要的特质功能之一。在这里,社区的社会整合功能主要是指,社区通过对社区内外部不同利益群体的关系进行整合,来建立起一个规范的社会关系机制,使得这一机制既能满足社区居民的个人利益,又能满足社区及其外部社会的长远发展要求。通常而言,社会整合包括常态化的社会整合以及应急状态下的社会整合。所谓常态下的社会整合,是指在日常社区公共事务的处理过程中,社区居委会要做到大公无私,不能侵犯社区居民的合法权益,在与社区居民的和谐相处中,共同维持一个良好的社会环境。所谓应急状态下的社会整合,是指在社区发生突发状况之时,社区居委会要善于整合各方面的力量,共同应付突发状况,最终做出既有利于维护社区居民利益,又有利于促进社区长远发展的选择。

4. 社会互动功能

社会互动也被称为社会交往,它是微观社会学研究的一个重要议题。实际上,当社会交往中的两个主体相互采取社会行动时,就已经产生了社会互动。社区成员之间互相关心、互相帮助,这本来就是自然社区所固有的一种基本功能。随着现代社会的不断发展,社区这种互动功能将会日益突出。② 原因在于,在现代社会中,社区居民之间的联系已经变得越来越紧密,社区内不同年龄、不同文

---

① 陈柳钦:《城市社区功能研究》,《重庆工商大学学报(社会科学版)》,2008年第5期,第59页。
② 赵德华:《社区与社区功能的探析》,《中南民族大学学报(人文社会科学版)》,2007年第6期,第41页。

化水平、不同职业背景的人聚集在一起自然会产生频繁的互动,而这种互动使得社区形成了丰富多彩的经济、政治和文化生活。社区的社会互动功能是在联结与沟通的过程中实现的,社区里的人群、家庭、学校等,都要依靠社区的联结沟通去维系聚合、互惠互动,最终组合而成一个小社会。① 所谓一方有难,八方支援;一家有困,居民互助。正是通过这种频繁的社会互动,社区居民之间才可以形成良好的人际关系,获得彼此的信任,最终促进社区向心力和凝聚感的形成。

5. 社会保障功能

社会保障作为一种重要的社会功能,关系到全体社会成员的切身利益。社会保障是社会(国家)通过立法采取强制手段对国民收入进行分配和再分配,对基本生活发生困难的社会成员给予物质上的帮助,以保证社会安定的一系列有组织的措施、制度和事业的总体。② 目前,我国的社会保障系统主要包括两部分,即基本社会保障系统和补充社会保障系统,这两部分共同构成了我国社会保障体系的内容。对社区而言,向居民所提供的社会保障直接影响居民的幸福感,社会保障功能是社区必不可少的一个特质功能。从本质上看,社区所提供的社会保障是国家社会保障体系向社区的一种延伸。社区所提供的社会保障类型主要包括两种:一种是体制内的社会保障,另一种是体制外的社会保障。体制内的社会保障主要是指社区居委会协助政府向进入社会保障体系内的社区居民提供各种形式的保障服务;体制外的社会保障主要是指社区居委会向社区中的弱势群体,比如下岗职工、残疾人、外来务工人员等提供人道主义的援助。

四、社区的类型划分

由于历史和现实的原因,我国社区的类型非常复杂,不同类型社区之间在人口结构、人际关系、资源结构、文化积淀等方面的差异很大。目前社会学家对社区的分类尚未形成统一的意见,有的学者从发挥不同的经济、社会功能的角度,把社区分成初级、次级和三级功能社区。有的学者按人口的规模,把社区分为大都市、中等城市和小城镇社区。还有的学者从区位学的角度,根据人们活动的不同空间分布,把一个社区分为住宅社区、商业社区、工业社区和文化教育社区等。也就是说,根据不同的分类标准,可以把社区划分为不同的类型。

---

① 何爱霞:《成人教育社会学研究》,青岛:中国海洋大学出版社,2007年版,第187页。
② 陈柳钦:《城市社区功能研究》,《重庆工商大学学报(社会科学版)》,2008年第5期,第60页。

(一) 根据主要功能划分社区类型

尽管社区是成员多种活动的综合体,并且具有多重功能,但在这些活动和功能中,有的居于主导地位,从而使得该社区在整个社会的分工合作格局中扮演着某种特殊的角色,发挥着某些特殊的功能。[①] 就此而言,根据社区中发挥作用的主要功能不同,可以将社区划分为政治社区、经济社区、文化社区、宗教社区和军事社区等类型。政治社区主要是指国家到省、市、县等各级党政机关所在地,在不同规模的区域中,上述机关都是相应区域的政治中心。除此之外,还可以将党政机关成员的生活聚居区视为局部性的政治社区,这种社区不同于一般的居民小区,通常具有较为浓厚的政治色彩。经济社区通常是指社区内绝大多数居民都从事生产经营活动,并在一定程度上表现出经济共同体形态的一类社区。一般来说,同一类社区中居民所从事的生产经营活动类型是一致的或者较为接近的。如果按照生产经营活动的类型进行划分,还可以将经济社区细分为种植业社区(以种植业生产为主的社区)、工业社区(以工业生产为主的社区)、商业服务业社区(以从事商业服务业为主的社区)、林业社区(以林业生产为主的社区)、牧业社区(以牧业生产为主的社区)、渔业社区(以渔业生产为主的社区)等。文化社区主要是指与文化事业密切相关的一种社区。在文化社区中,通常集中分布着教育、科研、文化艺术等企事业单位,如日本东京的筑波科学城和我国北京的中关村等。宗教社区主要是指少数民族群众聚居的以宗教为特色的社区。在宗教社区中,通常是以同一民族的社区居民为主,社区居民的饮食习惯、风俗文化等都具有鲜明的本民族特色,比如在某些城市常见的以回族居民为主的社区,又比如在一些少数民族自治地方的以少数民族居民为主的社区。军事社区主要是指以军事活动和军事设施等为主体的社区,军队成员及其家属是军事社区的主要居民。一些规模较大的军营、军事基地等都是典型的军事社区,还有一些小规模的军区退休干部疗养院、休养所等也是典型的军事社区。

(二) 根据空间特征划分社区类型

在社区类型划分中,空间特征也是一种重要的划分标准。从社区的空间特征来看,不同类型的社区往往会表现出不同的空间特征。可根据不同社区所具有的鲜明空间特征将其划分成不同的类型,也划分成不同的社区表现形态。由

[①] 张兴杰:《现代社会学新编》,北京:北京大学出版社,2012年版,第140页。

此,可以将社区划分为自然社区、法定社区和虚拟社区。自然社区通常是人们长期聚居而自然形成的社区。在长期共同的生产和生活中,很容易形成一些非人为的、共生共存的社会地理空间。这种自然社区与自然环境有着密切的联系。大多数自然社区都是以河流、湖泊、土地、山林等自然资源为依托的,这也是自然社区居民生产和生活的主要来源。自然社区的主要特征在于,规模一般相对较小,以家庭为主要的生产和生活单位,居民的生活习惯与习俗等也较为接近。而且,由于宗族观念与传统的存在,自然社区具有较强的同质性,社区居民也对社区具有强烈的归属感和认同感等。例如,农村中的自然村就是自然社区的突出表现形式。法定社区又被称为行政社区,它通常是政府出于行政管理的需要人为划定的。按照法律的要求,法定社区会被划分为不同的统治区域和社会群体组织,这实际上是国家对于基层社会的一种组织形式,也是政府管理力量的重要表现形式。法定社区通常有相对规范的行政管理机构,它是上级政府推动当地经济社会发展,落实社会管理政策的基层单位。需要注意的是,不少法定社区的划分是以自然地域为参照标准的,因此,就出现了自然社区与法定社区重合的现象。在人类进入互联网时代之后,虚拟社区开始出现。从本质上讲,虚拟社区不同于上述两种社区,它是一种以网络为媒介的非现实社区。虚拟社区的成员以网民为主,他们依托互联网在网络空间中可以进行实时的社会互动,有的甚至可以形成具有文化认同的共同体以及线下活动场所。当然,虚拟社区与现实社区也有相似之处,它具有传播、通信、聊天等多种社会性很强的功能,还可以开展像现实社会一样的社会互动。不可否认的是,虚拟社区所具有的非地域性、匿名性等特征,大大拓展了人类的活动空间。

【资料链接】

由于互联网实现了跨时空的人际互动,人们在互联网上通过交流形成了具有共同价值观、共同归属感的群体,因此,强调具有"精神共同体"属性的"虚拟社区"(virtual community)便逐渐凸显出来。虚拟社区是与传统的实在社区(real community)相对应的,它也具有实在社区的基本要素:1)有一定的活动区域。如各网站开设的 BBS、聊天室、网上论坛、网上沙龙等。2)有一定数量固定的人群(网民)。人与人之间有着频繁的互动,如聊天、交流讨论、咨询与求助等。3)有共同的意识与文化。在虚拟社区的发展过程中形成了独特的社区文化并建立了成员间的价值认同和心理认同。4)有满足居民各种需要的服务设施。如有专门从事技术维护支持的人员和机构。

虚拟社区是信息技术发展之后形成的崭新的人类生存空间,从某种意义上说它更接近滕尼斯所谓的共同体的那种"天然的状态"。虚拟社区与实在社区最大的差异是在地域空间的界定上。现实社区通常强调地域环境的影响,其社区形态都存在于一定的地理空间中,社区实际上是居住在同一地域内的人们形成的地域性的共同体。虚拟社区则没有物理意义上的地域边界,其非空间组织形态以及成员的身体缺场,使其成员可能散布于各地,即一个个体可以超越空间的障碍生活在好几个虚拟社区里。由此看来,虚拟社区无疑更强调作为"共同体"的功能或精神方面的因素而不关注其地域属性。

虚拟社区的出现对传统社区概念的界定提出了理论挑战,使我们不得不重新审视社区概念。虚拟社区使网络空间内的人际交往超越了地理界限的限制,可以说它是一个无物理边界的社区,在虚拟社区里具有共同兴趣和爱好的人们经过频繁的互动形成了共同的文化心理意识、凝聚力和对社区的归属感。所以,虚拟社区可以界定为跨地域的人们形成的精神共同体,即社区是一种观念形态,是一种人际关系模式。从这个意义上说,它是滕尼斯社区概念的继承和超越。虚拟社区不再是传统社会中那种封闭的、狭隘的、基于血缘或地缘的亲密关系,而是具有开放性、平等性和文化共享性的特质,在虚拟社区中相隔万里的人们建立了亲密的感情。①

(三)根据地理区域划分社区类型

将地理区域作为社区类型的划分标准,是一种传统的社区类型划分方式,也是当前社区类型划分中相对较为常见的一种方式。正如前文所言,社区一词从诞生之日起就具有共同体的意味,一些人聚集在一起占据一个地理区域,并在这片区域中从事经济、政治、文化等各种活动,从而形成具有某些共同价值标准和社会习俗规范的基本社会单位。根据这一划分标准,可以将社区划分为农村社区、都市社区和集镇社区。农村社区通常是以农业生产为主要生产手段形成的地理区域,这类社区的结构较为简单,物质生活相对较为单薄。都市社区通常是由各种从事非农业生产活动的人群组成的地理区域,物质要素较为齐全,管理水平也相对较高。集镇社区则是由从事农业生产劳动和不从事农业生产劳动的人群共同组成的地理区域,它的人口结构与都市较为接近,但心理特征仍然带有农村社区的痕迹,物质生活条件介于上述两类社区之间,属于一种典型的过渡型社

---

① 鸿保:《社区概念发展的历程》,《中国青年政治学院学报》,2002年第4期,第121-124页。

区。黎熙元是这一划分方式的最早提倡者之一。在其主编的《现代社区概论》一书中,黎熙元着重介绍了"农村—都市连续统"的理论,并依据这一理论将社区划分为农村社区、集镇社区和都市社区。所谓的连续统,就是两端由无数中介点连接在一起的一个统一体。在"农村—都市连续统"中,两端的农村和都市是两个纯粹的理想类型,它们是人们对现实社区高度抽象的结果。现实的社区都处于这两极之间的某一个中介点上。在这些中介点中,集镇社区兼具了农村社区与都市社区的特点,从过渡性的角度看,它有一定的典型性,对当前的中国社会而言尤其如此。这种对社区的划分方式,一大好处就在于,它具有较强的开放性与包容性。主要原因在于,它没有将社区死板地划分为三种固定的类型,而是将社区研究的对象定位到与地理区域密切相关的社会关系上。从现实生活来看,这些社会关系大多处于"农村—都市连续统"的某一个节点之上。在这一层面上,如果将社区划分为农村、都市和集镇三种类型,也就几乎囊括了在现实生活中所有类型的社区。

（四）根据规模大小划分社区类型

按照社会学的观点,社区的规模实际上涉及社区的划分以及社区的规划等问题。社会学一般认为,最小的社区是家庭或夫妻共同体,稍微大点的社区是邻里自治的村落,而最大的社区应该是拥有共同习俗和语言文化的小城市共同体。从理论上看,社区最小可以由两个异性组成,最大则没有上限,唯一的前提条件在于能够不依赖外界因素独立进行人口和经济的再生产。在不断的发展过程中,社区往往会形成不同的规模,从而呈现出一种社区规模多样化的形态。人口数量的多少、地域面积的大小、服务范围的宽窄等是衡量社区规模的重要指标,其中人口数量是衡量社区规模的最重要指标。通常来说,规模越大的社区,人口数量越多,地域面积越大,服务范围也越宽;相反,规模越小的社区,人口数量越少,地域面积越小,服务范围也越窄。根据社区规模这一分类标准,可以把我国的社区划分为巨型社区、大型社区、中型社区、小型社区和微型社区五种类型。如同上文我们按照主要功能来划分社区类型一样,按照社区规模的大小来划分社区类型也具有一定的相对性。关于社区类型划分的方式并没有严格的规定,有学者根据社区地域面积的大小来划分社区类型,也有学者根据社区服务范围的宽窄来划分社区类型,但更多的学者是根据社区人口的多少来划分社区类型。正如有学者所指出的那样,拿我国现阶段的情况来看,不妨把上百万人口尤其是数百万人口的城市看作是巨型社区;把几十万到上百万人口的城市以及相当于这一规模的市辖区看作是大型社区;把十几万到几十万人口的城市以及相当于这一规模的市辖区、居民区看作是中型社区;把拥有几万人口的居民区、小城镇、集镇区以及城市街道办事处辖区共同体等看成是小型社区;把农村中的村落和城市中的居委会辖区共同体看作是微型社区。① 随着我国城市化和工业化进程的不断推进,社区规模也呈现出一种不断扩张的趋势,它在加速我国现代化进程的同时,也带来了一系列社会问题。对于一个城市而言,保持适当的社区规模是必要的,这应该成为社区健康发展重要的价值取向。

（五）根据发展水平划分社区类型

社区发展是社区研究中重要的概念之一,它主要是指社区居民在政府机构的指导和支持下,依靠本社区的力量,改善社区经济、社会、文化状况,解决社区共同问题,提高居民生活水平和促进社会协调发展的过程。从社会学的角度来看,社区发展属于社会工作的范畴。在漫长的社区发展过程中,从纵向历史发展的角度来看,社区发展的水平是有较大差异的。根据社区发展水平的高低,可以把社区划分为传统社区、发展中社区和现代社区三种类型。传统社区通常存在于以传统或落后的生产和生活方式为主的历史时期,具有明显的历史色彩。一般来说,这种传统社区都是边缘清晰、自给自足、自我发展、井然有序的"地域小社会"。由于传统社区主要存在于社区发展的早期阶段,所以无论是在发展水平上,还是在发展成熟度上,都不是很高。这种传统社区形态主要存在于工业革命时期的欧洲资本主义国家,目前来看,在许多发展中国家这种传统社区形态仍然广泛存在。与传统社区不同,发展中社区是一个相对更为高级的发展阶段,所以具有很多传统社区所不具有的优势。对处于从传统社区向现代社区过渡阶段的发展中社区而言,它既保留了传统社区的一些特点,又发展出了现代社区的一些特点。对处于社会转型期的中国社会而言,发展中社区是普遍存在的一种社区形态。在这样一个转型期,发展中社区往往也面临着转型的困境,如果处理不好,就很难在短时间内摆脱这种所谓的转型"阵痛期",而如果找到正确的发展方向,则能进一步加速从发展中社区向现代社区转型的进程。与发展中社区相比,现代社区则是一种发展水平更为高级的社区。在现代社区中,城乡之间的水平差距已经没有前两种类型的社区明显,呈现出一种一体化的融合状态。目前,现代社区主要存在于一些西方发达国家和地区。而在我国,社区建设的现代化

---

① 张兴杰:《现代社会学新编》,北京:北京大学出版社,2012年版,第141页。

转型仍然是一个十分现实的问题,虽然现代社区在我国一些经济发达地区也已经开始萌芽,但是实现从发展中社区向现代社区的转变仍将是一个艰辛的历程。

五、中国社区发展的回顾与展望

从起源上看,现代意义上的社区起源于英美等国的睦邻运动。早在20世纪50年代中期,在联合国的引导和推动下,"社区发展"就成为一个全球性概念和课题,旨在通过"扶贫性"的开发促进当地的社会进步与发展,后逐渐强调经济与社会的协调发展,关注居民以及其他社区成员社区参与和社区管理水平的提高。[①] 对我国而言,社区建设运动最早可以追溯到民国时期,新中国成立以后,我国的社区发展经历了一个曲折的历程。如今,站在新的历史起点上,我们有必要在对我国社区发展的历程进行回顾的同时,也对中国社区发展的未来做一个前瞻式的展望。

(一)中国社区发展的历程回顾

如果从民国时期我国开展的乡村建设运动算起,至今我国的社区发展已经走过了将近一百年的历程。在这近百年中,我国社区发展大致经历了萌芽期、初创期、转型期、拓新期几个不同的阶段。

1. 社区发展的萌芽期

20世纪20年代,在我国农村经济日益走向衰落的时代背景下,一群知识精英发起了一场以乡村教育为起点,以复兴乡村社会为宗旨的乡村建设运动。在我国社会事业发展史上,这是一场影响深远的伟大运动。与之前的乡村教育运动相比,乡村建设运动比乡村教育运动更加全面地关注农村危机,挽救农村,是一个包含乡村教育、乡村经济、乡村政治、乡村卫生等方面内涵的乡村建设运动。在这一运动中,由不同的理论流派组织进行的乡村建设实验活动,对乡村社会的政治、经济和文化的发展起到了一定的促进作用。乡村建设运动是一大批知识分子立志唤起民众、改造乡村乃至拯救中国而组织的一场社区建设实践运动,据不完全统计,当时共有600多个团体参与乡村建设运动。其中,比较著名的有晏阳初等人创立的定县平民教育试验区、陶行知等人创立的南京晓庄试验乡村师范学校和江苏宝山师范学校、梁漱溟等人创立的河南村治学院和山东邹平乡村

---

① 徐永祥:《社区发展论》,上海:华东理工大学出版社,2001年版,第3页。

建设研究院等。虽然乡村建设运动受到当时革命者的严厉批评,但其作为现代意义上的中国社区组织与社区发展事业的一个开端,对社会工作的发展无疑起到了积极作用。不难看出,当时的乡村建设运动主要是在农村开展的,这一运动在当时确实推动了农村社区建设事业的发展。然而,不幸的是,随着战争的爆发,乡村建设运动也被迫停止。

2. 社区发展的初创期

从新中国成立到20世纪80年代初期,可以称得上是社区发展的初创期。这一时期,我国虽然没有开展"名义上"的社区建设,但并不意味着没有实质性的社区发展。在新中国成立后,中国仍然面临着许多旧社会遗留下来的社会问题。为了解决上述问题,建设一个更加全新的社会,党和政府开展了大规模的社会救助、救济以及社会改造运动。20世纪50年代以后,在城乡二元结构和城乡分治的背景下,城乡社区公共服务出现了城乡分割的"双轨制"。在城乡分治的体制框架下,传统的农村社区公共服务体制经历了两个阶段:1958—1978年人民公社时期的集体供给体制,1978年以来的家庭承包经营时期的个体供给体制。人民公社是一个政社不分、企社不分的全能单位,在"三级所有、队为基础"的制度安排下,农村社区公共服务主要采取人民公社为主、国家补助的供给体制。[①] 1978年以来实行家庭联产承包责任制,农户取代生产队成为农业生产主体,分税制实施,农村公共服务机构由县级职能部门"条条管理"转变为乡镇"块块管理"。这一时期,政府对城市的管理以单位制管理为主,而在基层地区则主要是通过街道办事处和居民委员会这两个行政建制的组织来开展工作,通称为街居制。1953年,彭真向中央提交了《关于城市街道办事处、居民委员会组织和经费问题的报告》,该报告建议:"街道的居民委员会必须建立,它是群众自治组织,不是政权组织,也不是政权组织在下面的腿;城市街道不属于一级政权,但为了把很多不属于工厂、企业、机关、学校的无组织的街道居民组织起来,为了减轻区政府和公安派出所的负担,还需要设立市或区政府的派出机关——街道办事处。"随后,1958年兴起的大跃进运动、人民公社运动,使街道的机构和职能迅速膨胀。到了"文革"时期,街道办事处改组为街道"革命委员会",居委会也相继改称为"革命居民委员会",街区制的本来功能发生了异化。1980年,全国人大常委会重新公布了《城市街道办事处条例》《居民委员会组织条例》,街道办事处、居民委员会的机构和职能得以恢复。1982年,《中华人民共和国宪法》进一

---

① 李华:《中国农村:公共品供给与财政制度创新》,北京:经济科学出版社,2005年版,第62页。

步明确了居民委员会作为基层群众自治组织的性质。总的说来,这个时期的社区发展实践以社会运动的方式展开,动员范围广、涉及面大,可以简单地概括为全国性、大规模、运动式的发展方式,与中国历史上小规模、自助式的社区发展实践形成鲜明对比。① 从中我们可以得到的经验教训是,想要通过革命式的一次性解决方案实现基层社会管理的目标是不切实际的。

3. 社区发展的转型期

从20世纪80年代中期到21世纪初,是我国社区发展的转型期。在这一社会转型期,我国当代城市社区建设是在改革城市基层管理体制的过程中提出并发展起来的。改革开放以后,随着经济社会转型的不断深入,单位制瓦解的进程也不断加快,原来由政府和企业承担的社会职能逐步转嫁到社区身上。另外,城市经济生活水平的不断提高以及城市居民需求的不断增多,也向转型期的社区建设提出新的发展要求。1986年,民政部为推进城市社会福利工作改革,争取社会力量参与兴办社会福利事业,并将后者区别于民政部门代表国家实施的社会福利,就另起了一个名字,称之为"社区服务",由此引入了社区概念。1987年,社区服务开始在全国推广。需要注意的是,这一时期的社区服务主要是以促进民政事业发展为目的的。面对社会形势的迅猛变化,民政部门逐步认识到,街居工作的重点必须从发展经济向提供服务转变,必须从单纯的社区服务向整合的社区建设转变。20世纪90年代初,我国学术界和民政部借鉴国外社区发展的理念,提出了社区建设口号。1992年10月,民政部下属的中国基层政权建设研究会在杭州专门召开了"全国城市社区建设理论研讨会"。这样,以开展社区建设为标志,城市基层管理体制改革的序幕徐徐拉开。自此,"社区服务"的提法延伸扩展为"社区建设",而社区建设基本等同于国际社会流行的社区发展概念。② 这一时期社区建设的服务范围逐渐扩展到全体市民。1998年,国务院的政府体制改革方案确定民政部在原基层政权建设司的基础上设立基层政权和社区建设司,意在推动社区建设在全国的发展。在上海、石家庄、青岛等地的试点经验基础上,中共中央办公厅、国务院办公厅于2000年11月转发了《民政部关于在全国推进城市社区建设的意见》,社区建设就此开始在全国推广起来。然而,在随后的发展中,社区建设在一定程度上偏离了最初设定的目标。2004年10月,中共中央办公厅转发了《中组部关于进一步加强和改进街道社区党的建

---

① 李东泉:《中国社区发展历程的回顾与展望》,《中国行政管理》,2013年第5期,第78页。
② 华伟:《单位制向社区制的回归——中国城市基层管理体系50年变迁》,《战略与管理》,2000年第1期,第92页。

设工作的意见》,使得社区建设从民政部主导的以社区服务工作为主要内容上升到基层政权建设的高度。如此一来,社区建设的主要目标实际上已经发生了变化,社区建设从要求社区大众的广泛参与,转变为要求向基层政权建设提供服务,并逐渐成为国家加强基层社会管理的重要方式。至此,社区服务开始带上更多行政管理的色彩。

4. 社区发展的拓新期

对我国社区发展而言,从 21 世纪初至今,可以称得上是社区发展的拓新期。在这一时期,我国社区发展的理念又发生了重大变化,开始更多地服务于社会建设,尤其是在东西部统筹、城乡统筹等发展理念的指导下,给予落后地区社区建设更多政策优惠与资金支持。自 2000 年以来,为了缩小改革开放以来不断扩大的东西部差距,统筹东西部地区的经济社会发展,国家先后实施了西部大开发战略、振兴东北老工业基地战略以及中部崛起战略等。在这一过程中,中西部地区的社区建设水平也取得了长足的进步。2006 年,《中共中央关于构建社会主义和谐社会若干重大问题的决定》提出,要推进社区建设,完善基层服务和管理网络,全面开展城市社区建设,积极推进农村社区建设,健全新型社区管理和服务体制,把社区建设成为管理有序、服务完善、文明祥和的社会生活共同体,完善居(村)民自治,支持居(村)民委员会协助政府做好公共服务和社会管理工作,发挥驻区单位、社区民间组织、物业管理机构、专业合作经济组织在社区建设中的积极作用,实现政府行政管理和社区自我管理有效衔接、政府依法行政和居民依法自治良性互动。2007 年以来,国家开始实施城乡统筹战略,将社区建设从城市扩展到农村,将基本公共服务拓展到农村,城乡公共服务差别开始缩小;同时,国家允许农民流转土地承包经营权,并鼓励城市工商企业投资农村,发挥市场机制的作用,促进农业增产与农民增收。政府、市场、社会的互动使农村社区结构发生了深刻变化:农业生产逐步市场化、农民生活逐步社会化、农村公共服务逐步均等化,使得农村社区由静态走向流动、由封闭走向开放、由同质走向异质。①
2008 年 1 月,《中共中央国务院关于切实加强农业基础建设、进一步促进农业发展农民增收的若干意见》提出了农村社区建设的双重目标:完善农村公共服务体系,健全新型的农村社区经济共同体,培育新型的农村社区社会共同体。农村社区建设的双重目标,为推进农村社区建设、促进农村经济社会发展的协调化和城乡经济社会发展一体化,提供了明确方向和现实途径。民政部基层政权和社

---

① 陈伟东:《论社区建设的中国道路》,《学习与实践》,2013 年第 2 期,第 47 页。

区建设司副司长刘勇表示,按照全面建成小康社会的任务要求,到 2020 年中国城市社区服务体系建设要努力实现设施全覆盖,"城市社区综合服务设施覆盖率"要达到 100%。由此可见,在这一时期,国家开始将社区发展的重点放在支持农村社区建设上,希望通过城乡社区统筹,进一步缩小城乡社区发展的差距。总的来说,这一时期的社区发展更加有针对性,实施方式更加多样化,决策过程也更加科学理性,在实践过程中,体现出良好的社区建设效果。

(二) 中国社区发展的未来展望

在漫长的发展历程中,我国社区建设取得了长足的进步。正如前文所言,进入新世纪以来,我国社区建设向着更加规范化、多元化以及程序化的方向发展。但是,不可忽视的是,我国的社区发展仍然存在一系列的问题,比如缺乏社区发展的现代化理念、对社区发展的重点把握不够准确、缺乏对中国特色社区发展道路的探索等。在未来中国社会的发展过程中,社区将逐渐成为中国社会重要的结构单元,社区生活将成为中国社会生活中的重要表现形式。① 在这样一个新的历史起点上,需要我们重新审视未来我国社区发展的方向。

1. 树立现代化社区发展理念

不论社区建设还是社区发展,都体现为主动地作用于地域性社会的主体行动,这种行动所贯彻的理念、方式和成效,无法摆脱其历史传统、文化传承、制度架构的影响。② 当我们重新审视中国社区发展的现状时,可以发现,传统社区发展观念仍是制约我国社区现代化转型的瓶颈。在实际的社区建设中,行政化色彩仍然比较浓厚,缺乏服务的理念,社区居民的参与意识普遍比较薄弱。为了更好地促进社区的发展,必须摒弃传统的社区发展理念,树立现代化的社区发展理念。首先,在社区发展中要坚持将以人为本作为核心。任何社会发展都必须建立在尊重个人自由的基础之上,否则难以避免社会发展目的的异化。③ 社区发展也同样如此,在社区建设中,我们必须时刻将人的发展摆在社区发展的核心位置,同时把人的发展与物的建设严格区分开来,充分尊重社区居民的合法权利,尊崇社区的文化传统,重视社区的自主发展要求,还要让居民有机会实现自己在

---

① 艾医卫、廖惠丽:《当前城市社区建设存在的主要问题与对策》,《湖南行政学院学报》,2007 年第 2 期,第 8 页。
② 马西恒:《理念与经验:中国与北美社区建设之比较》,《上海行政学院学报》,2011 年第 1 期,第 89 页。
③ 潘泽泉:《以构建市民社会为目标:社区建设和发展策略的转变》,《福建论坛(人文社会科学版)》,2009 年第 3 期,第 140 页。

社区中的价值,从而让社区居民感受到自身在社区发展中的主人翁地位。其次,在社区发展中更加提倡社区服务的理念。在社区发展过程中,社区居民应该是享受更多服务的对象,而不是受管理的对象。为此,更应该关心社区居民的个性化需求,捍卫社区居民的尊严,主动邀请社区居民参与到社区建设中来。需要额外注意的是,在社区发展中,我们不仅要关注社区居民的物质生活,还要关注社区居民的精神生活,让居民在社区生活中获得精神上的满足感与幸福感。只有这样,才能激发社区居民参与社区建设的积极性与主动性。再次,在社区发展中要更加强调树立法治的权威。实际上,在社区的现代化进程中,权威仍然是支持社区正常运转的重要力量。中国传统社区权威的流失以及现代社区权威的缺失,造成了我国社区在当前阶段的权威断档局面。现代社区权威更多强调的是一种法治权威,这种权威是建立在明确的法律规则及对法律规则的自觉遵守基础之上的。为了更好地树立法治权威,必须建立健全关于社区的各项法律以及便于操作的规章制度,并引导社区居民自觉遵守相关的社区法律法规。

2. 把握当代社区发展的重点

从国际范围来看,乡村的城镇化水平已经成为衡量一个国家或地区发展水平的重要标志。对当代中国社区发展而言,城乡社区的统筹发展是一个至关重要的问题,我们必须将社区发展的重点放在乡村的城镇化建设上,着力加强城镇社区的发展,从而进一步缩小城乡之间社区发展的差距,最终实现城乡社区的一体化发展。就目前来看,城乡二元结构仍然是社区建设的难题,而破解这一难题的关键就在于加速乡村的城镇化进程。促进中国乡村的城镇化建设不仅是当前社区发展的现实需求,而且是农村生产力发展的必然结果。也有学者指出,乡村城镇化不仅是一个不以人们的意志为转移而又影响极为深广的社会经济变化的自然历史过程,还是变传统落后的乡村社会为现代先进的城镇社会的自然历史过程。[①]对我国而言,开展乡村的城镇化建设对于促进农村地区的经济社会发展以及统筹城乡的一体化建设具有重要的意义。我国乡村城镇化是城镇化的一个必要组成部分,它有利于提高农村居民的生活水平和生活质量,缩小城乡差距,进而有利于扩大内需、刺激消费和生产,为社会发展和社会进步提供强大的支持,促进农村社会的整体发展;它有利于改变我国长期以来存在的二元分割的社会结构,促进农村居民和城市居民在权利和义务上的平等和一体化,从整体上

---

① 潘永强:《我国乡村城镇化建设中的问题与对策》,《内蒙古财经学院学报(综合版)》,2004年第4期,第110页。

提高我国的城市化水平。① 为了进一步加快乡村城镇化建设的进程,必须从乡村城镇化发展的角度出发,破除不利于乡村城镇化发展的体制障碍,为乡村的城镇化提供更多的政策优惠。具体而言,要对乡村的城镇化建设进行合理的规划布局,准确定位新建城镇的功能,突出新型社区发展的特色,帮助传统社区尽快完成向现代化社区的转型。对乡村城镇化背景下发展的社区而言,基础设施建设也是一个"重头戏",必须集聚更多的人力、物力和财力加强城镇社区的基础设施建设。此外,在城镇社区的建设过程中,还要处理好政府与市场的关系,在更好地发挥政府作用的同时,充分发挥市场在资源配置中的作用,从而整合优质的区域社区发展资源,达到以市场化推动乡村城镇化建设的目的。

3. 走中国特色社区发展之路

改革开放以来,在具有中国特色的发展道路理论指引下,我国经济社会发展取得了举世瞩目的成就。对社区发展而言,走出一条具有中国特色的社区发展之路也是一个重大的现实问题。目前来看,中国的社区发展既要借鉴西方的经验,又要保留我国传统的优势,并赋予社区发展更多现代化的意义,还要加入我国对于社区发展更多独特的理解。在此局面下,探索中国社区建设的特色发展之路,就成为能否实现中国社区发展现代化转型的关键之举。对我国当前阶段的社区发展而言,开创社区发展的中国道路,必须始终坚持中国共产党的正确领导,发挥知识分子精英在社区发展中的引领性作用,在保留传统社区发展优势的基础上,引入现代化的社区发展理念,同时重塑社区发展中政府、市场和社会的主体性作用,处理好社区发展与社会发展的关系。作为执政党,中国共产党始终代表最广大人民的根本利益,始终将关注社会民生作为执政的重要理念。探索具有中国特色的社区发展之路,离不开党在社区建设中的领导作用。我国的知识分子精英大多受到过传统儒家思想的影响,同时也有不少人具有出国留学的经历,对于中国的社区发展而言,这一群体更有理论层面的发言权,所以应该充分发挥他们在社区发展中的引领性作用。有学者认为,在探索社区发展的中国道路时,迫切需要认真考虑的是如何把传统体制的遗产——服从整体利益和国家利益的取向,与市场体制下衍生的关心个体利益的取向有效地融合起来。② 其实,这里所强调的就是在保留我国社区发展传统优势的同时,融入更多社区发展的现代化元素。在未来社区发展中,社区建设工作不再只是政府的工作,政

---

① 张兴杰:《现代社会学新编》,北京:北京大学出版社,2012年版,第153页。
② 马西恒:《理念与经验:中国与北美社区建设之比较》,《上海行政学院学报》,2011年第1期,第96页。

府、市场与社会在社区建设中都应该更多地发挥主体性作用,从而为社区的现代化发展提供更多的动力支持。在未来社区发展中,还要充分处理好社区发展与社会发展的关系,要从社会发展的全局出发来发展社区事业,将社区建设融入社会建设的整体工作中去,同时要将社区建设作为社会建设的重点来看待,力争做到以社区的发展带动社会的发展,从而促进社会整体发展水平的提升。

第二章 关于社区治理

[**内容提示**] 本章首先从治理概念的历史起源以及本土化思考方面对治理概念做出了详细的梳理,并厘清了从管理到治理概念变迁的逻辑演绎规律,从而构建出一个清晰的治理理论框架。接着,从社区治理的必要性、基本内涵以及理论基础三个方面描绘出一个关于社区治理的理论概貌。而后,从多个不同的角度对社区治理的组织结构与基本模式做出全面的解读。最后,回归到我国社区治理的问题层面上,探讨我国社区治理的发展趋势。

[**核心概念**] 治理;社区治理;组织结构;基本模式;治理趋势

治理理论(Governance Theory)作为一种分析和解释工具,它力图在纷繁复杂的变革社会中,阐明在政治、经济、社会以及它们的相互关系中所出现的新结构形态。[①] 在关于治理的研究中,社区治理是近年来兴起的热点研究领域。一般认为,社区治理是治理理论在社区领域中的具体应用,是治理理论兴起、发展和创新的必然结果。

一、治理的内涵

对于治理理论的解读与分析,有助于我们找到治理理论的价值与意义所在,为更好地开展社区治理提供一定的启示。

(一) 治理概念的解析

对于治理概念的解析是一个复杂的历史还原过程,一方面要从治理概念起

---

① 刘银喜、任梅:《治理理论与公共产品的相关性分析》,《中国行政管理》,2006年第9期,第91页。

源的角度分析其诞生与发展的历程,另一方面则要从本土化的角度思考治理概念在中国语境下的特定含义。

1. 治理概念的沿革考略

治理(governance)概念最初诞生于西方。从治理(governance)概念的历史演变轨迹来看,它是一个不断被丰富的概念。总体上来看,治理概念的发展可以划分为传统治理概念与新治理概念两个阶段。

从词源上来看,"治理"(governance)一词来源于古希腊语和拉丁语,并且主要用于与国家公共事务相关的政治活动和管理活动之中。具体而言,在古希腊语中,governance 来源于 steer 或 pilot,这两个古希腊词语的意思都是指组织系统;在拉丁语中,governance 来源于拉丁语 gubemare,它的意思是指操纵、控制、掌舵、支配和管辖等。例如,法语中"治理"(gouvernance)的词根就是 gubernare,有船只驾驶之意,由此引出了 gouvernail(舵)这个词以及管理公共事务的含义。① 在德语中,"治理"(governance)一词与 steuerung 是同义词,指代政治权威塑造其社会的能力,也就是统治的意义。有据可考,"治理"一词的最早使用出现在 14 世纪。近代以来,"治理"一词广泛应用于政治学、社会学和管理学等诸多领域的研究中。学者们从不同的学科视角审视治理这一概念的内涵,使得关于治理概念的研究内容呈现出包罗万象的局面。需要注意的是,在这一时期,治理概念经常与统治概念交叉使用。很多学者甚至认为,在某种意义上,治理概念等同于统治概念。他们认为,如同统治一样,治理是指国家及其执行机构从社会统治和管理的需要出发,而实施的专门的且具有权威性的公共管理活动。

现代意义上的新治理概念,是随着西方治理理论的兴起而产生的。在理论层面上,治理理论与 20 世纪 70—80 年代社会科学出现的某些范式危机有关,而最主要的危机在于,各个学科领域原有的范式已经不再有足够的能力来解释和描述"现实的世界"。② 20 世纪 80 年代以来,随着全球化进程的加快,世界范围内公共事务复杂性、系统性以及动态性的不断增加,西方经济学家和政治学家等由此开始拓展治理的内涵,这种新治理的内涵已经大大超出了治理的经典意义。与"统治"概念不同,现代化的"治理"概念强调多元主体的参与性,致力于在网络化管理的制度安排下协调各方的利益关系,其目的在于维护社会大众的公共

---

① 皮埃尔·卡蓝默:《破碎的民主——试论治理的革命》,高凌瀚译,北京:生活·读书·新知三联书店,2005 年版,第 4-5 页。

② 吴志成:《治理创新——欧洲治理的历史、理论与实践》,天津:天津人民出版社,2003 年版,第 2-3 页。

利益,促进社会的健康有序发展。

学术界一般认为,世界银行在1989年发布的报告《南撒哈拉非洲:从危机走向可持续增长》中使用的"治理危机"一词,是"治理"概念被赋予现代化含义的起点,也是新旧治理的重要分水岭。隐藏其后的是两个现实趋势:一是社会变化所带来的所谓"不可治理性"(ungovernability),包括"政府失灵"、"市场失灵"引发的对政府、社会、市场三者关系的重新考量,以及全球化时代的地方化趋势要求相对于中央政府的去中心化、地方自治和公民参与;二是全球化所带来的种种全球性问题,以往的外交关系似乎已经无法解决这些问题,需要各个国家之间的通力合作,世界需要一种新型的国际关系。[①] 自此以后,治理概念更加富有现代化的色彩,其现代化的意蕴也逐渐丰富起来,与传统治理概念截然不同的新治理概念应运而生,治理由此以一种全新的面貌跃入人们的视野。传统治理概念与新治理概念的重要区别在于,传统治理一般强调以政府为主体的统治行为,而在传统治理的"统治失效"背景之下,新治理则比传统治理更加强调处理好政府与社会各主体之间的合作伙伴关系。

治理理论的主要创始人之一詹姆斯·N.罗西瑙认为,治理是通行于规制空隙之间的那些制度安排,或许更重要的是当两个或更多规制出现重叠、冲突时,或者在相互竞争的利益之间需要调解时才发挥作用的原则、规范、规则和决策程序。[②] 罗伯特·罗茨将治理看作一种新型的社会管理方式,并列举了治理概念的六种不同用法:作为最小国家的治理,作为公司治理的治理,作为新公共管理的治理,作为善治的治理,作为社会—控制论系统的治理,作为自组织网络的治理。[③] 对治理概念做出的最有权威也最有代表性的解释来自于全球治理委员会。该委员会指出,治理是各种公共的或私人的个人和机构管理其共同事务的诸种方法之总和。这是一个使相互冲突或不同的利益可以得到调和并从中得以采取合作行动的持续的过程。它包括有权强迫人们遵守的正式制度和政体,也包括各种人们同意或认为符合其利益的非正式制度安排。[④]

总结上述关于治理概念的定义,可以发现,治理或被描述为一种原则、规范、规则和决策程序等,或被描述为一种新型社会管理方式,或被描述为一种过程、

---

① 刘朝阳:《国家治理概念辨析》,《武汉科技大学学报(社会科学版)》,2015年第5期,第526页。
② 詹姆斯·N.罗西瑙:《没有政府的治理》,张胜军等译,南昌:江西人民出版社,2001年版,第9页。
③ 俞可平主编:《治理与善治》,北京:社会科学文献出版社,2000年版,第87-96页。
④ The Commission on Global Governance, *Our Global Neighborhood: the Report of the Commission on Global Governance*, Oxford University Press, 1955:2.

一种制度安排。由此可见,关于治理概念的定义,学术界并未达成共识。但是,仔细考究上述定义,不难发现,治理实际上意味着一种对各方权力的再分配以及各种利益关系的重新调和,政府、市场以及社会、公民等各方主体的角色也随之得到重新定位。从本质上讲,现代意义上的治理改变了传统的将市场与政府、公共领域和私人领域、主权国家和公民社会相对立的二分法思维模式,更加突出相互之间的协调性、互动性与合作性。

2. 治理概念的本土化思考

治理这一概念并非是西方所独有的,在中国古已有之,但是,中国现当代意义上的治理概念则是引介于西方。而治理概念的引入也与当时中国的经济社会发展背景密切相关。20世纪80年代以来,我国正处于经济社会的全面转型阶段,也正在经历着从总体性社会向分化性社会的过渡。这种社会转型主要是指社会结构的转型,包括从乡村社会向城市社会的转变、从农业社会向工业社会的转变、从封闭半封闭社会向开放社会的转变等。就我国而言,社会转型还包括体制转轨,即从社会主义计划经济体制向社会主义市场经济体制转轨。① 随着社会转型的不断深入,社会资源的流动性不断增强,社会的空间结构不断扩张,社会的异质性元素也不断增加。受此影响,原有的社会管理所依托的组织制度开始弱化甚至解体,如单位制的不断松动甚至瓦解,新兴社会力量的崛起,市场经济参与者自主权力的增强都是其重要表现。在这种情况之下,尽管政府仍然掌控着大部分的社会权力,但是传统的行政管理方式(抑或是"统治方式")越来越受到质疑。在传统管理方式陷入"合法性"危机之后,现代意义上的治理概念为上述问题的解决带来一线曙光,也逐渐为人们所接受。

如前所述,以世界银行在1989年发布的报告《南撒哈拉非洲:从危机走向可持续增长》为分水岭,治理概念被分为传统治理概念与新治理概念两个阶段。但是,治理概念真正对我国学术界产生影响,则是在1992年世界银行发布《治理和发展》报告之后。当时以刘军宁为代表的一批年轻学者将这一概念引入关于中国政治体制改革的讨论之中。最初,刘军宁将 governance 译为"治道",他指出:"现代治道就是要在制度层次上创立一个中性的现代国家;在经济层面上,维持一个充分自由的私人领域。政府对各种具体的利益争夺应保持中立的立场。政府必须提供规则以使市场得以运转,保护财产权。同时,对经济与效率方面的技术考虑应多于意识形态和政治因素的考虑,应把技术问题与政治问题分

---

① 郝天聪:《社会转型视角下的职业教育发展初探》,《职业教育研究》,2015年第3期,第9页。

开。治道正是属于技术层面的问题。所以,在这方面的变革应毫不犹豫。"①另外一位致力于将治理概念引入我国的是具有马克思主义学术背景的学者徐勇。他利用马克思主义的立场和方法,对治理这一概念做出了独特的解读。在他看来,治理的思想其实早就蕴含在马克思主义的经典著作之中。比如,"在某一时间内,尽管国家权力可以成为主导性的公共权力形式,但它无法取代公共服务中的社会的角色"②。上述关于治理概念的本土话语诠释都是从政治学的角度出发的。20世纪90年代末期,关于治理概念的本土话语诠释逐渐扩展到社会学、经济学等领域,其中,以俞可平的观点最具代表性。随着其主编的《治理与善治》的出版,国内关于治理概念的研究逐步走向高潮。在俞可平看来,治理的目的是在各种不同的制度关系中运用权力去引导、控制和规范公民的各种活动,以最大限度地增进公共利益。③ 如今,关于治理概念的诠释有进一步扩张的趋势,教育学、文化学等领域也逐渐引入治理概念。

随着对治理概念研究的深入,治理逐渐成为一种理论分析工具,关于治理的理论分析框架也逐步趋于完善。对于治理的处境化诠释已经从最初的单一引介阶段转换到本土化融入阶段。对于治理概念认识的深化,也影响到了我国的改革政策实践与意识形态建构。治理作为一个舶来的概念,其所诞生的背景与我国存在较大的差异,所以,在理解治理概念、运用治理理论之时,必须结合我国的特殊国情,对其进行本土化的加工与诠释,从而使治理理念自然地融入我们的行动决策中来。也就是说,由于国情的不同,切不可将西方的治理理论以及西方关于治理概念的解读原模原样地照搬到中国,正确的做法是,在中国语境下赋予"治理"概念新的中国语义,从而开创一条具有中国特色的治理之路。西方的governance概念强调民主参与、分权制衡、公开透明、共识取向、责任回应等good governance(良好的统治或良好的政府)因素;中国的"治理"概念则强调公私一体、中央集权、简约治理、道德教化等"善政"因素。④ 为此,我们可以在保持自身治理概念实用特性的同时,吸收西方治理概念中的协商、多元、契约等元素。在当前阶段,"强国家—强社会"是我国推进现代化进程的重要逻辑走向,为此,中国语境下的治理强调更好地发挥政府的权威作用,在党的领导之下,充分调动社

---

① 刘军宁、贺卫方:《市场逻辑与国家意志》,北京:生活·读书·新知三联书店,1995年版,第77页。
② 中共中央翻译局:《马克思恩格斯选集:第4卷》,北京:人民出版社,1995年版,第195-218页。
③ 俞可平主编:《治理与善治》,北京:社会科学文献出版社,2000年版,第5页。
④ 谈萧:《中国传统治理的制度结构》,《学习与实践》,2012年第1期,第86页。

会各界参与国家治理的积极性,最终形成多元参与、协同高效的国家治理新格局。

(二) 从"管理"到"治理"的逻辑演绎

在前文中,我们从治理理论形成与发展的视角对治理概念做出了一个全面的分析与解读。在整个治理理论体系中,管理与治理是不可回避的一对关系范畴,从管理到治理的历史性转变是治理理论形成的重要标志,对于整个治理理论体系的搭建也起着至关重要的基础性作用。接下来,我们将从比较的视角出发,探寻治理理论中从管理到治理的逻辑演绎规律。

管理与治理是两个既相互联系又相互区别的概念。就管理与治理的字面意思来看,二者都有一个"理"字,"理"本身就有规律、道理的意思,寻找到事物发展的规律、道理是二者共同的应有之义。从管理到治理的转变,虽然只变化了一个字,但却意味着其内涵与外延的根本性转变。也就是说,二者虽有相通之处,但不可否认的是,二者也有实质性的差异。管理与治理之间的本质区别,以及从管理到治理转变的演绎轨迹还是十分清晰的。总体来看,从管理到治理的逻辑演绎规律主要表现在以下几个方面。

1. 理念的人性化

从控制到服务。从管理到治理的转变,首先意味着理念的人性化转变,即从控制理念转向服务理念。理念作为引领时代发展的风向标,无论是在专制主义时代,还是在民主主义时代,抑或是后民主主义时代,都在时代变革与历史变迁中发挥着重要的引领性作用。管理理念是建立在政府拥有无限理性的假设基础之上的。在这一假设之下,政府拥有绝对的权威,能够掌握关于不确定的外部环境以及时常变化的需求偏好的完全信息,并且能够在所有备选方案中遴选出最优化的决策方案。既然政府全智全能,当然能够代表公民的意志和利益来行使社会管理权,权威地配置各种社会资源,由此其在国家与社会事务管理中的唯一的权力中心地位得以理所当然地确立。[1] 如此一来,管理的过程实际上就变成对各种资源、信息等的控制过程。与管理所强调的控制不同,治理强调一种服务的理念,也是一种更加人性化的理念。在治理理念之下,政府与普通大众一样也只是具有有限理性的,即所谓的"理性经济人"。面对庞杂的信息、资源以及不确定的外部环境,政府也会遇到信息悖论、资源匮乏、环境不利等问题,也会出于

---

[1] 张宝锋:《治理概念的社会学分析》,《经济与社会发展》,2005 年第 9 期,第 171 页。

理性做出最利于自身的选择。所以,如若将所有希望都寄托在政府身上,期待政府成为公共利益的唯一代表,明显不切实际。针对这一问题,治理理念倡导打造一个利益共同体,在这一共同体中,各成员的地位都是平等的,其利益也是受到保护的,通过互相之间的合作与协商,共同解决信息不对称、信息私有化等问题。因此,这一利益共同体实际上就是一个服务组织,其本职工作就是为共同体成员提供优质的服务,而政府也只是提供公共服务的重要成员。

2. 目标的公益化

从善政到善治。从目标上看,管理与治理的目标存在较大差异,管理的目标是善政,而治理的目标是善治。从某种意义上讲,治理也是一种管理,但治理无疑是对管理境界的进一步提升与超越,从善政到善治的转变则是其鲜明的体现。自从国家诞生以来,善政便成为人们所期望的理想的管理模式,关于这一点,古今中外概莫能外。我国古代所讲的仁政以及英语中所讲的 good government 都有善政的意味。从本质上讲,善政主要是对政府的要求,通过政府的管理,实现政治制度的高效运行与社会秩序的有序推进是善政的重要价值追求。所以善政的立足点在于,打造一个更加优质、高效、透明、廉洁的政府。善治这一概念最初是世界银行提出来的。与善政不同,善治不仅强调好的政府治理,而且强调好的社会治理。简而言之,善治强调追求社会公共利益的最大化,它是治理的最高境界,也即治理最优化的表现形式。善治的本质特征就在于,它是政府与公民对公共生活的合作管理,是政治国家与市民社会的一种新型关系,是两者结合的最佳状态。[①] 我国对善治颇有研究的学者俞可平指出,从内容上看,善治的基本要素大致上有 10 个:合法性、法治、透明性、责任性、回应、有效、参与、稳定、廉洁和公正。[②] 与善政相比,善治同样强调对效率的追求,但是善治也更加强调对公平的追求,对于社会公平的守护理应是达成善治目标的基本价值底线。从二者关系上看,善政是达成善治的必经阶段,也就是说,想要达成善治,必须首先实现善政。这一点其实也内在地遵循着从管理到治理的逻辑演绎规律。

3. 主体的联动化

从一元到多元。就主体而言,从管理到治理的逻辑演绎意味着从一元主体向多元主体的转变。从参与者来看,很明显,管理存在主体与客体的区分,即管理的参与者可以分为管理者与被管理者。在管理过程中,管理的主体主要是指公共组织。所谓公共组织,是指以实现公共利益为目的,以提供公共物品或服务

---

① 胡国进、赖经洪:《新时期政府治理模式探析》,《江西社会科学》,2005 年第 8 期,第 129 页。
② 俞可平:《论国家治理现代化》,北京:社会科学文献出版社,2014 年版,第 27-30 页。

为基本职能的社会组织。① 按照这一标准,公共组织主要指代的就是政府。据此而言,政府不同层级、不同种类的部门正是管理行为的主要组织者,以政府为核心开展的行政管理是管理施行的主要形式。可以说,在管理中,政府掌握着绝对的话语权,其他客体只是处于从属地位。从参与者来看,治理与管理则存在明显的不同,治理的主体不再是公共组织这一单一主体,而是多元的主体。治理的多元主体既可以是公共组织,也可以是私人组织,又可以是公共组织与私人组织的合体。具体而言,治理主体可以是非政府组织、非营利组织、自治组织、公民个体等。各个主体之间并没有依附的关系,也没有严格的上下级关系。也就是说,合作是各个主体之间关系的"主旋律"。而且,这些主体具有较强的独立性,甚至可以成为立法、行政、司法三种力量之外的第四种力量。从一元管理主体向多元治理主体的转变,打破了传统管理体系的"中心—边缘"格局,致力于构建以"合作治理"为愿景的现代治理体系。在这种现代治理体系之下,政府不再是唯一的治理中心,多元主体之间彼此依赖、共生共荣,多元主体的广泛参与使得合作治理成为可能,多元主体所代表的不同利益主体之间的关系更倾向于一种合作伙伴关系,多元主体的合作宗旨也正在于打造一个立体网络式的治理新格局。

4. 结构的有机化

从垂直到网络。在结构上,从管理到治理的转变意味着治理结构的进一步有机化,即从垂直式的管理结构转变为网络式的治理结构。垂直的管理结构主要是指,在管理中权力的运行往往是单向度的,即根据权力等级高低自上而下地运行。这种层级管辖采用的主要是下级服从上级的方式,所依靠的主要是政府的权威。通过政策调研、政策制定、政策实施等,政府得以实现对社会公共事务单向度的管理。在实际的管理过程中,如果出现下级蒙蔽上级的现象,就无法使上级得到正确的、有效的反馈,烦冗的管理程序、复杂的人事关系也会时常影响到管理的效率。在管理中,管理的权力主要来自管理者的授权,而在网络式治理中,治理的权力来自各治理主体的协商。具体而言,与管理不同,治理所强调的权力运行不再是单向度的,而是一种自上而下又自下而上的上下互动管理过程。正如有学者所指出的那样,治理的实质是建立在市场规则、公共利益和集体行动基础上的合作,它所拥有的管理机制,主要不是依靠政府的权威,而是合作网络的权威,其权力运行向度是多元的、相互的,而不是单一的、自上而下的。② 在这一过程中,治理主要通过对话合作、谈判协商、互动交流等方式来对社会公共事

---

① 周晓虹:《公共管理学概论》(第2版),北京:中央广播电视大学出版社,2009年版,第2页。
② 郑杭生:《中国城市社区治理结构研究》,北京:中国人民大学出版社,2012年版,第37页。

务实施管理,其目标主要是寻求政府与公民对公共事务的合作管理,进而实现公共利益的最大化。由于在这种互动过程中,各治理主体之间可以随时就治理的情况相互进行反馈交流,所以可以在无形之中提高治理的效率,也有利于做出更符合社会公共利益的决策。总而言之,由于权力运行向度的不同,使得治理与管理的结构变得截然不同,治理的权力运行也显得更加透明、公开与高效。

5. 方式的民主化

从人治到法治。从人治到法治的转变,是治理方式民主化的重要标志,这一转变从根本上将现代治理与传统管理区分开来。众所周知,法律面前人人平等。作为管理社会公共事务的最高准则,法律起着规范政府行政管理行为的重要作用。然而,现实情况不容乐观,在传统的管理方式下,法治虽是行使政治权力的重要依据,但在实际的管理过程中,人治的成分远远大于法治。究其原因,一方面是因为我国相关的法律法规不甚健全、不甚明确,另一方面则是因为相关法律法规没有得到有效的执行。传统的管理方式容易造成权力过于集中,管理者的"官本位"思想也较为浓厚,管理者的行政行为缺乏有效的监督与问责,所以也就更容易滋生腐败现象。而治理所倡导的方式从根本上有别于管理,在治理方式中,行政权力的边界发生根本性的变化,权力从集中的状态逐渐演变为分散的状态。更重要的转变在于,治理更加倡导发挥法治的作用。在治理社会公共事务的过程中,治理也更加倡导方式的民主化。法治的基本目标是规范公民的行为,管理社会事务,维持正常的社会生活秩序;但其最终目标在于保护公民的自由、平等及其他政治权利。[①] 从这个意义上讲,推进治理法治化的过程实际上也是在推进我国社会的民主化进程。治理倡导的法治之所以有别于人治,主要在于两个方面:其一,法治要求法律法规本身必须首先具有"合法性"。这里所讲的"合法性",主要是指"正当性"、"合理性"。对于法律法规制定"合法性"的要求,可以从源头上保证法治的纯洁性以及民主的本质。其二,法治要求法律法规执行过程中的程序"法定化"。也就是说,治理强调对法律法规的自由裁量进行限制,主要是在执法过程中增加反馈这一环节,从而保证公民参与治理的基本权利。

6. 手段的柔性化

从规制到协调。从管理到治理的转变还意味着手段的柔性化,即从使用规

---

① 郑杭生:《中国城市社区治理结构研究》,北京:中国人民大学出版社,2012年版,第37页。

制手段转变为使用协调手段。在宏观领域,出于管理的需要,政府主要采取政策调控的方式开展行政管理,尤其是在市场失灵的情况下,政府的有效调控对于保证经济的平稳运行至关重要。而在与社会公众生产生活更直接相关的微观领域,管理所采用的手段主要是规制。一般来说,规制是由政府部门及其相关机构强制推行的持续性的规范活动。这种活动需要两方面的支持,一方面在制定规制时需要规制者充分占有信息,以避免在错误分析的基础上产生错误的规制。同时,为了防止规制者的寻租行为,规制者本身需要受到规制。另一方面,规制需要受规制者对规制内容的充分理解,需要在规制过程中不断调整规制内容。[①]显然,管理中所采用的规制手段,很容易带来管理成本的提升,以及实际管理过程中的制度损耗,也容易带来管理工作中的扯皮、推诿现象。与管理不同的是,治理更加强调协调手段的使用,即在治理过程中协调各方利益主体的关系,由于彼此之间的合作互动,可以最大限度地减少治理的成本。而且,由于协调手段的使用,治理主体的积极性将被充分调动起来,治理行为演变为治理主体的自律行为,如此一来,可以有效避免规制者的寻租行为。另外,从构建体系的角度来看,现代治理体系理应是一个有机的制度系统,从全球治理到民族国家治理,再从民族国家治理到地方治理,不同层面的治理作为一个统一的整体相互协调,密不可分。

二、社区治理概述

一般认为,从治理到社区治理的转变,意味着治理理论在社区领域的具体应用。然而,社区治理问题并非如此简单。实际上,社区治理的提出与发展有其特定的时代背景与现实需要。社区治理具有比较丰富的内涵,对于其内涵的解读有助于我们了解社区治理的本质所在。另外,学界对社区治理的研究已经进行了多年,也形成了相对完善的社区治理理论,对其分析有助于为接下来的研究奠定相应的理论基础。

(一)社区治理的必要性

在当前阶段,发展社区治理既是源于现实层面的时代诉求,又是源于政策层面的迫切需要。

---

① 程杞国:《从管理到治理:观念、逻辑与方法》,《南京社会科学》,2001 年第 9 期,第 50 页。

1. 现实层面的时代诉求

与全球治理、民族国家治理以及地方治理一样,发展社区治理的首要原因就在于政府和市场的双重失灵。政府失灵主要是指政府在行使管理职能的过程中出现的公共政策失效、公共产品低效供给、组织结构庞大臃肿、寻租行为滋生等方面的问题,市场失灵则主要是指在资源配置的某些领域完全依靠市场机制的作用无法达到帕累托最优状态。简而言之,对于社区范围内的某些关键的环节、领域,政府和市场可能都无法发挥有效的管理与调节作用,而与此相反,通过社区治理则能够做到许多政府与市场做不到的事情。对此,我们可以结合如下例子来分析。与政府和市场相比,社区本身掌握着更多关于社区成员行为、能力以及需求等方面的信息,这样,社区治理就可以利用这些分散的与社区成员相关的私人信息,并根据社区成员是否遵守社会规范,来对其进行相应的奖励或者处罚。正如研究社区问题的著名学者萨缪尔·伯勒斯和赫伯特·金迪斯在《社会资本与社区治理》中指出的那样:"与政府和市场相比,社区能更有效地培育和利用人们传统上形成的规范他们共同行为的激励机制:信任、团结、互惠、名誉、傲慢、尊敬、复仇和报应,等等。"[①]对此,二人也进一步分析了社区治理所具有的独特优势。社区治理中成员之间的互动具有较高的频率,长此以往,有利于形成利益互惠的机制;而且,社区治理可以减少管理中的短期行为,有效降低管理的成本。另外,社区治理可以通过成员之间惩罚"反社会"行为来有效克服"搭便车"问题。由此可见,发展社区治理是经济社会发展的时代诉求。在当前阶段,推动社区的治理化已经刻不容缓。

2. 政策层面的迫切需要

在党的十八届三中全会上通过的《中共中央关于全面深化改革若干重大问题的决定》提出,全面深化改革的总目标是完善和发展中国特色社会主义制度,推进国家治理体系和治理能力现代化,而且到2020年要在重要领域和关键环节改革上取得突破性进展。国家治理体系是一个包含了政治治理、经济治理、社会治理、文化治理、生态治理、政党治理、社会治理等多个领域的治理制度体系。公共服务与社会管理向基层社区的下沉,反映了当前中国社会治理的一种新趋势,我们将这一趋势称为"社会治理的社区化"。[②] 随着工业化和城市化的发展,沉

---

① 萨缪尔·伯勒斯、赫伯特·金迪斯:《社会资本与社区治理》,见曹荣湘选编:《走出囚徒困境:社会资本与制度分析》,上海:上海三联书店,2003年版,第135页。
② 杨敏:《我国城市社会发展与社区建设的新态势——新一轮城市化过程社会资源配置的社区化探索》,《科学社会主义》,2010年第4期,第90页。

睡的"社区"已经被唤醒,从单位制和街居制过渡到社区制,已经成为中国微观社会治理的必然趋势。① 这里主要是指,随着经济社会的发展,传统的单位体制不断弱化,而单位所具有的社会职能逐渐呈现出一种外溢的状态。而且,我国农村与城市的人口结构都已发生巨大变化,单位体制外的社会空间也有不断扩大的趋势。另外,居民对于社区的公共需求、互助需求、关怀需求不断增长,而作为利益共同体的社区也对利益聚合与表达产生较大的需求。还有一点在于,在我国全面推进小康社会建设的进程中,居民对于社会环境、社区文化、社区服务的要求也日益提高,这一切都对社区治理的施行起着重要的推动作用。由此可见,社区治理是国家治理的基础,作为微观社会治理的重要组成部分,社区治理已经成为推进治理体系和治理能力现代化的重要领域和关键环节。

(二)社区治理的基本内涵

为了更好地研究社区治理,必须首先明确社区治理的基本内涵。总体上来看,社区治理的基本内涵包括以下两个方面。

1. 管理社区公共事务

从理论层面上来看,对于社区治理内涵的分析离不开对于治理本义的把握。根据全球治理委员会的观点,治理是各种公共的或私人的机构管理其共同事务的诸多方式的总和。著名管理学家格里·斯托克指出:"治理意味着一系列来自政府,但又不限于政府的社会公共机构和行为者,意味着除政府以外,还有其他的公共事务管理者;公共事务管理的过程,就是政府把原先由它独自承担的责任转移给公民社会、参与者自主合作构成网络,使得公共事务管理主体多元化起来的过程;政府在治理中的任务是:构建(解构)与协调,施加影响和规定取向,整合与管理。"② 以上两种关于治理的经典定义都指出,对于社会公共事务的管理理应是治理的应有之义。对于社区治理而言,其首要的内涵也正在于对社区公共事务的管理。

就广泛意义上的公共事务而言,它是指涉及普通社会公众的日常生活质量和核心共同利益的一系列活动,以及这些活动所带来的实际效果。所谓社区公共事务,在宏观上,凡是按照属地原则由社区分担,以社区为单位去组织、协调、运作的公共事务,就属于社区公共事务;在微观上,社区经济、社区教育、社区卫

---

① 陈潭、史海威:《社区治理的理论范式与逻辑结构》,《求索》,2010年第8期,第82页。
② 格里·斯托克:《作为理论的治理:五个论点》,见俞可平主编:《治理与善治》,北京:社会科学文献出版社,2000年版,第35-47页。

生、社区体育、社区文化五大方面的资源以及社会福利、社会救济是传统的社区公共事务。在当今的市场经济体制下,新独立出来的社区治安、社区服务等也属于社区公共事务。① 通常来说,社区事务是纷繁复杂的,在进行社区治理的过程中,需要调动起各治理主体的积极性,将政府、社区自治组织、第三部门等团结起来,依据正式的强制性的法律法规以及非正式的社区规范、公约等,通过协商谈判、资源交换、协同行动等,对涉及社区成员共同利益的公共事务进行有效的管理。唯有如此,方能增强社区的凝聚力,提高社区的自治能力,提升社区治理的现代化水平。

2. 提供社区公共产品

根据公共经济学理论,保罗·萨缪尔森在《公共支出的纯粹理论》中将社会产品划分为公共产品和私人产品。他认为,公共产品是所有人都能享有该产品,在一定条件下,增加消费者不会影响其他人对该产品的消费量,生产的可变成本也不会发生变化。公共产品应具备三个特征:效用的不可分割性、消费的非竞争性和受益的非排他性。而私人产品可以由个别消费者所占有和享用,具有效用的可分性、消费的竞争性和受益的排他性三个基本特征。② 按照传统的观点,公共产品一般是由政府提供的,但这并不意味着公共产品是由政府直接提供的。随着社会分工的不断细化,公共产品的供给已然演化成复杂的分工体系。在公共产品的具体供给过程中,政府可以是供给的主体或者主要负责人,但是却可以根据分工的不同,将不同的环节分配给私人部门或者非政府组织去完成。在这种情况下,社区治理实际上承担起部分与社区相关的公共产品的供给任务。如此一来,提供社区公共产品就成为社区治理的重要内容。

作为为居民提供公共产品的重要场所,社区所提供的公共产品的数量与质量关乎每一个社区居民的切身利益,也关乎社区治理的质量以及有序化的程度。有学者进一步指出,"社区公共产品的属性本身就意味着:有效供给社区公共产品需要建立多元互动的社区治理结构","事实上,社区公共产品既有纯私人物品特征,也有纯公共物品特征,属于混合物品","我们把社区公共产品供给体系中的角色主体分为三大类:安排者、生产者、监督者,公共产品供给体系是在政府、社区组织、其他非营利组织、居民中分解。政府、社区组织和居民都是安排

---

① 汪大海:《外国人是如何管理社区公共事务的》,《社区》,2005年第3期,第18页。
② 郝天聪:《市场发挥职业教育资源配置决定性作用的路径探析》,《职业技术教育》,2015年第10期,第14页。

者,企业和居民都是生产者,社区组织和居民都是监督者"。① 为了有效提高社区治理的水平,必须提供社区居民所需要的公共产品,这就要求必须学会最大限度地挖掘以及整合社区内外部资源。此处所讲的资源主要包括人力资源、物力资源、财力资源、智力资源和政策资源等。从提供社区公共产品的角度来看,我们认为,社区治理应该是各大治理主体基于市场原则、社会公共利益和社区价值认同等协作开展的,满足社区居民对公共产品需求的,优化社区秩序的过程与机制。

(三) 社区治理的理论基础

通常来说,实践总是离不开理论的指导,对社区治理而言,同样如此。社区治理实践的有效开展,也离不开社区治理相关理论的指导。社区治理理论可以为社区治理实践提供发展的思路,并且可以为社区治理实践奠定坚固的知识基础。根据对社区治理相关文献的梳理与研究,可以发现,社区治理的相关基本理论主要包括国家—社会关系理论、基层民主理论、社会资本理论、自组织理论、网络治理理论等。

1. 国家—社会关系理论

从人类社会漫长的演进历程来看,主要是在国家与社会之间的二元互动中不断向前发展的。社会的整体变迁以及转型必然会对社区的发展路向产生重要影响。对中国社区发展来说,也同样如此。之所以从社区管理发展到社区治理,其实质就是国家与社会关系变革的结果。顾名思义,国家—社会关系理论主要是探讨国家与社会关系的理论,这一理论为我们更加深入地探讨社区治理问题提供了一个重要的视角。越来越多的学者已经意识到,在现代化的社区治理过程之中,国家与社会之间的关系已经越来越密切。可以毫不夸张地说,在社区治理的各个环节中,我们都不能忽视国家与社会之间不可分离的重要关系。实际上,在关于社区治理的研究中,学者们已经开始将重点放在治理过程中国家与社会的关系问题上。学者们看到,治理已经将原来由国家发起的社会福利项目,转变到通过政府和非政府组织的伙伴关系来安排。事实上,治理是关于政府组织和非政府组织在无等级的联盟中的合作。② 也有学者指出,国家—社会关系理

---

① 陈伟东、李雪萍:《社区治理与公民社会的发育》,《华中师范大学学报(人文社会科学版)》,2003年第1期,第31页。
② 吴晓林、郝丽娜:《"社区复兴运动"以来国外社区治理研究的理论考察》,《政治学研究》,2015年第1期,第56页。

论分析框架对于探讨经济社会转型背景下城市社区的重构以及农村社区的建设问题具有重要的作用,这一理论可以成为分析当代中国基层社会治理的主流分析框架。对国家—社会关系理论分析框架的使用,有助于凸显社会在社区治理中的重要作用。

2. 基层民主理论

在社区治理相关理论中,基层民主理论是一个不可或缺的理论。习近平同志曾指出,推进国家治理体系的现代化,是坚持和发展中国特色社会主义现代化的必然要求,同时也是实现社会主义现代化的应有之义。在新的社会转型期,社会主义现代化建设是一个系统工程,具有丰富的内容,涉及多个领域的深层变革,不仅需要实现宏观层面的政治、经济的现代化,而且需要实现微观层面的社区治理的现代化。而社区治理现代化的重要评价指标就在于基层民主的实现程度。基层民主理论认为,在单位制走向衰落和经济体制转型的背景之下,社区被寄予了厚望,成为国家控制、组织管理和个人发展的媒介和载体,是培育基层民主、实现民主自治的基本场域和空间,也是化解人际疏离、增强信任与合作的精神家园。[①] 在西方现代国家发展的过程中,实际上一直暗含着一套"民主的逻辑",即对于民主的渴望与追逐。有学者一针见血地指出,原先基于资本逻辑而构建起来的国家治理体系,必然要在民主化的资源再分配体系中才能拥有更高的安全系数。[②] 对于我国而言,民主同样应该是国家治理体系建设中的重要主题。具体到微观领域的社区治理问题,基层民主理论的指导意义就显得尤为突出。总之,在社区治理中,基层民主理论所显示出的强大生命力和广泛的社会效应对于推进我国的民主化进程具有至关重要的作用。

3. 社会资本理论

社会资本这一概念最初是由社会学家布迪厄提出的,在其著作《区隔:品味判断的社会化批判》中,布迪厄提出所谓的社会资本就是"社会联系、社会荣誉和社会尊敬的资本"。随后,经过科尔曼、帕特南等人的发展,社会资本理论被广泛应用于对经济、社会、政治等现象的解释中。有学者进一步指出,复杂的个人关系、多重的成员身份、密集的社会网络、广泛的社会信任,无论对个人,还是对一个团体或整个社会,都是一种潜在的资源要素,之所以被称作"社会资本",一是因为它们存在于社会关系之中,二是因为它们可以带来增值,被认为是无形

[①] 陈潭、史海威:《社区治理的理论范式与逻辑结构》,《求索》,2010年第8期,第82页。

[②] 刘建军:《和而不同:现代国家治理体系的三重属性》,《复旦学报(社会科学版)》,2014年第3期,第158页。

资产。① 在社会资本理论中,合作、互惠、信任是其核心思想,而这与社会治理存在着天然的联系。社区作为一个社区成员长期共同生活的场所,蕴含着丰富的社会资本。可以说,社会资本的创造是评估一个社区成熟程度的重要指标。社区治理实现的一个基本条件就在于丰富的社会资本储量及其良性发展状态,也就是说,只有当社区中充满合作、互惠、信任等要素之时,才能实现良好的社区治理,即所谓的善治。反过来,社区治理作为培育和积累社会资本的重要途径,对于重塑社会中的信任关系、达成社会共识以及重构市民网络也具有重要意义。社区治理的有序化开展无疑会进一步提升社会治理的水平。因此,将社会资本作为社区治理问题的分析视角,无论是对于社区治理,还是对于社会治理而言,都是十分有益的尝试。

【资料链接】

经济学家一直关心财富怎么积累,怎么能够增长。为了解释经济增长的原因,他们就提出资本是关键因素。20世纪80年代,人们进一步提出,一个国家的经济要发展,还必须有另外一种资本:社会资本。社会资本的构成要素是组织网络、信任关系、社会规范,投资的方式是建设社会信用体系,鼓励社会组织的发展。

社会资本被认为是一种资源,它存在于社会结构当中,就是人与人之间的一种资源,这种资源就体现为个人关系、成员身份、社会网络和信任关系。社会资本是便于实现目标的社会资源,社会资源就是一种组织和社会关系。能够便于我们实现目标的是物质资源、精神资源、人力资源、社会资源。有人讲社会资本是嵌入社会关系之中的无形资产,也被理解为基于信任的社会网络关系,所以,它的核心概念是信任。因此,衡量一个国家的社会资本水平到底如何,一个重要的依据就是考察它的社会信任程度。社会资本难以观察和度量,它存在于人们的关系结构当中。所以,一个人要拥有社会资本,必须要和他人有联系,要发生关系,你要有这样的关系,你才有社会资本。所以,正是这些他人,而不是他自己,是他优势的一个实际的来源。由此我们可以得出结论,作为个人,要想建立自己的优势,就要和更多的人建立关系;作为一个国家,要丰富自己的社会资本,就必须要建立更多的广泛的社会联系,让公民之间有更多的高度的组织性,让他

---

① 詹姆斯·科尔曼:《社会理论的基础(上)》,邓方译,北京:社会科学文献出版社,1999年版,第356页。

们有一个更加丰富的社会联系。

一、社会资本的功能

社会资本具有什么功能？社会资本理论家为我们提供了社会资本功能分析的两个角度：经济的和政治的。

社会资本的经济功能是降低交易成本。曾经有一个时期，社会科学家们假定现代化必然导致非正式的协调机制逐步地被正式的机制所替代。其实，以非正式规范为基础的协调依然是现代经济的重要组成部分，而且随着经济活动日益复杂精巧，它将变得更加重要。

在说明社会资本的经济功能的时候，人们通常拿东亚经济发展作为例子，认为东亚国家所具有的以家族为核心的凝聚力和广泛的人际关系，是其经济发展的动力之一。正如帕特南所指出，对经济增长迅速的东亚地区的研究几乎总在强调那里密集的社会资本的重要性，以至于这些经济有时被认为代表了一种新形式的"网络资本主义"。这些网络常常是以家族或者海外华人这样的联系密切的种族社群为基础的，它们培养了信任，降低了交易成本，并且加速了信息的流动和创新。因此可以说，社会资本可以转化为金融资本。

美国社会学家帕特南在《独自打保龄》一书中专门论述了社会资本的正面意义：其一，社会资本能够让公民更加轻松地解决集体问题，在一定程度上克服所谓的"集体行动的困境"。其二，"社会资本是社区前进车轮的润滑剂"，在人们能相互信任，以及在社会成员可以重复互动的地方，日常的商业和社会交往的成本将会大大降低。其三，社会资本拓宽了我们的认知，培育我们的健康人格，"那些与他人——无论是家庭成员、朋友，还是玩保龄球的伙伴——有着活跃联系并相互信任的人们，培养并维持着一种对社会其他人有益的性格特征"。其四，社会资本还通过心理和生理的过程来提高人们的生活。"社会资本让我们变得更加聪明、更加健康、更加安全、更加富足，以及更有能力去管理一个公正而稳定的民主社会"，甚至于，"社会资本能够阻止坏事情发生在好孩子身上"。

二、以和谐邻里改善社会资本

打造熟人社会(信任社会)，建设和谐的邻里关系，提高社会的组织化水平，促进公共服务的社会化，以推动社会自治，这是社会建设的基本任务。要推动社会，就要投资社会资本。怎么才能够促进社会资本的投资，应该说有很多方面，有很多工作要做。帕特南在《独自打保龄》中讨论了社会资本的投资方向和方式，简单归纳如下：通过鼓励公民参与来投资社会资本，通过工作场所来提高社会资本储备，通过构建和谐社区来积累社会资本，通过发挥宗教作用来改造社会资本,通过改变休闲娱乐方式来增进邻里关系,通过文化艺术活动来增加社会资本,通过提高政治的公共性来扩大社会资本。对于中国而言,除此之外,还需要特别强调两点。

第一,要尊重传统,善待传统。今天在现代化过程中,政府会推出一个个重大的改革举措和政策,这些东西很多是以破坏传统为代价的。比方说城市的拆迁,旧房、危房的改造,把原来四合院的文化都改变了。我们变成了一个一个原子化的单个的人。

第二,要重视NGO的发展。民间组织被看成是社会资本的一个酿造工场。我们知道,人与人之间的信任关系,都是在组织当中发展起来的,是在组织交易不断互动当中发展起来的,而社会民间组织就为我们人与人之间的互动提供了这种平台。我们不可能在国家的层面上把大家都调动起来,我们也不可能以单位为基础,把所有人的合作都确立下来。我们希望有各种各样的社团组织,比方说同学会、老乡会、行业协会、俱乐部等。当一个人说他同时是俱乐部的成员,又是教师协会的成员,还是诗歌协会的会员时,就意味着他的社会关系非常复杂,社会关系的复杂不仅对他个人有利,对于整个社会来说也是有利的。民间组织的发展一方面是培养社会资本,另外一方面是减轻政府的管理负担,因为民间组织本身能够具有自治的功能。总之,和谐社会需要投资社会资本,具体做法是:传统应该得到尊重,基层社会组织的发展应该得到鼓励,基层民众自发的文化活动应该得到提倡,水平方向的社会网络联系应该得到促进。[①]

4. 自组织理论

自组织理论起源于20世纪60年代,它是一种关于系统论的新发展,最早主要应用于自然科学的研究领域之中。通过运用自组织理论,自然科学家对自然世界中的自组织现象及其运动规律开展科学研究。德国理论物理学家哈肯认为,从组织的进化形式来看,可以把它分为两类:他组织和自组织。如果一个系统靠外部指令而形成组织,就是他组织;如果不存在外部指令,系统按照相互默契的某种规则,各尽其责而又协调自动地形成有序结构,就是自组织。自组织现象无论是在自然界之中,还是在人类社会之中都是普遍存在的。在这一基本前提下,近年来关于自然科学和社会科学的研究中,都广泛运用了自组织理论。自组织理论的引入,可以为社区治理研究提供一个崭新的视角。在社区公共事务

---

① 燕继荣:《社区建设与社会资本》,《21世纪经济报道》,2014年7月2日,第16版。

的治理中,自组织理论强调不能仅仅依靠政府的力量,而应该更多地发挥社区自治的力量,以此来提升社区治理的效率,实现社区居民自身利益的最大化。在自组织理论视角下,社区自治一方面可以推动治理主体之间的平等协商、团结协作,改变那种传统的社区管理模式,推动社区治理结构的扁平化发展;另一方面,社区自治可以为社区居民参与社区建设和管理提供良好的平台,从而有效地培养社区居民的公民意识。基于上述考虑,自组织理论对于更好地开展社区治理研究无疑有着重要的借鉴意义。

5. 网络治理理论

从某种意义上讲,网络治理理论是一种"合成的"理论,它是将网络组织理论与治理理论相结合而发展起来的一种新的理论体系。由于网络治理理论所具有的独特优势,这一理论在关于网络组织以及公共治理领域的研究中得到广泛应用。中外不少学者对于网络治理中的互惠、信任、合作伙伴等问题进行了大量的研究。有学者指出,网络治理可以有效推动公私合作伙伴关系的发展,也可以有效推动多中心公共行动体系的建设。国内对于网络治理理论的研究,多是系统地介绍与比较国外先进的网络治理理论模式。网络治理理论一般认为,现代公共管理的主体已经发展成由政府部门、企业、私营部门、公民自治组织、民间社会组织以及公民个体等共同架构的多元化主体的网络化治理体系。[①] 在现阶段,网络治理理论对于研究社区治理问题也具有重要的意义。在社区治理中,对于网络治理的强调意味着,社区治理中并非只有政府一个主体,应该充分调动起社区自治组织、社区居民、市场等各方治理主体的积极性,并在其中建立起良好的合作伙伴关系,通过协商、谈判、对话等方式,达成社区成员共同的治理目标,形成社区层面的资源共享、互惠合作机制,进而提高彼此之间的信任度,最终促进社区治理良性发展局面的形成。综上所述,如果能将网络治理理论有效地应用到关于社区治理的研究与实践中,无疑将会进一步提高社区治理的现代化水平。

三、社区治理的组织结构

正如前文所言,社区治理在根本上有别于社区管理,它强调在治理过程中,多元主体的积极参与,且每一治理主体各司其职,有序合作,从而有效提高社区

---

① 钟坛坛:《城乡一体化进程中乡村社区治理研究:影响因素分析与指标体系构建》,苏州大学博士学位论文,2014年,第14页。

治理的效率。为了达成善治的社区治理目标,政府组织、营利组织以及非营利组织都应该明确自身的角色定位。

(一) 政府组织在社区治理中的角色定位

要明确政府组织在社区治理中的角色定位,必须首先对政府有一个清晰的了解。一般来说,政府是指国家进行阶级统治和社会管理的机关,是国家表达意志、发布命令和处理事务的机关。广义的政府可以理解为制定规则、为居民提供服务的机构,而我国宪法中所说的政府,就是指一个国家的中央和地方行政机关。在本书中,政府组织不但包括广泛意义上的政府,也包括一些实际上发挥着政府职能作用的组织。综合来看,政府组织的角色涉及政府的权力界限、功能范围、行为方式等多个方面。

在社区治理中,政府组织主要承担着"元治理"的角色。从西方社会对社区治理的相关研究来看,社区治理并不是完美无瑕的,社区治理也可能会出现失效的现象,这就需要更好地发挥政府组织在社区治理中的"元治理"角色作用。可以肯定的是,社区治理所取得的各方面成就与政府组织的努力是分不开的,政府组织在社区治理中发挥着主导作用。具体来说,政府在社区治理中主要扮演着以下几种角色。

首先是社区建设的指导者。在社区建设的指导方面,政府主要通过对社区建设进行宏观规划以及制定相关的政策法规来发挥作用。社区规划反映的是社区历史、现状及未来走向规律性的认识以及未来发展的基本思路和政策选择,体现了人们推动社区发展的主观自觉性和能动性。[①] 科学正确的社区规划对于社区各方面的有效运行具有重要的价值与意义。为了更好地规划社区,政府组织应该根据社区的实际情况,遵循社区治理的规律,在组织人力和物力对社区状况进行充分调查的基础上,制订科学、长远而可持续的社区规划方案。需要注意的是,政府在规划社区的时候立足点要高于社区,从地方建设全局的高度来统筹规划。在政策法规的制定方面,由于我国社区治理尚处于起步阶段,因此需要制定一系列政策法规,从而为社区治理提供健康的法律环境。在完善社区法律制度的同时,也要制定具体的社区法规。

其次是公民社会的培育者。从某种意义上来讲,社区治理也是培育公民社会的过程。在这一过程中,政府组织发挥着重要的培育者角色作用。具体来说,

---

① 韦克难:《社区管理》,成都:四川人民出版社,2003年版,第214页。

主要包括培育社区居民的公民参与意识,以及健全社区自治组织体系。在公民社会,公民参与是社会有效运行的重要基础。对于社区治理而言,同样如此。可以说,居民参与是社区治理的重要基础,社区治理的过程其实就是居民积极参与的过程。如果没有社区居民的广泛参与,社区治理将成为"无源之水"、"无本之木"。为此,政府组织要积极培育社区居民的社区意识、公共理念以及自治理念。政府组织要努力让社区居民意识到自己是社区公共事务管理的一分子,有义务为了社区居民的共同利益以及社区的长远发展贡献自己的一分力量。众所周知,现有的社区自治组织已经远远落后于社区治理的进程,这就需要政府组织对社区自治组织进行充分的改革与创新。在健全社区自治组织体系方面,政府组织尤其要注意完善社区自治组织的结构与功能。

再次是社会资源的整合者。社会资源的匮乏与不足是影响社区治理的重要因素,如果没有经济上的足够支持,社区治理将会举步维艰。在社会资源的提供方面,社区本身的人力、物力与财力是十分有限的,这就需要充分发挥政府组织在社会资源整合方面的作用。一般来说,政府组织拥有雄厚的资金资源,也具有调度与整合社会资源的权力和能力。具体来说,政府对社会资源的整合主要包括两个方面:其一是财力资源的支持,其二是组织关系的协调。政府组织为社区治理提供财力资源支持的方式是多种多样的,在社区软硬件建设方面,可以采取直接拨款的方式支持,也可以发动多方社会力量,为社区的建设与发展募集资金,拓宽筹资渠道。社区内包含着各种组织,包括党组织、居民委员会、非营利组织等,各组织之间也会产生利益不协调的现象,甚至发生利益的纠纷与冲突,此时就需要政府发挥协调作用,尤其是在社会资源的分配方面,做到公平公正。

需要注意的是,在社区治理过程中,政府组织要注意角色的迷失。一方面,政府组织要避免过度的行政化;另一方面,要避免可能出现的全能化。过度的行政化主要是指政府组织在社区治理中过于强硬,主导作用发挥得太过"突出",这就容易造成社区治理中的主客体失位。实际上,从治理的角度看,政府组织是外在于社区的,是社区实现自组织治理的外部条件,虽然它也是社区治理中不可缺少的主体,但其绝不是社区治理的中心角色,其与社区内的利益相关者组织在地位上是平等的,最多也就是"同辈中的长者",不宜发号施令,其在社区治理中的作用就是协调和支持。[①] 政府组织必须要认识到,其自身并不是社区治理的唯一主体,而只是社区治理中的一环。在社区治理过程中,政府组织不能侵犯或

---

① 郑杭生:《中国城市社区治理结构研究》,北京:中国人民大学出版社,2012年版,第134-135页。

者吞噬其他治理主体的利益或社区的公共利益。为了避免可能出现的全能化趋势,政府组织尤其要学会放权。有学者指出,放权要注意四个方面:第一,注意把资源权利向受益群体或者目标群体倾斜,尽可能地推动社区形成受益者自主实施管理的局面;第二,注意围绕转变政府职能、改善政府管理来实现放权;第三,注意适度放权,避免过度放权或放权不足;第四,放权后要加强支持和强化监管,为改善社区治理保驾护航。① 总而言之,政府组织在社区治理中只有发挥好"元治理"角色作用,做好该做的事情,才能更好地促进社区治理良性组织结构的形成与发展。

【资料链接】

政府购买服务既是转变政府职能的新举措,也是创新社会治理的新契机。《2015年中央政府工作报告》指出:"坚持创新管理,强化服务,着力提高政府效能。提供基本公共服务尽可能采用购买服务方式,第三方可提供的事务性管理服务交给市场或社会去办。"但从总体来看,当前我国政府购买服务制度目标尚未明晰、相关制度发展滞后,难以充分彰显其改善社会民生、激发社会活力等功能。我国社会发展面临多元诉求,这决定了政府购买服务制度的首要目标应是创新社会治理。

政府可以将部分职能尤其是涉及社会民生福利的某些职能,以政府购买服务的方式交给社会来完成。这样不仅可以满足人们的需求,还可使政府从重负中解脱出来,促进政府职能转变和服务型政府建设。更为重要的是,有助于社会组织、企业、社区民众等社会力量有序参与社会服务与社会治理,实现社会治理主体从"一元"向"多元"转变、从"国家本位"向"社会本位"转变,从而形成全民共建共享的社会治理新格局。

社会治理体制是国家在社会领域的一系列制度安排,反映了政府和社会的关系。我国传统社会治理体制具有内在的结构性不足,抑制了社会参与社会治理的积极性。构建新的社会治理体制,实际上就是要求构建新的政府和社会关系格局。这迫切需要政府逐步从操作层面退出,以购买服务等方式将部分职能科学、适度地转移给具备承接能力的社会组织,在加快政社分开进程中形成有序分工、有效合作的新型政社关系。

一个既充满活力又和谐有序的社会应当是多元共治的,社会组织、企业等起

---

① 韩伟:《社区治理与政府放权刍议》,《农村经济》,2015年第11期,第26-27页。

到重要作用,它们既能辅助生产公共服务、传递社会福利,又能促进个体组织化、增强社会凝聚力。政府购买服务、向社会让渡发展空间,逐渐赋予民间组织资金、职权和相对平等的主体地位。在此过程中,多元主体之间形成良性竞争——以优良的社会服务获得社会声誉,再以良好的社会声誉获得政府资助和社会捐款;民众的需求得到更好满足,体验到参与社会治理的责任感和荣誉感,从而促进社会的良性整合。

计划经济时期,几乎所有福利性和公益性的工作都由政府实施,是一种非专业化的社会工作模式和社会服务体系。面对改革开放以来涌现的一系列新社会问题,尤其是流动人口融入城市、关注农村留守人员、弱势群体救助等问题,传统工作模式和服务体系在不同程度上已经失效,难以弥合利益分化失衡、重建社会信任、增强社会凝聚力。所以,发展以有效传送社会福利、建构和谐社会关系为己任的专业社会工作就成为一个必要的应对举措。而大力推进政府购买服务,不仅有助于专业社会工作的发展,也可以倒逼行政服务部门改善服务质量,从而形成一个更加人本、高效、契合民众需要的新社会服务体系。[①]

(二) 营利组织在社区治理中的角色定位

在我国,营利组织一般是指经工商行政管理机构核准登记注册的以营利为目的,自主经营、独立核算、自负盈亏的具有独立法人资格的单位,如企业、公司及其他各种经营性事业单位。在社区治理中,营利组织承担着重要的参与者角色。

事实上,自从我国逐步建立社会主义市场经济体制以来,营利组织与社区之间的关系就变得日益密切起来。社会主义市场经济体制的建立,在开发社会需求以及保证社会供给两个方面推动了我国经济社会组织的变革。尤其是随着"单位人"向"社区人"的转变,运行于社区的经济组织所承担的事务无论在内容上还是在要求上均有了很大的改变,这为经济组织与社区治理的有效结合提供了契机。[②] 在社会主义市场经济环境下,营利组织作为以营利为主要目的的组织,必然会追逐更多的利益,争取应有的利润空间,这是营利组织的本质所在。但是对于经济利润的追求,也不能忽视营利组织与社会发展相关的一面。在营利组织运行的过程中,必然会产生大量的事务性、社会性的工作,而这些工作往

---

① 彭少峰:《政府购买服务 创新社会治理》,《中国社会科学报》,2016年5月18日,第8版。
② 姚何煜、王华:《城市社区治理的组织结构探析》,《华东经济管理》,2009年第4期,第133页。

往是营利组织自身无法独立完成的,需要将其移交给所在或者所服务的社区来承担。原因在于,此类工作不可能再像计划经济体制下那样由营利组织自己兴办的各种服务设施来承担。因此,营利组织的良好运行依赖于社区为其提供的生产、工作与生活环境,也依赖于社区为其提供的各种服务。随着与社区联系的不断发展,营利组织也逐渐参与到社区治理中来,具体而言,主要扮演着以下两种角色。

其一是社区公共产品的供给者。在社区治理过程中,营利组织可以通过提供社区所需要的资源与服务来扮演供给者的角色。正如有学者所指出的那样,营利组织在市场经济条件下是资源配置、商品和服务交换的主要途径,作为市场主体通过市场竞争承担责任范围内的治理任务,以满足居民主要的物质文化需求。[1] 在社区治理中,营利组织为了获得更多的经济利润,而向社区居民提供符合其要求的产品与服务。如果营利组织的品牌在社区建立起来,就会受到社区居民的青睐。在社区治理中,物业管理机构、商店、电信、有线电视、银行、邮政服务机构等营利组织在利润目标的刺激下都在挖掘和迎合居民的消费需求,它以金钱为纽带、通过互惠互利的方式参与社区治理过程,同时也会以志愿服务的组织形式为社区提供扶贫济困的公益服务,如果加以引导,企业公民在社区治理中,在人力物力财力支持方面将发挥不可忽视的作用。[2] 与政府组织相比,营利组织在公共产品与服务供给方面往往更具竞争性和效率,主要以参股或者入股的方式直接参与公共产品的供给。对于政府而言,想要充分发挥营利组织参与社区治理的积极性,必须在产权界定的基础上保护营利组织的剩余索取权,并给予其一定的财政补贴。长此以往,对于提高公共产品的生产绩效,降低其生产成本,无疑将具有重要的现实意义。

其二是政府、市场以及社区之间的沟通者。在社区治理中,营利组织还可以充当政府、市场以及社区之间的沟通者角色。随着我国由社会主义计划经济体制向社会主义市场经济体制的转型,政府的经济社会管理职能也发生了巨大的变化。原先计划经济体制下的全能政府逐渐转变为市场经济体制下的有限责任政府。在这一转型过程中,"小政府、大社会"的管理模式逐渐得以形成。随着转型的逐步深入,许多原先由政府承担的社会职能从政府以及企业中逐渐剥离出来,这些剥离出来的职能只能由其他组织来承担。而营利组织作为重要的市场经济参与者,在这一过程中充当着政府与市场之间重要的沟通者角色。具体

---

[1] 张洪武:《论社区治理中的多元权力互动》,《广东行政学院学报》,2005年第1期,第27页。
[2] 张洪武:《一个关于社区治理的新思考》,《公共管理》,2006年第3期,第42页。

到社区治理中,营利组织通过协调政府与市场、社区与市场、政府与社区之间的关系,形成涉及各方利益主体的整合关系,从而发挥营利组织的桥梁和纽带作用。具体来说,营利组织可以向政府、社区反映市场的建议和意见,从而为政府制定更多针对社区治理的政策法规提供参考,为社区更好地开展治理提供市场依据。此外,营利组织还可以将政府最新的政策引导以及社区居民的需求反馈给市场,从而促进市场经济的健康有序发展。

从以上对营利组织的分析可见,营利组织作为社区治理的重要参与者,在利用市场机制,获取经济利润的同时,也要对社区治理承担起一定的责任,履行自身应尽的义务。营利组织参与社区治理作用的发挥是以"互利互惠、互荣共生"为原则的,可以说,营利组织参与社区治理对双方都是有好处的。营利组织在达成营利目标的基础上可以为社区治理提供更多优质的产品与服务,而社区也可以通过有效的治理为营利组织的正常运转提供有利的社区环境。为了实现善治的社区治理目标,营利组织必须竭尽所能为社区治理提供充足的财力、物力与人力支持,而社区也要为营利组织的生产与经营提供全方位的社区服务。

(三)非营利组织在社区治理中的角色定位

与营利组织不同,非营利组织是独立于政府和市场之外的、不以营利为目的的社会组织,它的目标通常是处理或者参与社会公众相关的议题以及事件。有时,非营利组织也会被称为第三部门,与政府部门和企业部门共同成为影响社区发展的三种主要力量。这类组织的目的不是为了产生利益,并参与利润的分配,这一点被认为是其核心特点。同时,这类组织还具有民间性、自治性、志愿性、非政治性、非宗教性等方面的特点。

"非营利组织"这一词语最早是在1945年6月提出来的,在联合国宪章第71款中得到正式使用。随后,在1952年召开的联合国经济与社会理事会上,非营利组织被定义为"凡不是根据政府间协议建立的国际组织都可被看作非营利组织"。目前学术界对非营利组织概念的界定还没有形成定论,莱斯特·萨拉蒙教授的界定是学术界广泛认可的,他认为凡是具有以下五大特征的组织就可以被视为非营利组织,即组织性、非政府性、非营利性、自治性和志愿性。[①] 对我国而言,随着经济社会转型的不断深入、社区组织的不断壮大,以及社区治理水平的不断提高,非营利组织在社区治理中的独特作用逐渐凸显出来。总体来看,

---

① 汪小波:《试论非营利组织在社区治理中存在的问题与对策》,《内蒙古农业大学学报(社会科学版)》,2012年第1期,第242页。

非营利组织在社区治理中主要扮演着三种角色。

第一是社区治理的自组织者。作为自组织者的非营利组织在社区治理中主要发挥着自治的作用。对于更好地推进基层民主,非营利组织可以为社区居民参与社区自治提供一个良好的平台。有学者指出,非营利组织实际上是社会分化的产物,作为弥补政府和市场缺陷的第三板块,非营利组织在多元互动的社区治理中发挥着不可替代的作用,它与社区善治之间有很强的相关性;它是居民公民化、社会化的载体,是社区民主化的活力因子;它还是促进私德、熟人道德向社会公德转化的伦理根源。① 非营利组织所具有的上述功能使得它从根本上与党组织和政府组织区分开来,对于培养社区居民的公民意识以及自治理念也具有格外突出的作用。在社区治理中,公民参与可以说是社区治理的灵魂。与政府组织和营利组织相比,非营利组织或多或少会涉及社区居民的自愿参与,这种社区居民的参与可以使社区内部成员之间形成非常亲密的关系。而且,这种关系是政府组织与营利组织无法提供的。另外,通过参与非营利组织,社区居民可以更好地管理自身的事务,维护社区居民共同的合法权益。

第二是社会资本的创造者。如前文所述,社会资本主要是与社会成员的信任、互惠以及合作等相关的一系列态度与价值观,以上组成要素也是社会资本的基本要素。在社区治理过程中,非营利组织可以成为社会资本的创造者。作为非营利组织发展的基本要义,社会资本的创造有助于协调各种利益关系,避免产生集体行动的困境,帮助社区形成更好的文化氛围。通过参与非营利组织,可以使社区居民形成凝聚感、向心力以及对社区的归属感。正因为如此,在非营利组织内部,如果社区居民之间产生矛盾,也相对较为容易化解。长此以往,社区居民之间会由此变得更加团结。由于非营利组织所开展的很多活动都具有志愿性、公益性等特点,弘扬"我为人人、人人为我"的社会核心价值观,所以会在潜移默化之中对非营利组织的参与者产生熏陶作用,从而进一步促进社会资本的增加。此外,非营利组织所开展的很多活动都是文体娱乐活动,这是政府组织和营利组织所无法替代的。在参与这种非营利组织的过程中,社区居民的身心都可以得到锻炼,也可以增加与他人的交往,自身的社会资本同样会得到提高。

第三是政府权力的监督者。在社区治理的理念之下,政府的职能发生了重大转变,政府的权力也将会受到更多的监督。现代民主政府的有效运转,除了需要体制内的监督之外,还需要体制外的监督,而这种监督主要来自于公民。在对

---

① 张洪武:《一个关于社区治理的新思考》,《公共管理》,2006 年第 3 期,第 42 页。

政府权力监督过程中,非营利组织可以发挥监督者角色的作用。与政府相比,公民个人的力量是渺小的,但如果公民组织起来,集体参与到非营利组织中来,就能爆发出巨大的能量,成为规范政府权力的重要力量。只有这样,才能对政府的权力实现有效的制约。事实上,无论是与政府组织相比,还是与营利组织相比,非营利组织在权力监督方面都具有独特的优势。非营利组织介于国家和私人之间、政府组织与其他组织之间,它既可以对抗政府部门不法行政干预,又可以避免营利组织没有人情的现金交易原则的影响,自愿、自治、民主、合作是它存在的重要原则。[①] 具体而言,非营利组织可以为社区居民提供自我组织与活动的空间,唤起社区居民的公共参与意识,使政府的决策受到非政府组织这个"第三只眼睛"的监督,从而影响政府的决策,尽量避免政府做出错误的决策。

总而言之,非营利组织在社区治理中无疑扮演着重要的角色。作为参与社区治理的重要力量,非营利组织具有政府组织以及营利组织所不能替代的独特功能。在社区治理实践中,如果能够充分发挥出非营利组织的作用,毫无疑问,社区治理的现代化水平将得到有效的提高。正如彼特·杜拉克在其著作《非营利组织的经营之道》中所言:"社区问题的解决之道,就在社区里面。非营利组织就是社区,我们正透过他们来塑造一个公民社会——非营利组织不但已成为社会的主流,更是其中最不同凡响的一大特点。"发挥非营利组织在社区治理中作用的关键正在于,找准非营利组织在社区治理中的角色定位,而这一点也将成为指导社区治理实践的重要方针。

【资料链接】

中共中央办公厅、国务院办公厅印发了《关于改革社会组织管理制度促进社会组织健康有序发展的意见》(以下简称《意见》),强调要大力培育发展社区社会组织。这是中央从制度层面促进社会组织发展的又一实质举措。

党的十八大以来,社会组织参与社区治理工作得到进一步的重视。十八届三中全会提出,"加快实施政社分开,推进社会组织明确权责、依法自治、发挥作用"。"十三五"规划也明确提出,支持社区服务类社会组织发展,建立社区、社会组织、社会工作者联动机制。《关于政府向社会力量购买服务的指导意见》等文件的发布,也为社区社会组织参与社区治理提供了政策支持。经过努力,我国的社区社会组织得到较大发展。截至2015年年底,我国拥有居委会10万个,社

---

① 张洪武:《非营利组织在社区治理中的作用》,《陕西行政学院学报》,2010年第2期,第47页。

区志愿服务组织 9.6 万个,各类社区服务机构和设施 36.1 万个。全国事业单位、城乡社区开发社会工作岗位 11 万余个,设立民办社会工作服务机构 3300 余家。

本次《意见》的发布,进一步提出了"降低准入门槛、积极扶持发展、增强服务功能"等培育发展社区社会组织的具体方向。从实践层面看,一些地方政府陆续推出了相关改革举措。比如,贵阳市在全面撤销街道办的同时,广泛设立社区服务中心,培育和引导社区社会组织参与基层治理;宁波市海曙区实施"社区参与式合作治理",成立区、街两级社会组织孵化中心,截至 2015 年,共有各类备案的社区社会组织 1480 家;广州市在每个街道建设家庭综合服务中心,由专业社区组织招标进入,承担长者服务、青少年服务、义工服务和家庭服务等专项服务,等等。这些地方实践的共同点,就是首先培育社会组织,而后由政府向其购买公共服务,社会组织参与社区治理。

尽管如此,我国社区社会组织还存在"总体数量不够、分布不均、自主性不足、自治能力不强、参与治理范围不广"等问题。在社会组织发育不足的情况下,推动政府向社会购买公共服务和转移职能的工作,往往会遭遇"社会失灵"的困境。为了推动社会组织有效参与社区治理,需要实现从"基层管理"向"基层治理"转变。其中关键,就是要下大力气培育社会组织,进一步降低准入门槛,简化登记审批程序,推行社区社会组织登记和备案并行的准入双轨制。其次,要通过政策扶持、资金扶持和培训等手段,培育社区社会组织的领导团队,建立健全社会组织制度体系,提升居民参与意识和社区协作治理的经验。

在推进社会组织管理制度改革的过程中,需要扩大社区社会组织参与治理范围,将政府包揽的非强制性任务特别是服务性事务,更多地通过项目化的形式,交由社会组织来承担。与此同时,建立以社区需求为中心的资源配置体系,政府各部门要统筹规划,列出专门预算,社会组织按照社区需求自主提案获得经费支持、参与社区治理并接受居民监督。另外,也要完善社会组织的监督评价体系,通过第三方机构对社会组织实施分类、定期评估,评估结果作为社会组织奖惩的重要依据,防范社会组织有可能出现的违法违规行为。[①]

四、社区治理的基本模式

无论是从西方来看,还是从我国来看,社区治理的实践探索都已进行了多

---

① 吴晓林:《提升社会组织的治理能力》,《人民日报》,2016 年 8 月 26 日,第 5 版。

年,也形成了不同特点的社区治理经验。但从总体上看,社区治理的基本模式主要包括政府主导型、社区自治型以及合作共治型三种。

(一) 政府主导型

政府主导型模式是一种相对较为传统的社区治理模式,最常见于一些发展中新型工业化国家和地区。改革开放以来,随着社区的逐步建立与发展,政府主导型社区治理模式一度成为我国主要的社区治理模式。

政府主导型社区治理模式主要是以管治理念为基础的。在管治理念下,社区治理被看作是政府对社区的一种管治行为。作为管治的治理实质上是以政府为中心的治理,政府控制着权力资源、经济资源和社会资源的分配;治理的主体是单一的,这个主体只能是政府而不可能是其他公共组织,或者说其他组织只是在辅助和参与的意义上与公共权力和政府发生关系。① 作为确定秩序重要力量的权力对于政府开展行政管理来说至关重要,政府也被看作是权力的合法拥有者。从这个意义上讲,政府参与社区治理的过程实际上也是行使公共权力的过程。通过对公共权力的配置以及使用,达到对社区的控制和协调。需要特别指出的是,我们这里所讲的管治虽然在一定意义上具有统治的意味,但并不是一种单一的价值判断,它从根本上有别于传统经济学中对于剥削、压迫、控制的阐释与理解。本书所讲的管治更多的是一种价值无涉的观念,它主要观照的是公共权力的享有主体以及运行方式。作为管治的治理实际上是一种以国家为出发点的治理,它相信政府在社区治理中的根本作用。政府本身作为治理主体去行使权力是没有问题的,关键在于治理过程中治理体系的架构与治理能力的发挥。然而,作为管治的治理也是有缺陷的,在这种治理理念之下,政府对社区的治理规则几乎是由政府自身单方面制定的,而且政府对社区的治理几乎也是不受其他力量约束的。

政府主导型社区治理模式的主要特点在于,强调政府在社区治理中的领导作用,并且重视发挥政府对社区治理全局的把控作用。在这种模式之下,政府往往在社区之中设立专门的管理部门,通过行政力量加强对社区的控制与管理。政府对社区的公共事务管理享有绝对的话语权,管理的方式多采用直接干预,缺乏有效的沟通交流机制,其主要目的在于维护社会的正常秩序。长此以往,政府主导型社区治理模式会使社区治理逐渐染上浓厚的行政色彩与官方色彩。而

---

① 刘辉:《管治、无政府与合作:治理理论的三种图式》,《上海行政学院学报》,2012年第3期,第53页。

且,由于政府在社区治理过程中处于绝对的主导地位,社区居民参与社区治理的积极性无法得到有效的调动,不利于基层民主在社区层面的有效运行。当然,这种政府主导型社区治理模式也有一定的优点。如果政府采取的治理方式得当,就可以在短时间内积聚大量的资金,整合更多可以利用的资源,为社区居民提供更加规范的服务,进而推动社区的快速有序发展。

新加坡是典型的政府主导型社区治理模式。通过运用先进的治理理念,新加坡形成了"以政府为主导,法定机构组织,民众参与"的社区治理机制,成为政府主导型社区治理模式的典范。新加坡社区的组织结构严密,各机构职责分明,由政府自上而下地开展治理,可谓是井然有序。新加坡社区内主要有三个组织,分别是居民顾问委员会、居民委员会以及社区中心管理委员会。在新加坡,政府对社区的直接治理体现在四个方面:第一,政府设有专门的职能机构管理全国社区事务,在社区里各种形式的派出机构管理社区事务;第二,社区活动大部分经费由政府拨款,政府紧紧控制社区的发展方向;第三,国家有专门职能部门对社区活动的组织者进行培训,能够统一组织者的思想;第四,政府职能部门合理规划土地利用,控制房价,使居者有其屋。① 虽然新加坡的社区治理模式是以政府为主导的,但是并不意味着社区居民没有自治的权利,特别是近年来,越来越多的社区居民以志愿者的身份参与社区活动,在社区治理中的作用也是越来越突出。

对我国而言,政府主导型社区治理模式是我国长期采用的一种社区治理模式,但与新加坡模式相比,我国的政府主导型社区治理模式存在明显不足。在这种模式之下,政府通过街道办事处对社区采取直接的行政干预。社区居民委员会虽然在名义上是一种自治组织,但实际上也是政府行政权力在社区的一种延伸,它也被纳入行政管理体系之中。在我国社区组织发育不良,尤其是社区建设的起步阶段,政府起到了重要的促进作用。但是,近年来,随着社区组织的不断成熟与完善,社区服务、社区环境、社区文化等社区建设的各个方面都取得显著的进步,传统的行政主导型社区治理模式已经越来越不能适应现代社区治理发展的趋势。主要原因在于,政府主导型的社区治理模式因其工作机制,在效率和可持续发展方面存在问题,因此不利于社区的发展走向。第一,行政机制基本原则是下级服从上级,在操作过程中流程繁复,管理成本太高,社区建设项目往往脱离社区实际需要和能力。第二,领导人的能力和品质影响社区的发展,难以保

---

① 黎智洪:《从管理到治理:我国城市社区管理模式转型研究》,北京:经济日报出版社,2014年版,第109页。

证其可持续性。① 同时,强大的政府行政力量会挤压其他社区组织生存的空间,导致其他组织无法有效地参与社区治理,社区居民只能被动地接受与服从,也不能广泛参与到社区治理中来。因此,我们需要对传统的政府主导型社区治理模式进行大刀阔斧的改革,从而更好地适应现代社区治理的时代发展趋势。

(二) 社区自治型

社区自治型治理模式也是一种典型的社区治理模式,这种治理模式最常见于较为发达的西方国家。通常来说,实行这种社区治理模式的国家或地区具有较为健全的市场经济,有比较浓厚的民主与法制传统。近年来,随着我国经济社会的不断发展,也已经有地区推行了这种社区自治型治理模式。

社区自治型治理模式的理念先导可以追溯到无政府主义的治理理念。无政府主义强调一种没有政府的治理,它实际上是一种自由市场观或者个体中心观视角下的治理秩序观。从人类漫长的发展历史来看,这种无政府主义的治理更多的时候是一种理想状态,只有在人类社会的初期发展阶段、在历史进程中的某个特殊阶段,以及未来社会的某个阶段才会出现。而从现实形态来看,这种无政府主义的治理实际上强调的是个人积极性和创造性在确定社会秩序中的重要作用,其重点也正在于保障公民的自治权利,反映出来的也主要是个人权利与义务之间的特定关系。社区自治型治理的过程不仅是个体保护和发展自治权利的过程,也是个体拓展自身义务的过程。需要注意的是,这里所讲的无政府是一种价值无涉的观念,不带有价值判断的意味,它是一种从个体出发而建构的社会秩序观。在这样的秩序中,人是理性的,以效用最大化为行动指针,利益是其行动的动力;公共事务不是依靠某个人或者某个权威组织(例如政府)的公心,而是因为"最大多数人的最大利益"涉及个人的利益才被重视;而所谓处理公共事务只是利益相关者进行产权和利益的界分而已,并不需要其他人(或者组织)介入。② 具体到社区治理中,无政府主义的治理理念从根本上反对政府对社区治理的绝对控制,强调充分发挥社区居民在治理中的积极性,充分保障社区居民参与基层民主的权利。

社区自治型治理模式的典型特点在于,政府与社区治理行为的相对分离。

---

① 周婧飓:《契约化治理:公约在社会治理中的作用研究》,上海交通大学硕士学位论文,2013 年,第 25 页。
② 刘辉:《管治、无政府与合作:治理理论的三种图式》,《上海行政学院学报》,2012 年第 3 期,第 55 页。

在这种模式之下,社区治理的主体主要是社区自治组织,政府不再是唯一的治理主体。政府只是在宏观层面负责与社区相关的法律政策的制定,以及各治理主体之间利益关系的协调。而关于社区治理的具体事务则由社区居民自治组织来负责。在社区公共产品的提供方面,政府也不再大包大揽,多数情况下,社区自治组织会主动招募资金,吸引社会中的各种营利组织参与投资,这在无形之中会提高社区吸纳社会资源的能力,而且可以大大降低社区治理的成本。由于社区自治组织通常是由民主选举产生的,实行民主管理与民主决策,所以可以形成良好的社区自治文化氛围,并且有效奠定民主政治发展的基础。但是,这种社区自治型治理也有自身的缺点,如果政府在社区治理中的治理力量过于弱小,可能出现社区治理相关法律法规无法在社区层面贯彻执行的情况。

采用社区自治型治理模式的典型国家是美国。作为世界上经济社会发展程度最高的国家之一,美国已经形成了较为完备的社区治理模式,而这种社区治理模式的鲜明特点就在于社区自治。这种社区自治模式是以社区本身为主导的、居民主动参与的、由下而上实施的社区治理模式。在美国,社区在社区治理中处于绝对的中心地位。社区中没有政府基层组织或者它的派出机关,一般是由居民自治组合、民主选举产生的民间社团组织承担服务和管理的。① 美国社区治理的特点突出表现为高度自治,社区内通常设有自治性的社区委员会、社区董事局以及社区服务顾问团。社区自治组织不仅享有社区发展规划与目标、社区公共事务、社区文化活动等方面的决策权与管理权,还享有对政府的社区行政管理以及专业机构的社区服务管理的建议权、监督权。② 同时,美国社区的非营利组织较为发达,大量具体的社区管理事务都是由非营利组织开展实施的。另外,充足的社区治理资金来源、较高的社区成员素质,也在一定程度上保证了社区自治体系的有效运转。

随着社区组织逐渐成为基层社会组织的主体,以及强国家与强社会关系模式的逐渐确立,我国也逐渐开始了社区自治型治理模式的探索。与国外类似,这是一种政府依法行政、社区自主治理、居民志愿参与的社区治理新模式。在这种模式之下,社区居民委员会成为处理公共事务的主体,社区居民代表大会以及业主自发成立的业主委员会成为社区自治过程中的监督主体。而原有的街道办事处不再发挥主导性的作用,权力得以进一步下放,街道办事处协助社区居委会开

---

① 王颖:《城市社会学》,上海:上海三联书店,2005年版,第162页。
② 黎智洪:《从管理到治理:我国城市社区管理模式转型研究》,北京:经济日报出版社,2014年版,第100页。

展对公共事务的管理,并且提供各种服务机制。同时,社区自治型治理模式还强调公共服务与产品自主供给机制的再生产。从国内外社区治理的实际来看,完全的社区自治模式对于社区软硬件以及社区居民的素质都有较高的要求,目前来看,我国的社区治理尚未具备完全自治的条件。但是,我们相信,随着社区的不断发展,以及社区治理机制的不断成熟,这种社区自治型的治理模式会得到越来越多的尝试。

(三)合作共治型

合作共治型社区治理模式是一种介于政府主导型治理模式与社区自治型治理模式之间的模式。由于这种模式能够将政府主导与社区自治各自的优势结合起来,符合世界社区治理的发展趋势,所以近年来越来越受到各国的青睐。

合作共治型社区治理模式的理念基础是合作治理观,合作治理观又被称为网络治理观、公共治理观。从某种程度上来说,合作治理意味着治理秩序的根本性变革,它是对作为管治的治理与无政府主义的治理的结合。这种合作共治型治理模式将治理的方向引向合作,意味着秩序的根本性变革,也意味着秩序出现了多种形式。这既是政府通过自身建设不断提升自身能力的过程,更是政府重新确定自身与公民个体、社会组织、企业法人、自治社区等关系的过程。同时,也是非政府的个人和组织(包括企业法人)寻求互动,提升自身社会资本的过程。[①]在一定意义上,走向合作的治理可以被视为政府、公民社会和市场三者之间的结合,同时,这种治理是一种不完全政府和不完全市场的结合。从治理的现实形态来看,走向合作的治理理应是我们追求的一种理想治理图式。对社区治理而言,走向合作的治理意味着多元治理主体围绕着一个共同的治理目标开展合作治理,在这一治理过程中,通过彼此之间的合作实现最优化的治理。

合作共治型社区治理模式之所以受到青睐,与其自身所具有的特点密不可分。在这种治理模式之下,治理的主体不再是以政府为主导,而是强调各大治理主体之间的平等,政府将一部分社会职能交由社区内的自治组织来承担,这就实现了治理权力的下放。在法律规定的范围之内,政府组织与社区自治组织共同参与社区事务的管理,尤其是通过民主选举、民主决策等方式来提高自我服务与自我管理的能力。在社区资源的投入以及社区公共产品的提供方面,政府组织与社区自治组织都承担着一定的任务,它们共同致力于拓宽社区的投资渠道,吸

---

① 刘辉:《管治、无政府与合作:治理理论的三种图式》,《上海行政学院学报》,2012年第3期,第56页。

引更多的营利组织与非营利组织参与到社区服务与管理中来。最为重要的是,社区居民在这一治理模式之下会享受到主人翁的待遇,在社区治理中的积极性会得到有效提高。但是需要注意的是,这种社区治理模式只有在政府职能部门愿意放权并负责、社区组织较发达、社会文化氛围较好的情况下才能发挥积极作用,若无法协调好政府部门与社区组织的关系,易产生权责不分、互相推诿的现象。①

日本是合作共治型社区治理模式的典型国家。日本社区治理模式是在保留社区治理传统基础上借鉴欧美国家社区治理经验而形成的一种现代化的社区治理模式。日本社区治理模式既具有行政管理的特点,又具有民主自治的色彩,表现出典型的混合特征。日本社区的管理机构被称为地域中心。这里所指的地域相当于我国街道一级的行政区域,而地域中心则相当于我国的街道办事处。在日本,地域中心通常隶属于区政府地域中心部。在社区治理过程中,地域中心发挥着核心的作用,虽然其本身带有一定的行政色彩,但是政府对于这种社区的干预还是十分有限的。具体来说,在社区治理过程中,政府与社区工作存在一定程度上的分离,但是政府仍然对社区工作进行监督,并提供社区建设所需要的资金。在政府系统中,由自治省负责社区工作,地方政府设有社区自治活动科以及社区建设委员会等机构,这些机构都是明显带有行政色彩的自治组织。总而言之,在这种合作共治型社区治理模式下,政府通过提供政策、经费等方面的支持,对社区进行宽松有序的治理,社区组织与社区居民也会积极参与到社区治理过程中来,通过二者的有机结合,来共同提高社区治理的效率,从而为社区居民提供更加优质的社区服务。

在我国,这种合作共治型社区治理模式尚未得到有效的推广。但是从长远来看,这种合作共治型社区治理模式是符合现代治理理念的。就我国现阶段而言,它也是一种适合广泛采用的社区治理模式。实际上,在现代社区治理中,仅仅依靠政府的行政管理或者社区的自治都很难实现有效的治理。如果仍然如往常一样强调政府在社区治理中的主导作用,那么社区治理过度行政化的趋势将无法得到有效扭转。而如果将希望完全寄托在社区自治上,也存在着较大的难度。原因在于,除了成熟的政府组织以及居民委员会外,社区其他社会组织还缺乏足够的权威和资源,它们还没有足够的能力代替政府部门组织居民管理社区公共事务,居民缺乏自组织的意识、社区公众参与度低,这是走向社区自治过程

---

① 梅倩:《社区治理模式研究》,湖北大学硕士学位论文,2013年,第23页。

中一个不可否认的事实。① 为了更好地开展社区治理,有必要培育社区治理的多元组织,发挥多元组织在社区治理中的各种优势。社区治理中的多元组织都具有有限资源、有限权力和有限影响的不足,存在相互依赖、相互制约、相互中介关系,这种多元中心秩序就可以较好地避免个别组织过度追求特殊利益而对社区普遍利益的损害。② 由此看来,加强政府与各种自治组织在社区治理中的合作,大力推广合作共治的社区治理模式是我国社区治理的大势所趋。

五、当今中国社区治理的新趋势

在当今中国,社区治理的产生与发展有其独特的社会背景与时代契机。对于中国社区治理问题的探讨,离不开对经济转轨、社会转型、思想变革等社区发展外部背景的审思。实际上,从社区管理向社区治理的转型,也正是经济社会转型对我国社区发展理念变革的必然要求。在当前中国经济社会转型的关键时期,必须认识到,任何一种理论的简单照搬都是不切实际的,我们有必要探索一条具有中国特色的社区治理新道路。为此,我们可以从理念、进程、重点、空间、权力等五个不同的角度来探讨社区治理发展的新趋势,以及适合我国国情的社区治理道路。

(一) 社区治理理念的整合化:东方与西方的交错

在当今时代,无论是西方的社区治理理念,还是东方的社区治理理念,都有其可取之处。实践证明,如果仍然按照我国传统的理念对社区进行治理,那么,将很难实现现代意义上的社区治理;如果盲目借鉴西方的社区治理理念,强行用完全西式的社区治理理念来指导中国社区治理实践,也是不可行的。因此,为了更好地开展适合我国国情的社区治理,必须对东西方社区治理理念进行一定程度的整合。之所以对东西方社区治理的理念进行整合,原因主要有两个方面。

其一,西方的社区治理本身并不是万能的,也会出现社区失灵的现象。毋庸置疑,现代意义上的治理理论起源于西方。从治理到社区治理,可以看作是治理理论在社区领域中的应用。在西方社会,之所以强调社区治理,主要是为了应对政府失灵以及市场失灵的现象。随着治理理念在社区中的不断应用,取得了不错的效果。但我们不禁要问,西方意义上的社区治理是万能的吗?实际上,在西

---

① 陈潭、史海威:《社区治理的理论范式与逻辑结构》,《求索》,2010年第8期,第83页。
② 张洪武:《多中心秩序与社区治理模式选择》,《河北学刊》,2005年第4期,第76页。

方社会,社区治理也会出现失灵。现代西方治理理论强调发挥第三部门的作用,但是第三部门也有可能"志愿失效",而且,如果无法形成有效的整合机制,社区合作治理的效果也可能大打折扣。西方社区治理理念强调自组织的优越性,但是也可能带来集体行动的困境以及不确定性,政府的权威也会被削弱。

其二,考虑到中国社区治理实践具有独特的国情,完全西式的社区治理并不一定适合我国。与西方国家的社区治理不同,中国的社区治理面临着诸多的挑战。中国的社区治理既面临城市化的挑战,又或多或少缺乏支撑治理实践的要素,还需要应对社区失灵等新问题,因而不加区别地主张"合作治理",甚至一味强调降低国家"元治理"的作用,都是不实际的,甚至是误入歧途的。[①] 西方所讲的社区治理对公民社会、公民文化、政府管理能力以及公民个人素质都有较高的要求,而且建立在强大的经济基础之上。与西方社会相比,中国的社区治理仍然处于发展的早期,中国不像西方那样具有成熟的公民社会与公民组织。在中国社区治理中,并不存在成熟的多元治理主体,如果一味强调没有政府的治理,结果可能适得其反。

实际上,西方与东方所讲的治理各有其优势所在,只不过核心价值理念有所区别。在制度结构上,西方治理以善治为导向,其要素包括参与性、共识取向、责任性、透明性、回应性、有效性和效率性、公平性和包容性以及遵循法治;中国治理则以善政为导向,其要素包括人事关系的模糊治理、中央集权的简约治理和意识形态的教化治理。[②] 中国对西方社区治理经验的借鉴,绝非一个简单的制度移植过程,而是一个复杂的制度变迁过程。在这一过程中,必然要吸收西方社区治理中的有利因素,避免重蹈西方社区治理的覆辙,同时,积极保留我国社区治理中的传统优势。为了更好地开展社区治理,在当前阶段,我们有必要倡导一种有领导的社区治理,即充分发挥政府在社区治理中的"元治理作用",并将协商民主作为实现基层社区治理民主化的主要方式。此外,还要继续加强公民社会的构建,培育社区自治组织,培养为社区治理服务的专业化人才队伍,并为社区治理营造良好的政策与制度环境。

(二) 社区治理进程的同步化:城市与乡村的统筹

长期以来,我国城市和乡村呈现出一种二元分离的格局。在社区治理方面,

[①] 吴晓林、郝晓娜:《"社区复兴运动"以来国外社区治理研究的理论考察》,《政治学研究》,2015年第1期,第58页。

[②] 谈萧:《中西方治理的语境演化及制度结构》,《政治法学研究》,2014年第1期,第97页。

城市和乡村也存在较大的差异。改革开放以后,尤其是进入新世纪以来,我国城乡关系发生了巨大的变化,城乡一体化的进程也不断推进。具体到社区治理中,如何统筹城市社区与乡村社区的同步发展就成为新的时代议题。

城市社区治理与乡村社区治理从分离走向同步,有其独特的经济社会发展背景,尤其是与我国的城乡一体化进程密切相关,这是实现城乡一体化发展的必然要求。随着城镇化步伐的不断加快,越来越多的农村土地变为城镇土地,涌现出一批新的城镇社区,而传统的农民也摇身一变成为市民。在这一转变过程中,承担农民市民化转型任务的主要是城郊社区以及村改居社区。这种社区与滕尼斯所讲的社区大相径庭,它具有更为复杂的人口结构以及组织结构等。所以,这种社区又被称为过渡型社区。有学者认为,所谓"过渡型社区",意味着这类社区具有过渡性特征,是中国特色城镇化进程中的特定社区演进形态,这类社区既包含着城市社区空间形态的特征,又延续着一定的农村社区属性。[①] 对过渡型社区而言,"非城非乡、亦城亦乡"是其主要特性。它既不同于传统的农村,又不同于成熟的城市社区。如何推动过渡型社区逐渐变成成熟的城市社区就成为一个不得不解决的现实难题。为了更好地推动城乡一体化的进程,要求我们必须对城市与乡村的社区治理进行统筹,唯有如此,才能进一步缩小二者之间的差距。

有学者指出,在城乡整体发展不平衡、城乡二元结构突出的条件下,城乡社区不同的发展内容要求我们在未来时期必须围绕城乡一体化的目标,发现城乡社区单元空间各要素存在的制约瓶颈,科学地提出城乡社区治理的价值追求,促进城乡居民在自由平等发展过程中的相互融合,从而凸显城乡居民在不同条件和环境下促进城乡一体化的根本动力与主体作用,这是科学发展观对城乡社区治理的基本要求。[②] 面对以上困境,我们必须遵循城乡社区治理的基本规律,消除任何割裂城乡社区同步发展的障碍因素,改变过去将城市与乡村社区对立起来的单边思维,从而探索一条"城乡一体、融合共进"的协调发展之路。

具体而言,为了更好地统筹城乡社区治理,也为了更好地服务城乡社区居民,必须进一步发挥政府在社区治理中的作用,强调政府对社区自治的领导与公共投入。而且,政府对城乡社区所提供的服务必须做到一视同仁,尽量为城乡社区居民提供多元化的发展平台,并且构建长期稳定运行的保障机制。同时,坚持

---

① 张晨:《城市化进程中的"过渡型社区":空间生成、结构属性与演进前景》,《苏州大学学报(哲学社会科学版)》,2011年第6期,第75页。
② 李泉:《中国城乡社区治理:反思与检讨》,《广东广播电视大学学报》,2011年第3期,第96页。

政府指导与社会参与相结合,以不断满足社区居民的物质文化需要为出发点,充分发挥社区政府、居委会、业主委员会、单位、民间组织及个人的作用,建立与社会主义市场经济体制和城乡统筹发展相适应的城乡社区管理体制和运行机制。[①] 此外,还要加强对城乡基础设施的统一配置,整合城乡社区资源,搭建公共服务平台,促进城市与乡村社区之间的互动与交流。总而言之,为了更好地推进城乡一体化进程,必须对城市社区与乡村社区进行有效统筹,进而实现城市社区与乡村社区的同步发展。

(三) 社区治理重点的现代化:体系与能力的呼应

党的十八届三中全会明确提出,完善和发展中国特色社会主义制度,推进国家治理体系与治理能力现代化。这是我国第一次将国家治理提到前所未有的高度,并提出在2020年初步实现国家治理体系的现代化。在这一新的历史时期,推进国家治理体系与治理能力的现代化是一个系统工程,任何一个环节的疏漏都可能影响国家治理体系与治理能力现代化的整体进程。

作为社会的基本构成单元,社区在国家治理体系中发挥着基础性的作用,社区治理是国家治理在基层社区的体现。从社区治理在国家治理中的地位来看,社区是国家治理体系的基本单位,构成国家治理体系的第一防线和底部基石,社区治理体系和治理能力现代化是国家治理体系和治理能力现代化的重要组成部分,社区治理的成效、影响等会在不同治理层级之间传导,通过各种社会因素和社会机制复杂的聚合作用,往往会出现扩散与放大效应,最终影响国家治理的整体格局。[②] 在推进国家治理体系与治理能力现代化的背景之下,如何实现社区治理体系与治理能力的现代化就成为一个关键问题。然而,目前我国的社区治理,无论是在治理能力,还是在治理体系上,都远未达到现代化的程度,甚至有很多薄弱之处。比如,管理体制的高度集权、社区权威的现实空缺、政府角色的模糊定位、居民淡薄的参与意识。

从某种意义上而言,社区治理是一个不断突破各种"困境",解开各种"死结"的过程。有学者指出,中国社区治理现代转型所遭遇的各种"困境"纵横交错、相互强化,这意味着若想实现中国城市社区治理的现代转型就必须以系统性

---

① 李泉:《中国城乡社区治理:反思与检讨》,《广东广播电视大学学报》,2011年第3期,第96-97页。
② 张艳国、刘小钧:《十八大以来我国社区治理的新常态》,《社会主义研究》,2015年第5期,第104页。

思维把各种"困境"的解决纳入整体性考量而设计出一个综合性方案。① 就此而言,解开这一"困境"与"死结"的关键就在于实现治理体系与治理能力的双重现代化,并且处理好二者之间的关系,使得社区治理体系与治理能力的现代化形成有效的呼应。原因主要在于,社区治理体系与治理能力是一个有机的整体,只有彼此呼应,才能提高整体的现代化程度。社区治理体系与社区治理能力之间是紧密联系的,而且其相关性表现为一种积极的正向关系,可以这样说,社区治理体系现代化与社区治理能力现代化是一体两面,前者是后者的前提,后者是前者的关键。② 因此,治理体系的搭建有助于治理能力的提高,而治理能力的提高反过来又可以充分发挥治理体系的效能。

治理体系与治理能力之间不仅是硬件和软件的关系,而且是结构与功能的关系。对社区治理而言,只有突破了治理体系现代化的瓶颈,才能进一步实现治理能力的现代化。与此同时,社区治理能力的现代化也可以反作用于社区治理体系,影响社区治理体系的现代化进程。基于上述考量,如何有效实现社区治理体系与能力现代化的呼应,就自然成为社区治理过程中的重点环节。为了有效推进治理体系与治理能力现代化的呼应,一方面,我们要加强社区治理体系的制度化、法治化、程序化、规范化和科学化建设,培育多元的治理主体格局;另一方面,要充分发挥每一个治理主体的作用,提高政府、社区、非政府组织、居民等各大主体的治理能力。

(四)社区治理空间的拓展化:实体与网络的协作

在传统的社区治理中,社区治理的空间是以实体空间为主的,缺乏对于网络社区治理空间的探索。如今,随着人类社会逐渐进入信息化时代,对于网络社区治理空间的探索已经变得日益重要。面对日益复杂的社区治理环境,有必要构建一个实体社区治理空间与网络社区治理空间并存的新型治理结构。

对现当代社会而言,网络正在不断改变着人们的生活习惯与生存方式,网络化逻辑对于人类社会的影响也不断深入。信息化、网络化的发展趋势完全改变了传统上的时空内涵和形式,在地理限制几乎终结的同时,对时间限制的突破也达到了极致,社会事件更为频繁地从特定时空形式以及组织实体中抽脱出来,社

---

① 韩兴雨、孙其昂:《现代化语境中城市社区治理转型之路》,《江苏社会科学》,2012年第1期,第148页。
② 任海心:《积极探索社区治理能力现代化的有效路径》,《湖南行政学院学报》,2015年第5期,第24页。

会关系日益与"面对面的互动情势"相分离。① 实际上,信息化与网络化是一把双刃剑,如果得到合理运用,可以造福整个人类社会;如果运用不当,则有可能带来整个社会的失衡或者无序。对处于经济社会转型期的中国而言,这种双刃剑的效应体现得尤为明显。也就是说,良好的网络治理可以起到积极的作用,对于增加社会和谐以及社会凝聚力都是有益的;而消极的网络治理则可能带来负面的影响,甚至有可能恶化社会的心态,影响社会健康生态的发展。因此,网络本身是不带有任何价值取向意味的,关键在于利用好网络的正面价值,并且开展积极而有效的网络治理。

在社区治理过程中,同样应该注意拓展其网络治理空间。受到网络社会的影响,社区居民的生活方式和工作方式都发生了巨大的变化。对于社区治理而言,云计算、云服务、物联网等信息化治理技术的使用,可以大大提高社区治理的效率。在网络社会,将先进的信息化治理技术应用于社区治理过程之中,是时代变革的必然要求。这种网络治理可以在云计算环境之下,以互联网技术为依托,为社区居民提供优质的社区治理云服务。一般而言,社区治理云服务是指在社区治理过程中,通过建立社区云服务平台等网络服务终端,以期向社区居民提供更加便捷高效的服务,满足社区居民多样化的个性需求,在一定程度上克服社区治理的"地域性"限制,把单个的社区"局域云"集聚为"共享云",实现社区资源的合理配置,优化社区管理秩序,建构社区利益主体良性互动开放的公共服务提供模式。② 可见,与传统的社区治理服务方式相比,社区治理云服务具有突出的优势。

为了应对网络社会的挑战,在社区治理中拓展相应的社区网络治理空间并不意味着忽视或者放弃原有的实体社区治理空间。理想的状态理应是,二者达成有效的协作机制。由于我国社区的信息化程度与西方相比仍有较大差距,所以在社区治理中,实体社区治理空间仍然是重要的治理领域。在现实的社区治理中,仍然需要社区居委会、业主管理委员会、物业管理公司等自治组织发挥重要的作用。这种协作的关键在于对社区治理方式的改变,即在传统社区治理基础上融入更多的信息化元素,共享更多的社区网络资源,从而打破社区治理的地域限制。为此,必须进一步加强互联网基础设施的建设,提高社区服务人员的计

---

① 郑杭生、黄家亮:《当前我国社会管理和社区治理的新趋势》,《甘肃社会科学》,2012 年第 6 期,第 3 页。
② 韩兆柱、何雷:《中国城市社区治理云服务发展与运用研究》,《学习论坛》,2014 年第 5 期,第 66 页。

算机水平,并且开发出高效的社区治理云服务平台。

(五)社区治理权力的下移化:政府与公民的互动

现代意义上的社区治理区别于传统社区治理的一个重要特点就在于,社区治理权力的下移化,即逐渐将社区治理的权力还给社区居民。通过这种还政于民的过程,社区居民可以掌握更多的权力,享有更多关于本社区治理的话语权。

在传统的社区治理中,社区治理的权力几乎完全掌握在政府手中,公民参与社区治理的权力十分有限,种种弊端的存在使得这种社区治理模式注定难以跟上时代发展的节奏。从某种意义上而言,由上而下的社区治理模式是一种威权式治理。在这种模式之下,政府几乎垄断了所有的治理权力,街道办事处作为基层政权的派出机构,承担着行政、执法、管理等各种有关社区事务的工作。社区居委会的角色也存在错位问题,大多数社区居民委员会实际上成为政府的"代言人",使得社区居民对社区缺乏一定的归属感。由于这种威权式治理强调对社会的防范,它有可能带来两种后果:第一,层级制的繁文缛节越来越多,各种制度叠床架屋;第二,社区不像社区,社会组织难以发展起来。社区成为政府政策的试验田和博弈场,而不是一个"聚居在一定地域范围内的人们所组成的社会生活共同体"①。长此以往,居民在这种威权式治理之下仅仅处于被动的受管理地位,只能服从和接受政府的管理,自然也就缺少与政府的有效互动。

随着社区治理模式从传统到现代的转型,政府与公民在社区治理中的关系也在不断地发生变化。政府与公民之间的管理与管理者关系逐渐被平等的治理主体关系所取代。社区治理的权威不再只是来源于政府,公民也成为重要的社区治理权威。在社区治理中,治理权力的运作不再是单一的自上而下的方式,而是更加突出社区治理权力的下移,也更加突出政府与公民在社区治理中的角色互动。当然,在社区治理的初级阶段,政府扮演主导角色,但随着治理的推进,政府更应从社区治理的"操桨者"转型为"导航者",发挥其引导、支持、协调和监督功能,将主要精力用于引导和支持社区居委会开展社区各项公共事务,扶持社区社团的生成、发育和成熟,并致力于培养公民自主参与意识和参与能力,最终逐步还权于社区。② 也就是说,为了实现社区治理的现代转型,必须逐步从威权式治理转变为参与式治理。

参与式治理的精髓在于公民对社区公共事务的积极参与,它同时也是公民

---

① 周庆智:《当前的中国社区治理与未来转型》,《人民智库报告》,2016年第2期,第31页。
② 姜晓萍、衡霞:《社区治理中的公民参与》,《湖南社会科学》,2007年第1期,第24页。

寻求与政府互动的过程,其最终目的就是实现社区治理权力的下移化,使得社区居民掌握真正的社区治理权力。在参与式治理中,公民不再是治理中的单一客体,而是治理中的重要主体,公民所寻求的参与是一种有意义的参与,公民所期望的也是有回应性的政府。公民参与社区治理的核心还在于权力机制的构建,让社区居民真正享有社区治理中的公民权利。这里所讲的公民权力主要包含两个层面:在第一层面上,公民在社区治理中拥有直接的管理和决策权力,亲身参与整个社区治理的过程,也对自身的治理行为独立负责,并承担相应的治理责任;在第二层面上,公民不再直接参与社区公共事务的决策,但在决策与管理的过程中,享有充分的知晓权、建议权,从而以协商民主的方式参与到社区治理中。

第三章 了解社区教育

[**内容提示**] 社区是社会发展的基本单位,其作为一个"共同生活体",不仅是人们休养生息的地方,更是人们从婴儿到老年不断学习,实现自身社会化的大学校。以社区为载体的教育活动开展得如何,将直接关系到社区的建设和发展以及社区成员的素质,进而影响整个社会的全面协调发展。因此,加强对社区教育的研究,推进社区教育的试验,构建适合区域发展的社区教育模式已经成为我国教育改革发展的一项重要任务。

[**核心概念**] 社区教育;特征;发展趋势

"社区教育"是由"社区"和"教育"组合而成,但并不是两个概念的简单相加,而是在社区治理的大环境下,从社区居民的基本需要出发,协调各方力量将"教育"与"社区"有机整合,给"社区教育"注入了新的活力,产生"1 + 1 > 2"的效果。在社区教育概念不断流变的过程中,其内涵不断地被丰富和完善,越来越被世界各国所接受,成为现代国家教育发展的重要内容。

一、社区教育的含义

总体来说,现代意义上的"社区教育"最先是从欧美一些国家兴起的。但是由于社区教育的历史与其他各类型教育相比较为短暂,再加上各国经济发展的情形不一,以及社区教育这一文化现象本身变化的灵活性,人们对于社区教育的认识经历着一个由浅入深、由表及里的过程。为了正确把握社区教育的内涵和外延,我们有必要了解一下国内外对社区教育概念的认识和看法。

(一) 社区教育的基本含义

"社区教育这个概念在国际上正式确立和广泛使用,是在第二次世界大战结束之后,但社区教育的实践却可以追溯到很早以前。"①这一概念虽已被世界各国所确认,但是鉴于社区教育实践史动态性、变化性的特点,迄今为止尚无确切统一的被大家认可的界定,"社区教育"仍处于不断的研究与探讨中。

1. 国外对社区教育内涵的认识

社区教育(Community Education)一词最早源于美国教育学家杜威提出的"学校是社会的基础"思想。而规范形态的现代社区教育则以丹麦民众教育家柯隆威在罗亭(Rodding)创办的"民众学校"为起点,此后,社区教育的思想不断得以扩充和完善,并逐渐被世界各国所接受。归结起来,国外大致从以下三个视角对社区教育内涵进行描述。

将社区教育界定为"民众教育"。实行这一类型社区教育的国家主要以北欧各国为主,这一类型社区教育的主要特点是以各级各类民众中学为教育载体,紧密联系地方和社区,通过对广大民众进行爱国教育,传授有用的知识和技能,借以提高国民的素质,体现福利国家的特征。具体而言,是指借助教育的力量,使社区民众在社区教育的熏陶下,自觉地通过教育来参与促进社区政治、经济、文化、生活发展的实践活动。20世纪50年代,联合国在全世界,特别是在发展中国家所倡导的"社区发展",就是以民众教育为基本途径和前提的。联合国于1955年发布的《通过社区发展实现社会进步》文件也集中反映了"社区发展的过程即民众教育过程"的观点。

将社区教育界定为"社会教育"。将"社区教育"理解为社会教育,主要包括在日常生活中所需的知识与技能、个人的业余爱好以及自我完善等方面内容的教育,此观点在日本尤为突出。1949年日本颁布的《社会教育法》,把社会教育定义为《学校教育法》所规定的学校教育活动之外、以社会全体成员为对象的、有组织的教育活动。其中,又规定"公民馆"作为实施教育的基地。② 在日本,社会教育与社区教育并未做严格的划分,相关学者对日本社区教育进行的研究往往以其区域性的社会教育为研究对象。

将社区教育界定为"非正规性的教育"。《培格曼国际终身教育百科全书》③中指出,社区教育是为所有年龄的群体而组织设立的,由正规学习系统之外开展

---

① 鲁洁主编:《教育社会学》,北京:人民教育出版社,1990年版,第345页。
② 叶忠海、朱涛编著:《社区教育学》,北京:高等教育出版社,2009年版,第29页。
③ C.J.泰特缪斯:《培格曼国际终身教育百科全书》,教育与科普研究所编译,北京:职工教育出版社,1990年版,第206页。

社会、娱乐、文化与教育等方面活动的部门所进行的,旨在促进社区生活的活动。① 此观点以美、英两国为代表,主要是通过建立社区学院进而开展社区教育。一般认为,社区教育的对象是以整个社区为据点的各个年龄阶段、各种职业的群体。社区教育的内容包括组织社区居民学习系统的科学文化知识,同时充分利用各级各类教育资源对其进行职业指导、职业培训等,为学历教育和非学历教育提供服务,旨在提高社区成员的整体素质以及生活质量。但从实践活动和理论研究的情况来看,其主要作为正规学校教育之外的非正规性的教育形式存在,促进社区乃至社会经济的发展。

2. 国内对社区教育内涵的认识

20世纪80年代中期,我国开始兴起现代社区教育。国内对社区教育内涵的解读多见于研究的早期,多数学者当时对于社区教育的理解还处于感性认识阶段,尚未对社区教育本质有统一的认识,往往会由于研究者的理论背景、研究视角以及所要解决问题的不同而仁者见仁、智者见智,从而在社区教育的属性、类别、实质认识等方面产生不同的理解。基于此,国内对于社区教育内涵的定位存在多元性。我国的专家学者结合社会学、教育学等多学科视角,多切口对社区教育进行界定,主要观点有:

"社区教育是在一定区域内,在党和政府帮助、指导下,组织协调学校和社会各个方面,相互结合,双向服务,实现教育社会化和社会教育化,旨在提高全民素质,共建社会主义物质文明和精神文明,促进地区经济、社会和教育协调发展的教育社会一体化组织体制。"②

"所谓社区教育是指反映和满足社区发展需要的,对社区全体成员的身心健康施加影响的教育活动和过程。"③

"社区教育是指以社区为范围,以社区全体成员为对象,同社区民众利益和社区发展需要紧密相连,旨在以发展社区和提高其成员素质和生活质量为目的的教育活动综合体。"④

"现代社区教育是以社区学校(院)为主体(实体)的一种形式化、组织化的教育形态。"⑤

---

① 赵爽:《社区研究对社区教育模式的启示》,《继续教育研究》,2007年第6期,第77-79页。
② 梁春涛、叶立安主编:《中国社区教育导论》,天津:天津人民出版社,1993年版,第56-57页。
③ 金辉:《社区教育的概念界说及其方法》,《上海教育情报》,1994年第4期,第45页。
④ 叶忠海等著:《成人教育学通论》,上海:上海科技教育出版社,1997年版,第219页。
⑤ 黄云龙、范传伟:《社区教育发展中政府行为的调查与研究报告》,《上海师范大学学报(哲学社会科学版)》,1999年第10期,第77-78页。

"所谓社区教育,是提高社区全体成员素质和生活质量以及实现社区发展的一种社区性的教育活动过程。"①

"所谓社区教育,就是指在这一特定区域内,开发、利用各种社区资源,有组织、有计划地开展的,对社区全体成员的身心发展施加积极影响,旨在提高全体社区成员的素质和生活质量,促进社区成员的终身发展,并促进社区自身可持续发展的一种社区性的教育综合活动。"②

本质是指事物的根本性质。事物的本质属性,是对该事物质的规定性。研究现代社区教育的本质,也应从这个基本观点出发。通过解读不同国家、不同学者对社区教育内涵的不同定位,可以发现,社区教育的本质主要包括三个特点:1)社区教育的服务范围是社区。社区教育具有特定的服务空间,体现出区域性的特点,将社区教育与学校教育区分开来。社区教育是为满足社会发展的需要,为社区的全体成员提供服务。2)社区教育仍属于教育的范畴,是学校教育与社会教育的有机结合。社区教育以社区学校为载体为社区民众提供服务,是一种组织化的教育形式。3)社区教育是学校、家庭、社会各种教育力量的协同教育活动,是一种"教育综合体"。社区教育是一个特殊形态的"生活圈",是人们终身学习,学会做人、学会做事,实现人的社会化的大学校。

(二) 现代社区教育的基本特征

现代社区教育的本质特征是什么?近年来不少国内学者对此做出了有益的探讨。归结起来,大致有四性说、五性说、七性说等几种不同的观点。四性说即教育性、地域性、群众性、灵活性或全员性、终身性、综合性、地区特色性;五性说即地缘性、整合性、开放性、互补性及广延性;七性说即全员性、地域性、广参性、即需性、多样性、组织性和共管性。③ 现代社区教育的基本特征是其他教育体系所不具有的,综合上述各种特性,下面将从社区教育的对象、内容、资源、方式、性质、目标、效果等七个方面予以归纳整理。

1. 社区教育对象的全员化

社区教育的"全员性"和"全程性"是其区别于其他各类教育的最基本特点。"全员性"即社区教育的参与者是社区的全体成员,不分性别、年龄、职业。从年龄划分,包括婴幼儿、青少年、中年以及老年等各个年龄段的人群;从社群划分,

---

① 厉以贤:《社区教育的理念》,《教育研究》,1999年第3期,第77-79页。
② 侯怀银:《社区教育》,北京:北京师范大学出版社,2015年版,第7页。
③ 叶忠海:《社区教育学基础》,上海:上海大学出版社,2000年版,第27-29页。

更确切地说是那些没有"单位"作为依托的"社会人",多指社会中的弱势群体,包括外来务工者、低保贫困者、下岗失业人群以及残疾人群等。社区教育关注每个人的学习需求,因而在社区教育中,每个人都有接受教育的权利,人人都是受教育者。通过教育教学活动,提高社区全体成员的整体素质,增进社区成员的身心健康,进而提高社区全体成员的生活质量。"全程性",即社区教育可以为每个个体在一生中的任何阶段的学习需求提供教育服务。从生命的开始到生命的终结,社区教育是伴随人一生成长的教育,它可以为个人在幼儿时提供学前教育,在青少年时提供校外教育,在中年时提供继续教育,在老年时提供闲暇教育。全员教育和全程教育统一于社区教育之中。

2. 社区教育内容的生活化

社区教育是教育与社区的互动结合产生的一种教育方式,根据受教育对象的不同,为其提供更加趋于生活化的教育内容。社区教育根据社区发展需要、社区成员生活和工作需要,提供德育、就业、文化等多方面多角度的教育。社区教育的全员性、全程性决定其全面性,而社区教育内容的广泛性是其全面性的具体体现。社区教育同生活密不可分,通过对实践活动的去粗取精升华所得的理论结晶,性质上凸显其生活性。一方面,要考虑促进人的德智体美劳全面发展,一方面还要强调有利于社区发展和凸显本土特色。社区教育融入生活,也就具有了生活的真实性和实用性的特点,应用于生活,服务于生活。教育内容包括婴幼儿教育、青少年校外教育、在职人员和下岗职工的培训、提高弱势群体的生存技能教育、老年人群的社会文化教育和活动等,形式宽泛,种类繁多,包括科学文化类、文明素质类、教育培训类、科普类、文体活动类等。诞生于生活土壤的社区教育,具有人性化的特点,能够根据生活的变化,及时进行调整和修正,不断丰富自己的内涵。同时,社区教育生活化不仅注重理论的教育,还重视将理论付诸实践,充分调动社区全员的主动性和积极性。

3. 社区教育资源的共享化

"不要对我们所处的环境听之任之,哪怕只是很小的改变也会带来新的结果。"[①]随着城镇化建设速度的加快,城市化原则使得传统的乡村交往原则发生了根本的变化。经济社会的发展,人口跨区域流动频繁,大量农村人口流入城市,开放性的居民居住方式兴起。人们的交往不再受时间空间的限制,特别是随着现代通信和交通工具的发展,社区与社区之间的距离缩短。此外,随着信息化

---

① 迈克尔·富兰:《变革的力量——透视教育改革》,中央教育科学研究所等组织翻译,北京:教育科学出版社,2004年版,第39页。

概念的提出和美国"信息高速公路"计划的施行,教育信息化浪潮席卷全球,实实在在地影响着人类社会生活的所有领域,如政治、经济、文化等。至此,教育资源的高效开放、利用和共享成为现今社会的重要议题。这在很大程度上影响了社区教育资源的共享发展,社区教育作为特定的"区域空间",实行区域间的资源共享共建,不仅在一定程度上降低了资源分配不均的问题,打破区域间的传统交往模式,消除"数字鸿沟",而且还使资源利用最大化,降低资源建设的成本,避免资源的重复开发,充分实现了资源的应用价值以及经济效益。

4. 社区教育方式的灵活化

社区教育是为社区全体成员服务的,面向社区群众,关心社会问题。为社区全体成员服务,已成为社区中心化变革最具有生命力的内核。社区教育对象的不同决定了社区教育方式的灵活化特征,它的产生和发展反映一些群体特殊的教育需求,将教育活动作为日常工作,有常年开放的设施和专门配备的辅导人员。由于自然和社会的原因,每个个体的身体和能力、地位和收入、文化和职业、性别和年龄等方面都存在一定的差异。差异是人的本然状态,正因为人的个体差异性,所以整齐划一的同质性教育并非适合社区教育。社区教育是适合社区每个个体成长需求的教育,既尊重教育规律,又尊重个体成长成才的规律;既重视知识理论的学习,又重视能力的培养、人格修养和身心健康的发展;既关注个体现行的表现,也关注他们的长远发展。社区教育是面向人人的教育,其多样性和个别化的特征,为不同年龄、不同性别、不同身份的学习者提供了相应的学习机会和成才机会。根据教育对象和教育内容的不同而开展社区教育,激发了学习者的天性,学习才能够尽情发挥,才能够轻松快乐并运用自如。并且社区教育符合特定的"适才教育"原则,对于有特定教育需求的社区成员来说,其方式的灵活化能够有效满足其生活、工作以及自己发展的需要。

5. 社区教育性质的公益化

社区教育以面向社区成员、社区发展为本位,是一种为促进社区发展、提高社区成员的整体素质、满足社区发展需要而进行的教育。社区教育作为教育大系统中的一个小系统,公益性是其内在属性。在公益性上主要有三大特征:一是符合社会公共利益。社区教育立足社区、依靠社区、服务社区,为促进社区发展服务。社区教育活动的开展,是以社区可持续发展服务为其出发点和归宿,它和其他类型教育一样,培养社会所需要的人才从而增加社会公益与福利,满足符合社会公共利益的公益性要求。二是社区教育不以营利为目的。社区教育的本质是育人,其最终的教育目的是培养高素质的人,为社会服务。若社区教育以营利为目的,必然会导致一部分举办者因过分追求经济利益而不惜牺牲教育质量,以利润最大化为目的取代教育的育人目的,这样势必会丧失社区教育的基本使命。三是社区教育追求平等。平等是公益性教育所追求的最终社会目标之一,全体社区成员在社区教育中共同平均地享有社区教育的资源,社区内的全体成员都享有平等的受教育权利。社区教育帮助社区群体去感知、体验生活,从而获得成长中必不可少的经验,有着学校教育所无法替代的作用,具有独特的育人价值。

6. 社区教育目标的具体化

思想、观念指导行动,目标指明奋斗方向并成为行动的指南。社区教育从宽泛的"为社区的发展建设服务"的教育目的出发,根据学科内容、课时安排、实施对象等被逐步分解成不同的层次,同时按照分类学的方法,将每一层次的教育目标分成不同领域,既有以提高学习者全面素质为目标的成人学历教育,也有为提高在校学生实践和创新能力的校外教育,更多的是面向各个年龄段人群的以提高公民素质为目标的社会文化生活教育。此外社区教育还始终坚持把"以人为本"的教育理念贯彻其中。人本化的教育理念主要体现在促进人的全面发展、不断发展,提高人的发展能力,增加人的发展机会上。因此,社区教育为了促进社区群体的全面发展,在教育目标设计方面坚持大力提高居民的劳动技能,在满足居民生存、发展需求的基础上,加强对理想、道德、价值观的培育,性格、性情的养成等道德教育,以及丰富的生活技巧和闲暇教育等,使居民在生理、心理素质、知识技能等方面得到全面发展,力争在德智体美劳与社会性等诸方面全面而协调地发展。

7. 社区教育效果的在地化

社区教育立足于社区、服务于社区,其效果也体现在社区发展中。首先,社区教育决定着社区科学发展的方向,社区教育正是把科学技术传递给社区经济建设者和社区成员的重要手段,也是使潜在生产力转化为现实生产力,不断提高社区经济发展自主创新能力的重要场所。其次,社区作为国家行政管理中的最小单元,其安定团结关系到整个社会的稳定。社区通过文化组织活动,对社区成员进行道德教育、社会主义核心价值观教育,不仅有利于社区成员树立社会主义法治观念,有利于社区成员之间的情感沟通,还能增强社区的凝聚力,强化社区成员的归属感,促使他们自觉地投身社区建设,维护社区的繁荣稳定。此外,社区教育通过对社区成员进行教育,努力使社区全体成员学有所教、劳有所得、病有所医、老有所养、住有所居,对于保障和改进民生、扩大公共服务、完善社区社会管理以及推动建设和谐社会起着不可替代的作用。

二、社区教育的兴起与发展

在人类文明进化的历程中,人类始终需要学会与处理好三种基本关系,即要认识和处理好人类与自然的关系,并以此为基础和前提衍生出如何处理好人与社会、人与人之间的关系,以及人的自身发展与终身学习需求的关系。三者之间诸方面关系全面、协调、和谐统一时,人类文明就健康发展,反之,人类文明就会遭到破坏。这便是人类文明演化的大发展观。我们研究与揭示社区教育的嬗变轨迹及其发展规律,同样需持这样的大发展观。应用大发展观审视社区教育嬗变的内在机制,可以清楚地看到,社区教育大致经历了萌芽、初步发展以及蓬勃发展三个时期。

(一) 社区教育的萌芽时期(18 世纪末期—19 世纪中期)

任何一种新事物的兴起与发展都有其客观存在的社会背景,社区教育也不例外。现代社区教育源于欧洲,深受 18 世纪以英国蒸汽机的发明和应用为标志的工业革命的影响。著名社会思想家阿尔温·托夫勒指出:从 18 世纪中叶开始人类进入工业社会。工业社会时代的到来,开启了人类社会科学与技术高速发展的全新时代,引发了一系列的社会变革,社会生产力由此以农业社会无可比拟的规模和速度持续增长,带来了对适应机器大生产的劳动者的需求,绝大多数农村劳动者开始向城市迁移。工业革命对劳动者需求急剧增大的同时,对劳动者的科学文化知识的需求逐渐提升。一系列的社会变革使得人与人、人与社会之间的多重关系重新裂变、聚合和消长。[①]

在农业社会中,由于受自然条件制约,人们主要通过生产劳动、家庭生活、乡规民约以及父子相传等形式传授简单的生产劳动和文化知识,且大多从事简单的机械运动。这种封闭、保守的教育形式已不能适应工业社会的形式化、组织化的时代特征,科学技术作为第一生产力的作用凸显,人们不断地发现自然规律并加以运用来提高物质生活水平。经济的增长一方面要求越来越多的劳动者必须具备一定的知识与技能;另一方面,科学技术的飞速发展迫使劳动者处于不断获取新知识、新技术、新技能的状态之中,因而教育成为不可忽视的重要举措。白贝克在 1795 年创立英国工艺社,最初的目的是通过向社区内的工人免费传授科

[①] 黄云龙:《我国社区教育的嬗变、发展态势及其实践策略》,《教育发展研究》,2005 年第 18 期,第 71-79 页。

学应用知识,提高劳动者操作机器的能力。随后,空想社会主义者欧文在1800年管理新拉那克超过千人的工厂时,创办性格学院服务于工厂的员工和儿童,成为改造当地社会环境的重要措施。在物质生活水平提高的同时,人们开始追求精神生活的满足。1826年,贺伯柯连同乔赛亚·霍尔布鲁克在美国马萨诸塞州设立公共讲演社并发起学园运动,通过推广知识,一方面解决公众关心的问题,更重要的是使公民掌握基本知识,学会做人的行为准则,丰富公民的精神生活。到1836年,类似的讲演社、学园等已发展至3000多所,这些都成为最早的社区教育的雏形。

(二) 社区教育的初步发展时期(19世纪中后期—20世纪中期)

在这一时期,社会生产力水平得到了极大提高,人类城市化进程不断加剧,社会组织与机构迅速扩大与重组,人类自身意识和觉悟不断深化。整个教育领域也发生着巨大的变革,例如义务教育的出现、基础教育的逐渐普及、社区教育需求不断提高及其内涵的提升。社区成员为了适应社会经济发展的变迁,开始寻求新的社区教育形式。分析得知,直接推动社区教育发展的动因主要有:第一,适应移民运动和城市化进程的需要;第二,教育机会均等、教育民主化的口号受到普遍的认同,教育对象扩大;第三,传统学校理念被打破,以非正式、非组织化为基本特征的自然性社区教育逐渐向有组织、有形式、有实体的制度化、正规化、组织化的社区教育形态转变。1844年第一所免费的"民众高等学校"在丹麦的罗亭创立,开创了社区教育发展的先河。"民众高等学校"将唤醒民众从而进一步振兴丹麦作为其发展宗旨,要求以提高学习者的成熟度为其发展前提,发展人们的心灵,提升民众的文化素养,创造幸福的生活。这种以社区学校为基本形态的社区教育,建立了以教学为目的的民众教育组织,它的创设影响了北欧的民众中学地位的稳固,此后被各国所借鉴。

1896年,美国社区学院的雏形——第一所初级学院诞生,成为美国社区教育的前身。到20世纪30年代之后,美国已经出现社区教育,提倡社区是教育的基础这一理念。尤其是第二次世界大战之后,联合国为推动经济的快速增长、社会发展水平的飞跃,极力倡导"社区发展",借以实现推动经济发展和社会进步的目的。1952年,联合国正式成立"社区组织与社区发展小组",主要负责推广世界各地社区发展运动,并于1955年发布文件《通过社区发展促进社会进步》,明确社区教育在社区发展中的重要地位和作用。在联合国的"社区组织与社区发展小组"推动下,社区教育开始在欧美等国家迅速推广。主要以地方政府、劳动联盟、大众传播机构、教会等为创办主体,与学校合作或独立成立各式各类的社区教育组织并开展活动,如讨论会、夜校、俱乐部、社区教育服务中心、休闲中心、讲演会等。与此同时,人们也逐渐认识到,社区发展实质上是教育与组织行动的过程,是以提高社区民众的素质和生活的质量,促进社区经济、文化以及社会的进步为根本目的,社区发展的关键在于人的发展、教育和培养。

总之,这一阶段社区教育作为新的教育形态而产生的巨大作用不断显现,人们逐渐认识到社区教育是整合各类教育资源、不断提高整个社区居民综合素质的教育,能够提高社区居民生活的质量,进而促进社区的发展和社会的进步。

(三) 社区教育的蓬勃发展时期(20世纪中期至今)

随着社区教育在世界范围内的推广,社区教育内涵的丰富和完善,以及社区教育在世界各国的推广和发展,使之成为国际现代教育的一大趋势。随着欧美、日本等国的经济恢复和迅速发展,这一高效的教育体系进入了深入发展时期,同时也引起了发展中国家的重视。1976年,联合国教科文组织通过了《关于成人教育发展的报告》,该报告明确表示社区教育的发展目的是为了更好地构建终身教育体系。各国依托大学或学院对社区全员进行社区教育活动,通过开展社区教育或成人教育等方式来提高社区成员的素质。国外也充分地意识到社区教育在构建终身教育体系方面所做出的巨大贡献,因此相继采取了许多措施来促进社区教育的发展。如美国对社区教育积极干预,在20世纪90年代,不少联邦法案如《美国2000年教育目标法》《学校与就业法》等都提到了如何发展社区教育。为满足社区全体成员日益增长的终身学习需要,不断推进社区教育深入发展,各国社区教育采取多元化的实施方式,既采用正规的教育形式,又采用非正规的教育形式。比如北欧国家以及德国的民众高等学校,英国的"社区计划信息网"与社区学校,北美国家的社区学院,日本的公民馆等,他们的社区教育活动,都是以专门的社区教育组织为基础开展的。美国是当今世界上社区教育发展水平较高的国家之一,其本质特征是使教育社会化与社会教育化达到统一。通过建立社区学院来开展社区教育,通过社区学院来推进社区教育的发展。在社区教育越来越深入发展阶段,其主要目的是构建终身教育体系。社区教育越来越向管理法规化和制度化、对象全民化、形式多样化、水平专业化方向发展。

(四) 中国社区教育的发展

纵观国外社区教育发展的进程可以看出,社区教育是社会变迁的产物。社区教育的形成及其发展与社会经济发展和社会变迁之间有着直接的相关性。可以说,我国社区教育的出现有其必然的社会背景。从政治上来讲,社区教育得以发展的前提是地区和社区观念的确立;从经济方面来讲,地域经济的发展和劳动力素质的提高为社区教育的发展提供了契机。

早在民国初期,我国就已形成了社区教育的雏形。在清末民初时期,除开展校园教育之外,还开展以区域为范围的通俗教育或者称之为民众教育,这可被看作是社区教育在我国发展的前身。而我国现代意义上的社区教育正式兴起于20世纪80年代,在近40年的发展过程中,随着时代的变迁、社会的发展、理论与实践研究的深入,社区教育的功能也呈现出不同的定位。社区教育的定位反映出社区教育的本质属性,决定了社区教育的核心内容及其发展方向。从定位视角出发,我国社区教育在近40年来的发展中,呈现出以下阶段性的特征:

第一阶段:以青少年校外教育和德育为主导的社区教育。20世纪80年代中期,是我国现代社区教育发展的初期阶段,改革开放凸显了人才的重要性,1985年年底上海市闵行区创办了全国第一个社区支教基金会,成为我国现代社区教育发展的萌芽。随后上海真如镇社区成立的社区教育委员会,为上海乃至我国社区教育的发展拉开了帷幕。这种以学校为主,商业、企业为辅的单位集合,打破了传统的学校与社会之间的分界,在各种教育资源相互整合的过程中,社区教育以其独有的优势,丰富了校外教育资源,拓宽了学校教育范围。各级各类学校将社区教育作为另一课堂,帮助学生形成良好的文化水平、文明素养和整体素质。1988年,为贯彻落实中央下发的《中共中央关于改革和加强中、小学德育工作的通知》中关注"中小学生的健康成长需求"的要求,社区采取了多种形式加强学校、家庭和社会之间的密切联系,如通过建立社区教育委员会的形式,充分利用和协调社会各类教育资源并加以整合,优化社区教育环境。社区教育将中小学生的思想道德教育内容作为其工作重点,以建立中小学生德育体系建设为主要目的,逐渐形成了学校、家庭、社会三方结合的一体化教育形式。此外,这一时期的社区教育,也存在一些以开展休闲娱乐为主要内容的教育活动,达到关心社区老年人的目的。

第二阶段:以居民文化生活和成人职业培训为主导的社区教育。随着社会主义市场经济体制的逐步建立,我国经济结构和产业结构的调整速度不断加快,加之与世界各国城市化水平的不断提升一样,我国也逐渐进入城市化、城镇化稳步发展的快车道。进城务工人群的不断涌现,以及转岗、待业人群的增多,导致城市人口的急速膨胀,迫切需要一种新式的教育形式来缓解这种社会现象。

1994年中共中央推出的《关于进一步加强和改进学校德育工作的若干意见》(以下简称《意见》)指出:"学校要主动同家长及社会各方面密切合作,使三方面的教育互为补充、形成合力……要依靠社区教育委员会……各种青少年以及学生等教育组织与其他团体,鼓励、协调和组织各种社会力量来关心和支持学校做好德育方面的工作。"[①]《意见》中提出支持并鼓励中小学与周边企事业单位、街道和居民委员会共建社区教育组织,吸引社会各方共同参与支持社区学校的建设,参与社区学校的管理,优化社区教育的育人环境。《意见》中还首次提出"终身教育"的教育理念。《国家中长期教育改革和发展规划纲要(2010—2020年)》(以下简称《纲要》)的颁布,使得社区教育开始进入以"全员、全程、全方位"为发展目标的全新的社区教育发展阶段,社区教育由青少年的校外教育和德育教育转变为全体社区居民的教育,以满足社区全体居民的全面需求,如文化生活教育、职业教育、卫生保健教育、法律法规教育等。从此,我国的社区教育走上了家庭、学校、社区相结合的发展道路,其教育内容由青少年的校外德育教育延伸至成人的职业教育和素质教育,这一角色的转变,使得社区教育成为终身教育的纽带,成为构建学习型社会的基石。

第三阶段:以形成全民学习、构建学习型社会为主导的社区教育。国家提出的全面建设小康社会、建设人力资源强国和创新型国家、构建和谐社会、建设生态文明等一系列重要的发展目标,都给发展社区教育提供了新的机遇与挑战。尤其是《纲要》中指出,我国到2020年的教育发展战略目标为:"基本实现教育现代化,基本形成学习型社会,进入人力资源强国行列。"[②]教育现代化在现代化发展过程中起着基础性的作用,是社会现代化指标体系中最重要的衡量标准之一。建设学习型组织,健全终身教育体系,构建学习型社会,在国际上已成为一股潮流,成为发达国家教育发展战略的重要组成部分。现代终身教育思潮源于西方,但学习型社会的建设实践必须根植于我国的社会文化中。2000年4月,教育部职业教育与成人教育司发出《关于在部分地区开展社区教育实验工作的通知》,确定了北京市朝阳区、上海市闸北区、天津市河西区、福建省厦门市鼓浪屿区、江苏省苏州市、山东省济南市历下区、山西省太原市杏花岭区、四川省成都

---

① 朱鸿章:《社区教育政策与公民学习权保障的研究》,华东师范大学硕士学位论文,2012年,第41页。

② 《国家中长期教育改革和发展规划纲要(2010-2020年)》,第二章"战略目标"。

市青羊区8个社区教育实验区。① 实验区的建设进一步明确了开展社区教育的目的和要求,总结社区教育发展的经验(总结社区教育管理体制、运行机制等方面的规律和特点,探索构建学习型社会的办法和途径,基本形成社区教育发展的良好态势,并对其他地区起到示范与带动作用),充分利用、拓展和开发了社区的各级各类教育资源,建立了教育培训网络以满足社区居民的基本学习需求,创建了一大批学习型组织,提升了社区居民的整体素质和生活质量,并对其他地区起到示范与带动作用,为构建终身教育体系、形成学习型社会奠定了良好的基础。

通过社区教育实验区的开展、社区教育示范区的建立,各地都在积极探索符合自己个性的社区教育,不断整合各类教育资源,开展形式多样的社区教育活动。社区教育已经从沿海发达地区向中、西部地区扩展,从经济发达的城市向农村地区延伸,成为提高居民整体素质和构建和谐社会的重要抓手。创造具有中国特色的终身教育和学习型社会建设的理论和范式,既是我国现实实践发展的需要,也是我国走向国际、实现全球资源共享时代的要求。

三、社区教育的作用

社区教育是一种面向全体居民开展教育活动的教育形式。社区教育的对象包括婴幼儿、少年儿童、青年、成年人和老年人,旨在提高社区成员的素质和生活质量,其核心功能是促进每个社区成员充分、自由地发展。

(一) 社区教育与人的发展

古希腊哲学家普罗泰戈拉说:"人是万物的尺度。"从这句话中不难窥见"以人为本"思想的历史渊源。以人为本,简单地说就是要以人作为根本出发点和落脚点来处理和解决各种问题。"以人为本"成为人本化教育理念中一项很重要的内容,提倡教育以人为本,是强调以受教育者的和谐发展为根本,保障人的基本的学习权利。在开展教育工作时,应将"育人"摆在各项工作之首,避免功利化、政治化,提倡教育的人本化。以人为本强调的是,人是社会的主体,在社会活动中发挥着主体能动性,教育者在教育工作中需要从人的本性出发,把关心、尊重、发展人作为目标,始终把生命个体的全面发展放在第一位,使得所有的教

---

① 朱鸿章:《社区教育政策与公民学习权保障的研究》,华东师范大学硕士学位论文,2012年,第55页。

育教学活动归根结底都能培养自我完善、自我生成、自我实现的全面发展的人。

1. 教育目标以人为本——提高素质,全面发展

21世纪的今天,科技、经济飞速发展,信息化时代的到来加快了知识更新的速度,"没有哪个成百年来经过缓慢进化过程逐渐形成的传统类型的人再适应个人和社会的新情况"[①],唯有坚持终身学习,才能避免被社会淘汰。就价值观角度而言,社区教育作为培养人的社会活动,强调的是教育的本体价值,即培养主动接受知识、学会认知,掌握生存和发展的技能,最重要的是能够学会学习,挖掘自身潜在的创造力,促进社区全体成员的全面发展和整体发展,并为其创造良好的环境和条件。通过与学校、社会组织和企业之间的合作,整合一切教育资源,使得社区内的全体成员享受平等的受教育机会,达到人人学习、处处学习、时时学习,最终实现自我素质的提升以及自我潜能的挖掘。

曾任联合国教科文组织总干事的费德里科·马约尔指出:"人既是发展的第一主角,又是发展的终极目标。"社区教育既要通过举办休闲的娱乐活动,训练社区成员的自理能力和自主精神,进而发展成员的文化水平和职业能力,又要培养社区成员互帮互助的合作精神,改善社区内成员之间的人际关系,创建良好的社区教育环境,以形成社区成员积极的价值观和道德感。作为社区服务的事业,社区教育要为社区内的全体成员,尤其是弱势群体提供各自的学习位置,简言之,社区内的全体居民都能够通过周边的社区教育,获得长足发展。此外,社区教育在面对社会转型期人们价值观变化时,也可以通过传播和弘扬传统文化与良好的道德风尚,以及创造符合时代特征和社会要求的新文化,促使人们在社区的交流互动中同社会主流价值观达成一致,使得不同价值取向、不同性格的社区成员在社区精神的统摄下全面协调发展。

2. 教育内容以人为本——面对全员,针对需求

社区教育是社区内全体成员共同参与的活动,它面向的是社区内的全体成员,从人的全面发展的要求出发,通过多元化的设计以尽可能满足各个成员的教育需求。总的来说,针对社区教育对象的不同,社区成员的需求主要有以下几个方面:1)针对转岗、待业人群。随着我国经济体制改革的深入以及产业结构的调整,转岗、待业人群增多,社区教育应提供职业培训,帮助转岗、下岗人群提高再就业能力。2)针对老年人群。随着老龄化社会的到来和相关退休政策的实施,社区教育应针对老年人群举办娱乐活动,丰富老年人群的生活,为老年人尤

---

① 保尔·朗格朗:《终身教育引论》,周南照、陈树清译,北京:中国对外翻译出版公司,1985年版,第29页。

其是退休人员提供医疗保健、文化教育等,提高老年人的生活质量。3)针对闲暇时间较多的人群。每周双休制的推行以及节假日的延长,在职人员的社区生活时间增多,社区教育应为其营造一个良好的集休闲、娱乐、学习于一体的教育环境。4)针对迁入城市的外来人口。日趋完善的政策环境、城市化进程的加剧,使得人口流动呈上升态势,大量农村人口涌入城市,遍布于各个社区。社区教育应为其提供基础文化知识、职业技能的相关培训,增强其社会适应能力和竞争力,使其迅速融入城市生活。5)针对"无单位"人群。自由职业的涌现,个体、私营的"无单位"人群逐渐增多,社区教育需要通过社区活动增强他们的社会认同感,为他们提供社会支持。随着社会的进步以及人们生活水平的提高,社区成员更多地追求高质量而富有情趣的生活。除了传统文化、知识、技术方面的教育,社区教育应适应人们需求的变化,开设法治教育、生态文明教育、道德教育以及家政服务、健康活动等,不断充实完善,以满足人们日益增长的教育需求。

3. 教育形式以人为本——统筹协调,灵活多样

《中国大学生就业》在 2010 年第十期曾刊登过一篇名为《民营企业需要的十种人才》的文章,其中第二种人才便是能够吃苦耐劳且具有单项或多项专业技能的人才。如今企业在招聘人才方面也开始注重职员的综合素质。而要从根本上提升国民的综合素质,就需要综合多样的教育形式,使年龄、性别、地区等背景不同的公民,都能随时随地找到适合自己的学习方式和学习机会,从而满足自己的学习需求。社区教育依托于社区而存在,内部强调充分挖掘社区中各个组织之间的教育功能,外部发挥社区教育的整合功能,使多种教育教学形式相互协调、补充,形成资源共享机制,从而满足成员的学习需求。社区教育体系中,正规的学校教育能够与社区内的各级各类组织相互依存、相互影响;而非正规的教育则以其独有的多样性、适应性和灵活性,使得社区成员在与周围的人、事、物接触过程中,掌握知识和技能,形成一定的态度和价值观念。社区教育集正规与非正规、正式与非正式教育于一身,进行一体化运作,突出了教育资源的共享,将教育从时间和空间上有机整合,形成了灵活多样的教育形式,实现教育的全方位开放,极大地激发了社区成员的学习动机,使其通过学习实现自身的价值。[①]

(二) 社区教育与学习型社区建设

进入 21 世纪,社区教育实验工作在我国开展得如火如荼。2004 年,在教育

---

① 吴雪萍、王艳玲:《发展以人为本的社区教育》,《职业技术教育(教科版)》,2003 年第 4 期,第 57 - 60 页。

部《关于推进社区教育工作的若干意见》的指导下,社区教育得到了快速发展,取得了一系列成果。此外,教育部等九部委于2016年7月下发的《关于进一步推进社区教育发展的意见》,从构建终身教育体系、建设学习型社区的战略高度出发,科学地认识了社区教育的本质特点。为了进一步推动社区教育的改革发展,为"基本形成学习型社会"打下基础,深刻认识和把握社区教育与学习型社区建设的内在联系,显得尤为重要。

学习型社区建设既是构筑社区教育的主体内容,又是开展社区教育实践所追求的方向。学习型社区是以一定的地域为特定空间,以社区学习者为主体,以终身学习理念为其核心理念,以学习型组织为主要载体,以社区成员终身学习和终身教育网络为架构,以形成终身学校文化为标志,使社区成员无障碍学习得以实现,从而促进社区成员全面发展和社区可持续发展的新型社区。[①] 学习型社区由学习型组织构成,学习型社区组织即是有机组合的、高度柔性的、扁平化的、能够持续发展的组织,包括三点要义:一是组织学习而非个人的学习,二是具有持续的学习力,三是通过学习实现组织整体的生存、发展与创新。

学习型社区的基本特征主要有:学校的终身性、教育的整合性、资源的开放性、管理的自主性、组织的服务性、功能的全面性等。学习型社区的基本特征与社区教育的基本特征具有许多相通之处。这表明学习型社区与社区教育是两个既有区别又有联系的概念,它们都是在终身教育理念的指导下逐步发展起来的,具有共同的人本主义思想和学习观念。两者均是形成学习型社会的基础,可促进人的全面发展和自我实现,关注社区整体乃至社会的可持续发展。

1. 社区教育是学习型社区建设的先导

"人的生存是一个无止境的完善过程和学习过程;人是一个未完成的动物,并且只有通过经常的学习,才能不断地完善自己。"[②]时任联合国教科文组织国际教育发展委员会总干事的富尔认为,教育的目的在于使个体能够做到"自我肯定"、"自我独立",使我们能够成为"真正的自己"。学习型社区是一个为教育而充分动员的社区,是一个医治社区居民心灵困惑的场所,良好的社区教育能够保障社区的可持续发展。

现代意义上的社区教育直接面对基层社会发展的需要,通过各种培训活动来提高社区居民的知识技能或整体素质,从而满足社区居民自身成长和适应社

[①] 叶忠海、朱涛编著:《社区教育学》,北京:高等教育出版社,2009年版,第138-140页。

[②] 联合国教科文组织国际教育发展委员会:《学会生存——教育世界的今天和明天》,北京:教育科学出版社,1996年版,第196页。

会的需要。而学习型社区的提出为社区教育的持续发展和深入发展指明了方向,能更好地促进社区教育满足社区成员的教育需求,回应社区成员日益增长的精神文化需要,提高社区成员的生活质量。社区教育是学习型社区建设的初级阶段,社区成员参与社区建设、发展的积极性和自觉性,决定了学习型社区的凝聚力和社区成员的归属感。正确地引导和启发社区居民体验学习型社区的共同利益,产生强烈的学习意识,必须依赖于强有力的、灵活多样的社区教育活动。从这个角度出发,社区教育是学习型社区建设和发展的先导。

2. 学习型社区是社区教育的高级阶段

社区教育是学习型社区教育的基础,学习型社区是在这一基础上的继续发展。从社区教育到学习型社区的建设,这一过程实现了两大突破:一是由教育到学习的突破。学习型社区中,社区居民由教育的对象转变为学习的主体,所有成员都能自觉地参与学习活动,学习型社区成员的权利和责任,成为一种主动的、自觉的学习行为。自我导向性学习成为主要的学习方式,学习个体和组织构成社区学习的主体,学习的意愿、需求、方式等都受到尊重,学习的积极性、创造性都得到不同程度的释放。二是从教育范畴到生存范畴的突破。学习不仅仅属于教育的范畴,而且可以转变为一种生存的方式,学习即生活,学习即生存。学习型社区作为高度综合化的社区教育,比社区教育覆盖的范围更广,涉及社区生活的方方面面。学习型社区必然有一个统一协调管理的机构,更强调各个构成要素的作用和相互联系。不仅要求社区内各个要素自身的学习化,而且更加强调各构成要素在这一社区整体中的团体力量,在学习型社区建设中发挥最大的合力。学习型社区建有一定规模、设施先进、组织结构完善的社区教育中心或教育基地,因此学习型社区强调组织内部的平衡与和谐,关注学习者的学习权利的保障以及学习机会的平等。作为终身学习体系的一部分,学习型社区中学习将成为个体自身发展的手段,成为一种持续、终身的学习活动,学习型社区相比较社区教育来说,将更加强调社区的可持续发展,注重各项管理体制、运行机制的完善,为社区学习持续、健康、规范地开展提供保障,进而使整个社区呈现人人是学习之人、时时是学习之机、处处是学习之所的浓厚的学习氛围。

【资料链接】

学习型城市的概念起源于1973年经济合作与发展组织启动的《教育城市的实施计划》。这个计划将教育作为社会发展、经济增长及生活质量提高的发展战略。1992年,经合组织明确提出"学习型城市"概念。同年,在瑞典哥德堡召开的国际学习型城市会议将"建设学习型城市计划"列入研究行动议程。历经四十多年的研究与探索,发达国家已经实现了从教育型城市向学习型城市的跨越。发达国家的学习型城市建设特别注重终身学习文化氛围的营造,通过政府、民众、学界协力推进,媒体配合,让市民体验学习、感受学习,投入学习型城市建设的实际行动中。国外学习型城市建设强调包容性学习,主张增强终身学习体系的灵活性,提供多样化的学习机会,主张关注成人的教育补偿与再教育,重视边缘群体的学习保障,为残疾人、流动家庭、移民、老年人等弱势群体提供支持体系,以确保他们接受终身学习。

学习型城市建设离不开以终身教育体系为核心的终身学习服务体系。学习型城市建设意义上的终身教育体系不是各种教育要素的简单相加,也不是仅仅发展远程教育而已,而是各种教育要素,包括学前教育、基础教育、职业教育、高等教育、成人教育、继续教育等都要达到学习型城市的基本要求,并且相互衔接、沟通、整合、协调、优化。

学习型城市由形式多样的学习型组织构成。学习型组织,是一种组织形态或组织结构,是一种使学习能持续地开展,并能使其组织及成员获得创新和发展的组织。学习型组织的学习是以组织整体为主体,以组织及成员可持续发展为共同目标,通过组织成员的互动交流,共享知识信息和经验,形成组织成员共通性的心智模式——组织智能和组织学习文化,从而调节和提高组织结构力和组织效率,保持与其所处的变化着的环境动态平衡的过程,是组织成员之间的智能互动、共享、融合,从而达到组织及其成员创新和发展的过程。学习型组织中的学习,不仅是个人学习,也是团体学习。这种学习,是与组织成员的工作和生活紧密结合的。由于学习型组织有"共同愿景",以成员个体学习为基础,强调团体学习,所以,学习型组织越多,学习型城市就越充满活力。

2016年1月12日,杭州市收到联合国教科文组织终身学习研究所的复函,被正式列入全球学习型城市网络,成为全球首批、国内首个入选该网络的城市。[①]

(三)社区教育与终身教育体系构建

"终身教育"这一术语最早是由法国成人教育学家保罗·郎格朗于20世纪60年代正式提出来的,他在《终身教育引论》中指出:"终身教育是指一个人一生

---

① 翁卫军:《走中国特色学习型城市建设之路》,《光明日报》,2016年8月15日,第10版。

的教育与个人及社会全体的教育的综合。"从纵向角度来看,教育贯穿人的一生,是人一生的过程;从横向角度看,教育连接人与社会生活的各个方面。可以说,终身教育是社会生活中所有教育的统合,是一切正规、非正规教育活动的总和。我国的终身教育体系构建就是以建设学习型社会为现实目标,以社区教育为载体,以创建各类学习型组织为主线,以建设社区公共学校资源平台为支撑,政府主导、单位配合、社区支持、公民参与相结合,最终达到"人人皆学、时时能学、处处可学"的美好愿景。

1. 社区教育与终身教育目标的一致性

社区教育的目标与终身教育的理念相吻合。社区教育与终身教育理念都强调基于个体的成长、发展过程,将教育融入社会大系统中,并使之成为社区成员共同享有的权利,营造人人皆学、时时能学、处处可学的学习氛围,最终实现改善生存环境、提高生活质量、提升社会整体素质的目的。包含社区教育在内的学习型社区建设,将终身教育与社区教育有机地结合起来,为终身教育找到了良好的立足点和较好的组织形式。终身教育为社区教育提供理论指导,是社区教育的归宿;社区教育作为满足人们终身教育需要的承载形式,是终身教育的切入点和抓手。

2. 社区教育是实现终身教育的最佳形式

终身教育是信息化社会背景下产生的一种教育模式,是社会满足个人对学习的永恒要求,更是人类社会的进步。其有以下基本特征:1)学习进程的终身性;2)学习模式的个性化;3)学习资源的共享化;4)学校手段的现代化;5)学习属性的社会化等。终身教育的基本特征,决定了学习活动与生活活动的相容性。这种教育模式兼具大众化、普及化、生活化的特性,将个体人生各个阶段的学习活动与该阶段的生活活动融为一体,使得教育的空间形式和组织形式突破传统教育的壁垒,从而将教育与家庭生活、职业生活紧密结合起来,使得教育的空间由学校拓展至家庭、单位、社区等社会中的每一角落。因此,终身教育是社区教育建设的重要目标。社区教育作为终身教育体系中的重要组成部分,其本质是一种教育与社区生活、社区发展融为一体的生活教育。个体在社区学习中以自身的成长和更好的生活为目标,以个人的发展带动社区的发展,社区教育的发展状态标志着全员终身教育的发展水平。因此社区教育是实现终身教育的最佳形式。

(四) 社区教育与和谐社会

"以和为贵"、"天人合一"等理念体现了中华民族对和谐的追求和向往。构建和谐社会,是几千年来中国人一直追求的社会理想,这是一个长期的、渐进的过程。"构建社会主义和谐社会"重大战略决策的提出,不仅丰富了中国特色社会主义理论的内涵,也为包括社区教育在内的社会主义先进文化建设开辟了广阔的天地。

1. 构建和谐社会离不开社区教育

社区教育对构建和谐社会具有基础性、先导性、奠基性的作用。构建和谐社会,教育是基础,其中社区教育作为教育的组成部分,对和谐社会的构建产生了积极的影响。第一,社区教育在构建和谐社会的进程中,将教育的价值引导功能与成员的社会生活有机结合,其具有的政治、文化、经济功能对和谐社会的构建起着全面的推动作用。其政治功能由社区教育的社会生活属性所决定。社区教育通过开展社会公德教育、法治教育、爱国主义教育等活动,有效促进社区培养有理想、有道德、有文化、有纪律的"四有"公民,有利于增强公民的法制意识,有利于公民遵纪守法以及社会的安定团结,进一步增进人与社会的和谐。其文化功能主要是指社区教育的人文功能,通过开展一系列的社区活动,促进社区成员身心全面发展,培养其合作精神、劳动技能等,促进人与人之间相互尊重、相互帮助的良好社会风气的形成,促进人际关系的和谐。其经济功能主要通过讲授科学文化知识,提高社区成员的知识与职业技能,把科学技术转化为生产力,提高劳动生产效率和工作效能,从而为社区的发展提供智力、技术的支持。由此不难看出,社区教育对构建和谐社会的全面推动作用可以简单归纳为:社区教育是实现社会可持续发展的重要因素,是提高社区成员素质的重要途径,是建设和谐社会的必经之路。第二,社区教育独有的整合协调功能对构建和谐社会具有全面的促进作用。社区教育是面向城乡、居委会、乡镇等社区全员,并渗透于社会各阶层的最直接的教育,具有整合协调各种社会关系的特征。其一,每周双休制的推行以及节假日的延长,使"单位人"向"社区人"转变。市场经济以及产业结构的调整,社会中行业企业的角色发生转变,社会事务从行业企业中剥离,转而移向社会,社区的协调功能随之加强。其二,自由职业的涌现,个体、私营的"无单位"人群逐渐增多,社区教育的辐射面逐渐扩大,社区教育需要通过社区活动增强他们的社会认同感,为他们提供社会支持,社区教育的整合功能相应增大。其三,随着信息化的不断发展,生活工作节奏加快,生活质量提高,居民对社区的依赖感、参与意识增强,社区教育的功能不断延伸扩大,传播文化的同时,也能够调节社区成员的心态,促进居民自身的和谐和身心健康。因此,构建和谐社会需大力发展社区教育,提高国民的综合素质,促进人与自然、人与人、人与社会的和谐发展。

2. 和谐社会促进社区教育的科学发展

社会是一个系统,每个社区成员都生活在纵横交错的社会结构体系之中,扮演着各自不同的社会角色,具有不同的社会身份和地位。"社会主义和谐社会"为社区教育科学发展营造了法治环境,提供了物质保障,促进了社区教育发展的中国化。

社区的发展需要有政府推动,用法治规范社区教育。目前,我国经济的发展促使大量农村劳动人口向城市转移,城市化建设步伐加快对社区教育提出了新的要求。2006年,《中共中央关于构建社会主义和谐社会若干重大问题的决定》提出,要推进社区建设,完善基层服务和管理网络,全面开展城市社区建设,积极推进农村社区建设,健全新型社区管理和服务体制,把社区建设成为管理有序、服务完善、文明祥和的社会生活共同体,完善居(村)民自治,支持居(村)民委员会协助政府做好公共服务和社会管理工作,发挥驻区单位、社区民间组织、物业管理机构、专业合作经济组织在社区建设中的积极作用,实现政府行政管理和社区自我管理有效衔接、政府依法行政和居民依法自治良性互动。此外,2008年1月,中央1号文件《中共中央国务院关于切实加强农业基础建设、进一步促进农业发展农民增收的若干意见》,以及2016年7月《教育部等九部门关于进一步推进社区教育发展的意见》等一系列政策文件的出台,为社区教育的发展营造了良好的法治环境,在政府的管控下,既有利于扩展社区教育的广度和宽度,又有利于社会主义和谐社会的构建。

社区教育属于社会教育的范畴,是国民教育的补充和延伸,社区教育的发展与其他社会经济组织一样,需要解决的最重要问题就是资源。因此,拓展、开发、整合社区内的教育资源,实现各个要素的优化组合及合理利用,是保证社区教育科学发展的基础条件之一。一方面由于我国政府的财政能力有限,公共教育经费的投入严重不足,社区教育通过多渠道的筹资已成为必然;另一方面,我国存在中心城市的高校教育资源分散,职业大学、职工大学等各自独立,专业设置重复,教师引进不合理,图书馆、实验室的建设重复等现象,使得原本有限的教育资源经费更加难以满足各地各校的要求,造成人力、物力、财力等教育资源的严重浪费。为了实现构建和谐社会的目标,在发展社区教育的实践过程中,有些城市地区已经将市属的职业学校、职工大学、教学培训学校等进行合并,集中人力、物力、财力,整合优化教育资源,达到资源的共享。这既符合区域内社区教育发展的客观条件,也能够提高区域内社会经济的发展水平及其综合实力。另外,构建和谐社会,组建社区学院,实现资源的优化和共享,也是提高社区教育效益的有效路径。

四、社区教育模式

模式一词本身较为抽象,指用来说明事物结构的主观理性形式。一般认为模式是某项事物的标准形式或使人可以效仿的标准方式,在深刻理解或解释的基础上,采用科学的方法总结归纳并掌握其规律,以简约明了的形式呈现复杂的社会过程或情景。也就是说模式是现实的一种理论性的简化形式,以简化的方式揭示事物运行、发展的规律,是对于现实经验的一种梳理,具有理论引导和实践价值。作为社区教育理论和社区教育实践中介的社区教育模式,以推动社区建设和居民的和谐发展为核心理念,以社区教育实体作为依托,在教育实践过程中是一个涉及面广泛的集成系统,一般包括社区教育的组织系统、社区教育内容和课程体系、社区教育资源的整合、社区教育人力资源的管理系统以及社区教育质量的监控和评价系统等。

（一）国外社区教育模式

国外社区教育与学校教育互为补充、相得益彰,并不断完善,为学习型社区建设以及终身教育体系的构建奠定基础,目前国外的社区教育模式可以看作是终身教育思潮的反映。资本主义国家已经建立并在不断完善自己的民主制度,致力于民主社会的公民教育,实现"民主社会"的理想。民主教育浪潮下,各国政府纷纷延长义务教育年限,以继续教育的形式开展社区教育,逐步扩大国民受教育的机会。而且随着社会经济的逐步发展,职业性继续教育的社区教育正不断向以提高修养、提升生活品质的非职业性继续教育的社区教育转变。下面仅从社区教育的目标、内容、组织方式等角度,探析国外社区教育模式。

1. 美国的社区教育模式

美国属于移民国家,文化多元、经济发达,因此美国的社区教育目标和教育内容极为广泛。美国的社区教育按照基本对象和基本内容进行分类,大体上可分为职业型社区教育、通识型社区教育、成人型社区教育以及补习型社区教育。职业型社区教育的主要对象是处于求职阶段的学生和已经在岗的从业人员,主要为其开设相关的岗前培训、技能技术培训以及转岗换岗方面的需求教育。职业型社区教育既可以面向单独的个体进行培训,也可受邀为企业或行业进行职业技能和知识的整体培训。通识型社区教育主要是针对社会公民进行的教育,课程的开设在于提高公民的基本素质、公共道德和行为规范,既可满足学生的学习需求,也可满足一般社会公民的需求。成人型社区教育实质上是从职业型社区教育与通识型社区教育中抽离出来的一种教育形式,按照教育对象的文化水平和需求,又分为成人基础教育、成人职业教育和成人高等教育。美国的职业和成人教育学院,在一定意义上真正满足了职业需求和个人生产与发展的需要。补习型社区教育类似于我国的补习班,主要为即将入学的学生提前打下基础,补偿文化知识的不足。

【资料链接】

美国社区学院:美国公立的社区学院(以下简称"社区学院")为两年制教学,主要培养技术应用型人才,学生毕业后获得副学士学位,其在社会教育系统中扮演的角色类似于我国的高等职业技术学院。目前,美国全国有1200多所社区学院,有1000多万学生入学就读,在全美就读的大学生群体中,社区学院就读的学生占了44%,在美国高等教育体系中占有很大的比重。如此庞大的社区学院的学生人群,在美国的经济体系中起着举足轻重的作用。

美国社区学院的办学特点:一是服务于社区,以社区需要为办学首要任务。美国公立社区学院的办学立足于社区的经济体系,社区学院开设的专业专门为社区服务,两者是紧密联系的。这是因为社区为相应的公立社区学院提供相当大的教学经费,所以社区和社区学院之间是水和鱼的关系,互哺互助。二是零门槛入学,人人受教育。社区学院入学条件简单,不限年龄,亦无须通过入学考试,目的是推广全民教育,提高全民的技能水平。三是与企业紧密结合。以美国加州洛杉矶海港技术学院为例,美国很多医院护士非常紧缺,以至于许多护士都是从菲律宾等国聘用。所以海港技术学院就适时地建立了该学院中最大的护理专业,在日常理论和实践教学中均按照医院的要求来授课,因此护士还未毕业就已经与各大医院签订了就业协议,就业非常好。

2. 日本的社区教育模式

日本是以非职业性继续教育为中心的社区教育模式的最典型国家。按照教育对象和教学内容可以划分为成人教育、社会函授教育和青少年教育。成人教育主要是以成年的女子和高龄人群为教育对象,一般采用个人读书到小组座谈讨论、专题讲座等教育形式,包括公民馆、图书馆、博物馆活动等。主要目的是通过开展此类活动提高妇女的个人文化素养和道德修养,提高妇女在家庭和社会活动中的地位和作用,进而提高生活的质量与和谐度;同时开展娱乐休闲活动,丰富高龄人群的文化生活,增进高龄人群与社会的相融程度。社会函授教育一般是在校外进行的教育活动,针对的是社会上的在职人员,一般是根据学习者自身的学习需求进行的教育,是具有社区教育特征的一种教育。青少年教育,顾名思义,教育对象是青少年,一般是利用节假日和课余时间,通过讲座和实践的方式对青少年进行知识教育和技能培训。日本现已形成完善的社区青少年教育体系。日本的社区教育一方面协助学校开展校外活动和社会实践,让学习者了解社区、热爱社区,在自然和社会中丰富人格特征;另一方面,为学习者开设讲座和学习班,为社区成员提供信息交流的平台。此外,日本还通过学校、家庭、社区的合作来促进教育资源的充分融合,不断推动社区教育的发展。

3. 英国的社区教育模式

英国是老牌资本主义国家,工业革命促进了生产力的提高,推动了社会经济的进步,英国的教育也进行了前所未有的革新,成为最早开展"大学推广活动"的国家。英国社区教育是针对社区民众不同职业、不同人群的不同需求设置的。这些多样化的教育形式和教育机构,在政府的统筹支持下给居民多样化的学习需求提供了机会,主要包括社区学院、寄宿学院、成人教育中心和工间学习组织。英国最早设立的社区学院主要是针对妇女的家政需要和青少年的校外技能学习需求开办的,开设裁缝、烹饪、家庭理财等课程,随后教育对象扩展至青年和成人,教育内容也延伸至品格教育、文化娱乐方面。寄宿学院以成人为主要教育对象,按照学习者的需求来开设课程,相比较于社区学院,两者最大的不同在于寄宿学院学习者可以住校学习。教学内容根据学习者的需求进行整合分类,按照文学、艺术、经济、金融、管理等领域,进行分班学习。成人教育中心的教育内容范围甚广,涉及社会学、文学、工艺学、体育文艺活动等,为成年人提供学习场所的同时也为社区成员之间的情感交流提供了机会。工间学习组织则面向走出校门迈向工作岗位的青年和成年人提供继续深造学习的机会,工间学习组织即工作和学习交替进行,学习贯穿于工作之中,学习过程结合实际工作中遇到的问题,使学习更具针对性和目的性。学习的重点内容是青年职工的职业素质教育、针对工作需要而进行的职业技能培训、工会活动等方面的知识。

(二) 中国社区教育模式

我国开展的社区教育实践的,其实质是从科学的视角出发,采用符合我国国情的社区教育思想,总结、归纳、设计出一套稳定有效的社区教育模式。我国的社区教育经过近四十年的发展,受社区经济发展水平、教育对象的差异、群体文化底蕴等不同因素的影响和制约,根据各地的实际情况,按照社区管理方式和特点的不同,设计出的社区教育模式主要有四种:一是统筹型的社区教育模式,即由区域内的党政机关、企业事业单位、群体组织共同组织本区域内的社区教育,对本区域内的社区教育进行统一协调、筹划、管理。二是辐射型的社区教育模式,即以工厂、企事业单位以及学校为中心,借助各自优势,使自身的教育功能外化,并积极参与到社区建设中的社区教育模式。三是互惠型的社区教育模式,即由两个或者两个以上的单位实体组成,本着互惠互利的原则,根据自身需要而联合举办的社区教育模式。四是实体型的社区教育模式,即依托社区学校、社区学院、社区教育中心等实体机构而建立的社区教育模式。加强对社区教育的研究,特别是针对不同地区、不同发展水平的社区教育模式的研究,构建科学合理的、符合地方特色的社区教育模式,取人所长补己之短,互相借鉴,必将促进我国社区教育更好更快地发展。

目前"统筹型"的社区教育模式是我国社区教育发展的主流形式,这种模式不仅符合我国社会运行机制的特点,也符合我国社区教育发展的实际水平。街道办事处是社区教育活动的组织者和实施者,其所管辖的行政区域通常为社区教育的范围,并以此为依托进行各种娱乐文化的教育。"这种模式可以充分发挥社区的优势,整合优化社区教育的资源,形成全面协调推行学习型社区的模式。"[①]但是由于我国目前城乡社区教育发展的不均衡现象突出,特别是农村地区,虽已开展了社区教育的某些活动,但这种社区教育模式由社区和街道办事处作为其行政单位,易使社区教育流于形式,会降低社区居民参与学习的主动性。而由学校和企事业单位发起的社区教育,将学校或企事业单位的资源向社区开放,从而实现资源的共享。但由于学校未设相关的课程,社区教育机构缺乏专业的师资队伍,学校或企事业单位只负责提供场地和设施等硬件资源,不利于社区教育功能的发挥。

辐射型的社区教育模式是以企事业单位以及学校为中心,借助自身优势,积极参与社区建设的社区教育模式。辐射型的社区教育模式依据主办单位的不同建构出不同的亚模式,如企业中心型、学校中心型等。目前,辐射型的社区教育模式在我国也相当普遍。但是由于我国城乡之间的不均衡发展,在表现形式方

---

① 陈乃林:《现代社区教育理论与实验探索》,北京:中国人民大学出版社,2006年版,第83页。

面也存在着较大的差异。从类型来看,在乡村地区,主要是以学校为中心的模式,其他的型式不明显;在城市中,则呈现为学校和其他中心并存的现象。另外,由于城乡的经济、科技、文化、交通、人口、历史、政治等因素不同,在乡村中的学校类型较少且层次较低,而城市作为政治、经济、文化中心,学校的层次明显高于乡村地区,类型也比乡村地区多。

互惠型的社区教育模式,即由两个或者两个以上的单位实体组成,本着互惠互利的原则,根据自身需要而联合举办的社区教育模式。这一教育模式是秉着自愿和互惠的前提进行的,既能够发挥办学方的主动性,也能够最有效地促进教育体系的建立。最具有代表性的是上海市长宁区长风新村街道与华东师范大学开展的社区共建活动[1],以及上海浦东航头股份有限公司、上海财经大学工商管理学院、上海市委组织部厂长经理人才公司、国务院发展研究中心企业经济研究部联合创办的"上海浦东经理人才进修学院",这是多方联合办学、互惠互利、优势互补的典型。[2] 此外还有"校校合并"、"成人高校+企业+普通高校"等多种形式的互惠型社区教育模式,都取得了显著的成绩。互惠型的社区教育模式随着教育体制的改革以及用人机制的相应调整,将会有更广阔的发展空间。

实体型的社区教育模式,即依托社区学校、社区学院、社区教育中心等实体机构而建立的社区教育模式。实体型社区教育模式目前最普遍的组织机构是社区教育委员会以及中介性的培训机构,主要包括社区的相关培训中心、社区学校和社区学院等,其主要作用是协助一些学校办好青少年的校外教育,协调和动员社会各界来支持教育,促进学校教育的发展。随后其不断发展,由原来的青少年教育扩展到社区内其他成员的教育。在社区教育的实体培训建设方面,社区居委会注重办好三种形式的培训:家长学校、成人文化技术学校以及党员学习班,以此来提高成年人的家庭教育水平、文化科技和政治思想水平,在很大程度上促进了社区的发展。

五、社区教育的发展趋势

迈入21世纪以来,倡导以人为本、终身学习理念,创建学习化社会已经成为全球共识。社区教育作为构建终身学习体系、建设学习型社会、构建和谐社会的重要载体,越来越受到世界各国政府、人民的真切关注,我国也不例外。目前,社

---

[1] 杨少鸣:《社区教育与社区发展研究》,见《98上海社区成人教育学术研讨会论文集》。
[2] 胥英明:《中国主要社区教育模式研究》,河北大学硕士学位论文,2000年,第24页。

区教育在我国的发展已经逐步受到重视,得到了蓬勃的发展,但仍处于耕耘阶段。由于社区教育的社会性、开放性以及社区教育发展模式的动态性、多样化特征,需对其发展趋势有前瞻性的把握,才有利于社区教育的茁壮成长。

(一)国际社区教育发展新趋势

21世纪,全球进入知识经济时代,终身学习在全球范围内逐渐开展起来,国际社区教育正处于蓬勃发展阶段,特别是与知识化、信息化、全球化相结合后,呈现出多元取向的发展趋势。

1. 社区教育发展的"三全"特色

知识全球化时代的到来,尤其是"互联网+"时代的到来,整个社会逐渐走向知识化、信息化、创新化。知识经济时代,一大批拥有知识的人们特别是拥有创新知识的精英们,在短时间内成为巨富,并通过自己的能力为社会创造出了巨大的财富,知识成为财富和权利的基础和来源。知识取代自然物质资源、金融资本以及劳动力资源成为推动社会经济发展的首要动力,具有前所未有的价值,成为人们社会生活的日常"消费品"。处于知识社会的社区成员,尤其是从业者,必须通过不断的学习,增加自己的知识和技能,不断拓展自己生存和发展的空间,保持较高的学习激情,通过学习增加升职的机会,改变自己的生活,改变自己的命运。学习经济社会,终身学习理念的兴起为社区教育的健康发展注入了新的活力。由此可见,在终身学习理念的推动下,未来的社会学习需求方兴未艾,社区教育被打上深深的知识经济时代烙印,社区教育的全员化、全程化、全方位特征将更为凸显,因而国际社区教育将朝着"三全"特色逐步发展。

2. 社区教育的知识含量逐渐加重

事物的价值是相对于人而言的,人作为世间一切价值的源泉,是建立衡量各种价值标准的唯一个体。科技知识经过劳动者的努力使其通过生产要素之间的相互结合产生了推动经济持续发展的动力。社会个体是知识的载体,也是知识传播、有效运用的主体。如前所述,未来的国际社区教育将被打上知识经济时代的烙印,社区的知识教育结构重心将逐渐向以知识为重心的结构靠拢,集中反映为社区教育发展过程中的知识含量加重,智能类教育将逐渐被加大比重,有助于丰富社区教育的内涵。因此,在未来的国际社区教育发展中,各个国家和地区会越来越重视创新能力和全球化素质的教育培训,以培养适应全球化、知识化、信息化时代的人才。此外,国际社区教育不但重视知识含量,而且会越发重视社区教育的质量。目前,社区教育"低门槛"的内部发展、教育质量不佳使得其发展面临着学习者丧失学习兴趣的困境,因此要加大社区教育的知识含量,提高社区教育的质量,为构建和谐社会打下知识基石。

3. 社区教育将运用更多的现代科技

信息化、数字化时代的不断发展,多样化的传播媒介和计算机多媒体技术等的使用,将大大拓展社区教育的发展空间,促进其内涵的丰富。计算机辅助教学系统的开发以及"互联网+"时代的到来,一个超越时间和空间的网络空间已崭露头角,缩短了人与人之间的空间距离,人们将生活在物理空间和网络空间两个空间里。这种影响正深刻改变着国际社区教育的格局,方便社区居民随时随地地接受教育。因此,国际社区教育在推进终身化教育发展的过程中,将进一步运用现代化的技术和设备,促进社区教育的全面信息化教学,拓展社区教育学习的空间和时间。尤其是"虚拟现实"和"增强现实"技术的演进,发达国家将建构不同的"虚拟学习空间"、"虚拟社区学习中心"、"虚拟图书馆"、"虚拟博物馆"等解决社区成员之间不同的文化需求问题,满足不同年龄层次、不同职业人的受教育需求,旨在使个别化的教育理想得以实现。成员也可以根据自身发展的需要,选择不同的教育内容和教育形式,使社区教育更加丰富。因此,社区教育管理部门加大对社区教育的投资,加强社区教育方面先进技术的配备,推进社区教育向全员化、个性化、终身化、社会化方向发展,这成为国际社区教育的又一发展趋势。

4. 社区教育将更加注重社区教育管理

马克思曾说过:"一切规模较大的直接社会劳动或共同劳动,都或多或少地需要指挥,以协调个人的活动,并执行生产总体的运动——不同于这一总体的独立器官的运动——所产生的各种一般职能。一个单独的提琴手是自己指挥自己,一个乐队就需要一个乐队指挥。"[①]这说明,"管理是人类社会生活中特有的一种现象,也是人类社会得以生存与发展的重要条件之一"[②]。为了将终身化学习理念转化为社区教育的具体行动,将已有的成功经验转化为政策加以实施,国际社会将会更加重视社区的治理、社区教育的管理,建立和完善社区教育的运行机制。最具有代表性的是1998年OECD的教育研究与革新中心出版的《教育政策分析》报告,这是世界范围内第一份专门针对各个国家社区教育终身学习政策进行分析的重要文献。此后,英国、美国等国家相继制定了有关终身化社区建

---

① 中共中央编译局:《马克思恩格斯文集》,北京:人民出版社,2009年版,第384页。
② 李佳萍:《我国社区教育管理的问题与对策研究》,东北师范大学博士学位论文,2014年,第37页。

设的国家策略,强调社区制度的建设,完善社区教育的管理和运行机制,保障社区教育的健康发展。因此,无论是发达国家还是发展中国家,在今后社区教育的发展中将会更加注重社区教育管理体制的建设,促进社区教育持续稳步发展。

5. 学校与社区的融合发展将进一步加强

在知识经济中,以及联合国教科文组织的积极推动下,"终身教育"理念进一步在全球范围内推进,学校与社会的关系也在终身教育思潮下越来越密切。首先是学校和家庭的关系进入新的阶段,传统的学校负责技术技能和教育设备的供给,家长负责学生的教育态度、行为开发的责任分工模式被逐渐打破,社区教育工作者通过设置一系列的家长教育培训工作,为家长高质量地配合学校工作提供了正确的指南。其次是学校和社区相关组织团体的合作有了进一步的发展,不仅仅是基于分工的合作,更多的是社区与学校的融合发展占据主位。最具有代表性的是美国为了改变学校建设中的官僚现象和教育工作效率低下情况,而施行的学校与企业之间的联姻,具体表现在公立学校的私营化、学校内部经营管理的企业化以及学校和企业在教学方面的合作等"合作教育",最大效度地实现了学校和社区组织团体之间在教育方面的合作与交流等。"学校更多地为社会服务"和"社会更多地参与学校"等思想越来在国际范围内被认同和接受,学校和社区的融合发展将进一步加强。

6. 学习型社会是未来国际社区教育发展的目标

社区的发展最重要的是人的全面发展。人的发展是综合性的,包括许多方面,其中人的核心素质是人的思想文化的发展,这是社区政治、经济、社会、文化、环境协调和健康发展的根本保证。20世纪60年代美国著名学者罗伯特·哈钦斯于《学习社会》一书中,在对以往的教育进行批判研究的基础上,提出应实现新的教育与社会——学习型社会。1969年,美国卡内基高等教育委员会发表了《迈向学习社会》的报告书。1972年,联合国教科文组织国际教育委员会发表的《学会生存——教育世界的今天和明天》中,也肯定并多次提出了"学习型"社会这一概念。自提出"学习社会"以来,建设学习型社区已经成为世界众多国家和地区社区教育发展的根本目标,国际范围内以城市空间形态为特征的学习型社区建设如火如荼地开展起来。另外,欧洲委员会的"迈向欧洲学习型社会"项目组,建立并实施"学习型城市构建的评估制度"等。[1] 由此可见,建设学习型社区,形成"社区为学习之地,成员为学习之人"的社区学习氛围将成为国际社区

---

[1] 叶忠海:《创建学习型城市的理论和实践》,上海:上海三联书店,2005年版,第42-49页。

教育未来一段时间的发展目标。

(二) 我国社区教育发展展望

21世纪是一个知识的社会、学习的社会,是一个信息化技术广泛渗透到各个领域的社会,是终身学习的社会。在国际社区教育蓬勃发展的综合背景下,参照国际社会社区教育的新理念、有效实践及其发展趋势,构建终身教育体系,创建学习型社会已经成为社会发展的必然趋势。我国社区教育将进一步拓展与开放社区教育的空间,拓宽和重塑社区教育的功能,更新与变革社区教育的内容,逐步形成具有中国特色、时代特征的现代化社区教育体系,促进学习型社区与和谐社会的建设,构建和完善终身教育体系,促进人的全面发展。

1. 社区教育空间的拓展与开放

在空间维度上,21世纪的社区教育既要与国际社会接轨,与跨文化、跨民族的社区交流与合作,具有全球化特征,也要具有中华民族的特点和中国特色。

当今时代,各个发达国家都非常重视人才的国际化。美国一再强调培养"具有全球意识的人"、"具有国际眼光的人"。日本也不甘落后,强调培养"能够领导世界的真正具有独创精神的人才",为此日本政府筹集大批资金鼓励日本青年到世界各地访学,以达到培养更多具有国际意识人才的目标。此外,西欧的一些国家也高度重视教育的国际化、人才的国际化,相继创办多所跨国大学,使得各国之间的教育融合沟通,进行广泛的交流与合作,国际化成为21世纪全球教育发展的一种必然趋势。

构建具有中国特色的现代化社区教育,即不仅需要具有国际化特征,还需具有中国特色。中国的国情决定了中国社区教育建设的特色,中国社区教育体系的建设必须协调好城乡之间、东西部之间、贫富之间、南北之间、强弱之间、实体与虚体之间的教育关系。而现代化,则主要是指社区教育应体现时代的特征。这些都成为构建中国特色社区教育的重要指标。首先,在国际社区教育发展的大背景和终身教育理念下,中国特色的社区教育既要有学校教育,同时还应该包括学校后教育。学校后教育即相对于学校正规的教育或基本不在学校接受正规的教育而言的,包括成人教育、网络教育、自主入学考试教育等,当然也包括各种与职业相关的教育培训。其次,具有中国特色的社区教育应秉承"虚体的社区教育先行,实体的社区教育紧跟"的发展策略。虚体的社区教育主要是指社区的成员借助媒体的力量,满足自己的受教育需求,使社区成员能够正确认识、理解、关心、支持并参与中国特色社区的建设。再次,巧妙利用信息技术在社会生活中的不断渗透。要利用各种教育教学资源形成社区教育的网络,即利用广播电视、网络媒体等现代教育设备,对社区全体成员免费开放,同时加大社区教育经费的投入,支持社区教育的可持续发展。

2. 社区教育功能的拓宽与重塑

21世纪是经济飞速发展的时代,同时也是教育大展宏图的最好时代。社区教育应努力去适应知识经济时代的步伐,进一步拓展教育的功能,对社会上更多的成员开放,促进教育的社会化。

首先,社区教育的社会化表现在社会服务功能的增强。社区教育是我国实现社会公平正义的重要途径,不论是国际还是国内的社区教育实践经验均表明,只有实施面向全体成员的,以促进人的全面发展为原则的社区教育,才能满足人们各种各样的教育需求,才能从根本上实现教育的公平。在"全员"思想的指导下,社区教育应逐步扩展到社区全体成员的教育,不能仅仅为青少年学生。随着教育的不断改革和深入,以及教育观念的不断更新,我国社区教育将逐步发展成从幼儿教育到老年教育,全面覆盖各个年龄段的教育体系,以及从中心发达城市扩展到广大农村的多层次、多形式的具有中国特色的完善的社区教育体系,进一步提高国民对社区教育的知晓度、认同度、参与度和满意度。

其次,社区教育的社会化表现为终身教育理念的推行。现代社会,世界各国都纷纷倡导终身教育,建设和谐社会,建设学习型社会,最具代表性的是美国将其作为21世纪教育发展的目标。在社会大背景下,我国社区教育的发展将会与终身学习、终身教育更加紧密地结合在一起。终身教育理念从客体方面出发,着眼于创办各种教育机构,提供各式各样的教育基地和教育机会,构建一个能够使学习者终身受到教育的体系。终身学习是从主体方面考虑,强调学习者个人在一生中能够持续地进行学习,从而满足学习者个人在一生中各个阶段各个时期的各种不同的学习需求。因此,从某种意义上说,终身教育和终身学习都强调学习者能够"时时"进行学习和受教育,而社区教育则强调社区成员"处处"进行学习和受教育。同时,信息高速公路的建立,计算机网络将整个社会连为一体,突破了信息传递的时间和空间限制,进一步促进信息的快速流动。在这种情况下,社区教育将突破时空限制,不同地域、不同性别、不同年龄的人可以自由地选择课程和教育,学校和社会之间、学校与学校之间的界限将逐渐模糊,逐渐实现学校的社会化、学校与社会的一体化。21世纪的社区教育将在社会化的教育大系统中重新定位与构建。

3. 社区教育内容的更新与变革

每当新世纪到来,各国的未来学者和专家们都纷纷对新世纪做出预测,各种各样的预测中,有关21世纪社区教育的发展趋向,如何更好地培养新世纪的人才成为世界各国关注的重点。更新、变革社区教育的内容,使社区教育朝高水准的方向发展,主要体现在:1)增加社区教育学术型课程的开设。随着社会市场经济的不断发展,人们越发重视综合素质的提高,因此,更多的社区成员希望通过社区教育提升学习内涵,提高自身文化修养。社区教育作为社区全体成员参与的教育活动,开设学术性的课程,可以加强人们对理论知识的学习,有利于综合素质的培养和提高。2)提升社区教育的发展目标,创设学习型社会,构建终身教育体系与和谐社会。具体即沿着社区教育的实验区—社区教育的示范区—初级学习型社区—高级学习型社区—学习社会这条路线,不断提升社区教育。3)提升社区教育的管理。管理涉及的范围广、内容多,社区教育管理伴随着社区教育活动的开展而产生,为社区教育活动服务。社区是社会的基本细胞,科学有效的管理是促进和保障社区教育事业可持续发展的重要条件。4)提升社区教育的评价标准。任何事物的发展都不可能直线上升,往往有顺利、有曲折,科学地总结和评价是促进事物发展的重要方法和手段。社区教育也不例外,科学有效的评价,有助于我们认清社区教育已取得的成绩、现在面临的问题和未来发展的趋势。5)提升师资队伍素质。社区教育要不断发展和普及,必须在师资队伍建设上加大投入力度,提高社区教育师资队伍的水准。一是进一步优化社区教育师资队伍的年龄和学历结构:年龄趋于年轻化、学历结构重心高移;二是师资队伍的素质向专业化、国际化迈进。

第四章 社区教育的条件

[**内容提示**] 本章主要论述了开展社区教育、保障社区教育顺利运行所必需的各种条件,包括社区教育的教师、学员、场所、资源及政策等。其中,社区教育教师和学员与普通教育不同,其类型更加多元化,前者主要包括专职教师、兼职教师及志愿者,后者包括青少年、老年人、下岗失业人员、外来务工人员、农民等;社区教育的场所可分为正式场所与非正式场所两类;社区教育的资源包括人力资源、物力资源、财力资源、文化资源、环境资源等。最后总结和梳理了世界主要发达国家和地区及我国的社区教育政策的演进历程。

[**核心概念**] 社区教育教师;社区教育学员;社区教育场所;社区教育资源;社区教育政策

在明确了社区的概念以及何为社区教育之后,一个关键的问题就是如何开展社区教育。毋庸置疑,与普通教育、职业教育等相同,社区教育的有效开展也需要一系列的条件保障,如稳定的教师队伍、有受教育需求的学员、开展教学活动的场所、充足的教育资源及政府的政策支持。而鉴于社区教育的独特属性,其条件保障也具有相对不同的特点。

一、社区教育的教师

(一) 社区教育教师的结构类型

社区教育在我国是一个晚近才出现,尚处于发展与建设过程中的教育类型,与普通教育相比,它更多地呈现出动态性、不稳定性等特征。受此影响和制约,社区教育教师作为一个特殊的群体,与普通教育教师不同,也是一个动态变化的群体。实际上,社区教育教师的类型和结构已经超越了传统教师的概念范畴。社区教育教师的来源具有广泛性的特点,这意味着凡是能够满足社区成员学习需要和提供服务的人员都可能成为某种意义上的社区教育教师。因此,社区教育教师的结构类型是多元化的,它汇集了社会各方面的智力资源和人才力量。

在我国的社区教育实践中,社区教育教师从类型上一般可分为专职教师、兼职教师及志愿者三类。

1. 专职教师

相对于兼职教师和志愿者来说,我国社区教育的专职教师为数并不多,尽管如此,他们却是社区教育教学活动的抓手,起到了至关重要的骨干作用。社区专职教育教师承担着多种角色,他们既是负责一线教学任务的教师,也是社区教育活动的组织者和管理者。作为专职教师,他们有义务深入社区基层,调查和了解人民群众对于社区教育的需求和意见,并以此为基础开展有针对性的课程教学。社区专职教育教师的来源一般有两个方面:首先是来自于普通教育、职业教育等学历教育系统的教师,他们多由基层教育行政管理部门选拔和委派,从各个中小学、职业学校加入到社区学校中担任专职教师;其次是面向社会公开招聘和选拔的教师,并不限于教育系统,只要满足一定的条件和标准并通过考核就可担任。

2. 兼职教师

在当前的社区教育实践中,兼职教师是承担社区教育工作的一个主要力量,在整个社区教育教师队伍中占有相当大的比例。兼职教师队伍来自于各个企、事业单位,是社会各行各业的优秀骨干,他们有着娴熟的职业技术技能和丰富的才艺,是社区教育工作必不可少的教师资源,为社区教育开设各种专业课程提供了有力的人力资源支持。在我国,兼职教师的主要来源有:社区内具有一定专长和技能的在职和退休教师、工程技术人员、企业经营管理人员、卫生医护人员和其他专业人员,以及基层行政管理部门从单位内部选派的符合条件并热心于社区教育工作的干部等。

3. 志愿者

社区教育志愿者是社区教育教师的一个重要组成部分,他们往往怀着服务和贡献社会的极大热情,自愿付出时间和精力,并且不计较物质报酬,是推进和开展社区教育事业的一支不可或缺的参与力量。社区教育工作仅仅依靠专职、兼职教师队伍是远远不够的,除此之外,还应大力建设一支志愿者服务队伍。纵观西方发达国家的社区教育事业,专业、高效的志愿者服务队伍是其社区教育稳定、兴旺发展的重要条件。同时,由于教育发展的不均衡性,一定区域的专兼职教师资源在客观上是有限的,而人民群众对于社区教育的需求则是一直处于不断增长之中,所以,开掘和动员社会的人力资源,建设志愿者服务队伍,可以作为社区教育师资的有效补充。

(二) 社区教育教师的素质要求

1. 传统教师的专业素质要求

教师的专业素质问题无论对教师本人、学校及其他众多教育研究者来说都是一个经久不衰的关注热点,就以普通学校教师为代表的传统教师而言,目前较为一致的看法是,他们的专业素质应当包括三个方面:专业知识、专业技能和专业情意。1) 专业知识:在这一方面,教师应当具备扎实的基础文化知识,熟练掌握任教学科的专业知识,并拥有一定的教育学科知识。2) 专业技能:主要指教师的教学能力,良好的教学能力应包括:一是教学设计能力;二是教学实施能力,即多种具体能力的综合,如选择和运用教学方法的能力、因材施教的能力、课堂教学组织能力、运用各种教学技巧的能力和教学机智等;三是教学效果评价能力;四是教育反思和研究能力。3) 专业情意:主要指教师的专业理想、专业情操、专业性向及专业自我。首先是专业理想,它是教师对成为一名优秀的社区教育工作者的向往与追求,是教师的奋斗目标与方向,是推动教师专业发展的巨大动力;其次是专业情操,是教师对日常教育教学工作的情感体验和价值判断,以理性思考为基础并形成教师的工作价值观,是构成优秀教师个性的重要因素,也是教师专业情意发展成熟的标志;再次是专业性向,它是指教师成功从事教学工作所应具有的人格特征,或适合教学工作的个性倾向;最后是专业自我,它是教师个体对自我从事教学工作的感受、接纳和肯定的心理倾向,是教师对自我的职业角色意识,专业自我的肯定与否将直接影响教师的专业发展。

2. 社区教育教师的素质要求

社区教育教师作为教育工作者,对于他们的基本素质要求应当是与传统教师一致的,然而社区教育毕竟与传统的学校教育存在一定程度的差异,对于社区教育教师的具体素质要求也应当有所区别。从实践来看,社区教育活动具有综合性、复杂性等特点,社区教育教师承担的工作角色也具有多样性的特征,这就决定了社区教育工作对社区教育教师的素质要求是多方面的。

有研究者通过综合文献研究、实证研究,构建了一个社区专职教育工作者所应具备素质的基本框架,即"社区专职教育工作者素质模型"(见表4-1)。

表 4-1　社区专职教育工作者素质模型①

思想品德素质	知识素质	能力素质
1. 遵纪守法	1. 学习型社会知识	1. 心理承受能力
2. 热爱社区教育工作	2. 电脑办公软件知识	2. 组织协调能力
3. 有敬业精神	3. 健康保健知识	3. 口头表达能力
4. 诚恳正直	4. 公文写作知识	4. 适应能力
5. 心胸宽广	5. 社区教育理论与实务知识	5. 活动策划能力
6. 全心全意为人民服务	6. 心理学知识	6. 文字表达能力
7. 奉献精神	7. 法律知识	7. 学习能力
8. 肯于学习	8. 社区教育政策法规知识	8. 决策能力
9. 尊重居民	9. 社区建设理论与实务知识	9. 调查研究能力
10. 吃苦耐劳	10. 社区建设政策法规知识	10. 电脑运用能力
11. 富有耐心	11. 文艺活动知识	11. 教学能力
12. 创新精神	12. 录音、录像、摄影设备使用知识	12. 文体活动能力
	13. 管理学知识	
	14. 教育学知识	
	15. 社会学知识	
	16. 外语知识	
	17. 调研方法知识	
	18. 体育活动知识	
	19. 经济学知识	

该模型将社区专职教育工作者的素质要求分为思想品德素质、知识素质、能力素质三大模块,基本上沿袭了传统教师的专业知识、专业能力、专业情意的框架。在思想品德素质上,主要可分为工作态度、价值观、个性品质三个方面,如敬业精神、为人民服务、富有耐心等素质要素。在知识素质上,主要包括社区教育教师作为讲授者和管理者所应涉及的各种知识,一是基础知识,如电脑办公知识、公文写作知识;二是实践知识,如录音、录像设备使用知识,调研方法知识,文艺活动知识;三是教育管理学科专门知识,如教育学知识、管理学知识。在能力素质上,主要包括在组织和管理社区教育活动中所必需的各种能力要素。在该课题组实施的以社区专职教育工作者为调查对象的问卷调查中,有70%以上的调查对象认为,具备这些素质要素对社区专职教育工作者做好社区教育工作非常重要或比较重要。

【资料链接】

中华人民共和国国家质量监督检验检疫总局、中国国家标准化管理委员会发布的中华人民共和国国家标准《社区服务指南(第3部分):文化、教育、体育

---

① 高卫东:《社区专职教育工作者素质分析》,《北京广播电视大学学报》,2008年第1期,第11页。

服务》(GB/T20647.3-2006)中指出:

1.1 社区教育人员

1.1.1 社区教育一般工作人员

社区教育工作人员由专职人员、兼职人员和志愿者构成。

社区专职教育人员的基本要求:

a. 热爱社区教育,具有良好的品德,有较强的心理承受能力和吃苦精神。

b. 较好掌握社区教育专业及其相关知识,包括:

——社区教育学;

——社区教育管理;

——社区理论;

——教育社会学;

——社会心理学等知识。

c. 具有较强的社区教育基本能力,包括:

——教育教学组织能力;

——社会调查研究能力;

——课程开发能力;

——社会沟通、协调能力;

——语言文字表达能力等。

d. 需经过有资质的教育培训机构的岗位培训,持有上岗资格证书,或相当的专业证书。

1.1.2 社区教育辅导员

社区教育辅导员一般为教育行政机构从中小学选派的在职教师,其具体职责为:

——协助组织社区专题教育,开展社区各类学习活动;

——协助社区学校工作,承担一定的教学任务,以及课程开发和教学组织工作;

——协调、沟通社区与学校、企事业单位的联系,促进社区教育资源的整合;

——协助组织社区教育志愿者;

——研究社区教育理论,培植、总结社区教育成功案例。[①]

[①] 中华人民共和国国家质量监督检验检疫总局、中国国家标准化管理委员会:《社区服务指南(第3部分):文化、教育、体育服务》,北京:中国标准出版社,2007年版。

概括来说,《社区服务指南(第3部分):文化、教育、体育服务》对社区专职教育人员的基本要求分为四个方面:思想道德、专业知识、专业能力、资格证书。在前三项要求上,其与上述的"社区专职教育工作者素质模型"基本相同,所不同的是增加了"资格证书"一项。这反映了社区教育工作对选拔教师的可操作性要求,因此,社区教育教师的资格认证是一个亟待探讨和研究的课题。

(三) 社区教育教师队伍的建设

目前来看,由于我国社区教育发展的滞后性,社区教育师资队伍的建设也比较缓慢,许多地区的社区教育师资十分匮乏,社区教育事业发展的需求在师资保障上得不到有效满足。比如在很多社区,社区教育教师短缺的同时,可以胜任社区教育工作的普教教师和职教教师却较为富余。因此,如何培养和建设社区教育教师队伍,优化配置现有的教师资源是社区教育工作需要重点关注的问题。

1. 共享学校教师资源

社区教育教师队伍的培养和建设是一项十分重要的任务,需要得到高等师范院校的支持和参与,应从校园阶段就开始进行社区教育教师的培育和训练。然而从当前来看,系统的社区教育教师培养工程是一项长期工作,远远不能满足现在社区教育事业对于师资的旺盛需求,所以师资队伍建设在做好长期系统培养工作的同时,还需另辟蹊径,从现有的中小学、职业学校挖掘适合于社区教育工作的人才,以有效整合现有的学校教师资源。要做到这一点,需要政府行政管理部门的深度介入,从人事制度和学校建设上做文章,主要可采取两种措施:一是教育行政管理部门对各类教育事业的人员编制进行优化调整,在国家劳动人事制度的基础上制定编制规划,适当向社区教育事业单位倾斜,引导、鼓励和选派一部分优秀的普校和职校教师加入到社区学校当中来,这样可以在人事编制上为社区教育师资建设提供有力的保障。例如,天津市和平区早在1989年就向各社区派出一名小学校长或中学德育主任和一名退休教师,共同开展社区德育工作。进入新世纪以后,和平区进一步充实和扩大社区教育工作者队伍,和平区教育局下发了《关于进一步加强社区教师队伍建设的意见》,对社区教师的岗位编制、日常管理、工作要求及有关待遇等都做出了明确的规定。[1] 北京的崇文区,上海的闸北、静安等区也都采取类似的措施。[2] 二是政府组织学校教育力

---

[1] 李会红:《整合社区教育资源 构建开发式德育平台》,《天津教育》,2008年第4期,第28页。
[2] 小林文人、末本诚、吴遵民:《当代社区教育新视野——社区教育理论与实践的国际比较》,上海:上海教育出版社,2003年版,第195页。

量,积极开设和创办各级各类社区学校,以社区学校为机构依托大力开展社区教育活动,并联合普通学校、职业学校进行专业建设和课程开发,以起到资源统筹的效果。简而言之,要充分挖掘和利用现有学校的教师资源,就要破除教师只为本校服务的陈旧观念,树立教师为社会服务的意识,如此才能促进学校间的教师资源共享。

2. 发掘兼职教师资源

尽管有学校教师资源的支持,我国社区教育可利用的专职教师仍然较为有限,远不能满足社区居民对社区教育活动的需求。社区教育作为一项具有灵活性、多元性、普泛性的教育事业,不应拘泥于依靠专职教师开展教育工作,还应大力发掘兼职教师资源。社区教育是广大社区居民共同参与的教育活动,而社区居民里不乏具备各类专门知识和技能的人才,他们是亟待挖掘的兼职教师资源,经过一定的培训和认证,他们完全可以承担社区教育的工作。社区内可开发利用的兼职教师资源主要包括这几类群体:一是离退休人员,他们已从岗位上退休,具有充沛的时间和热情参与社区教育活动,同时作为老同志,他们有着深厚的阅历、广阔的视野、丰富的经验,可以拓展和丰富社区教育的内容。二是专家学者。这些人学识渊博、受人尊重,可以为社区教育提供智力支持。一方面,他们在社区教育活动中作为兼职教师向学员普及自然科学、社会科学基本常识,介绍最新的学术前沿问题;另一方面,对社区教育活动进行深入研究和理论指导也是他们特有的优势。三是企业界人员。社区内各行各业的企业公司有着社区教育所急需的经济资源和人力资源,社区学校应当与企业加强联系和沟通,争取企业对社区教育的经济和人力支持,政府也应出台相关政策,引导和鼓励企业对社区教育做出贡献。总体来看,社区中具备各种职业技术技能、优秀的才艺,能够胜任社区教育工作的社会贤达非常多,社区教育不可忽视这类宝贵的人力资源,要加以充分挖掘和利用。

3. 建设志愿者队伍

随着我国社区教育的加速发展,师资匮乏的问题也越来越严重,因此,社区教育的师资队伍除了以专职教师为骨干、兼职教师为主体以外,还应建立一支社区教育志愿者队伍,这是衡量区域社区教育现代化程度的重要标志。[①] 我国社区教育的志愿者主要有:具有专门知识和技能的在职或退休教师,企业经营管理人员,以及各行各业的专家、教授、大学生、专业技术人员等。他们以极大的热情

---

① 陈乃林:《现代社区教育理论与实验研究》,北京:中国人民大学出版社,2006年版,第306页。

投入到社区教育当中,是社区教育的重要建设力量。

那么应该如何建设一支专业、高效、数量与质量兼具的志愿者队伍,针对这个问题,根据社区教育事业开展的实践经验,应当做到以下几个方面:首先要在态度上真正重视社区教育志愿者队伍建设。社区教育的日常工作要把志愿者队伍建设作为一项重要任务来抓,要制订详细的计划,认真地组织志愿者队伍建设,政府要在政策上予以支持,引导和鼓励社区居民志愿参与社区教育事业。其次是明确志愿者工作职责。如上海市在社区教育学校的实体建设实践中,确立了志愿者活动的"教育、咨询、管理、服务"宗旨,明确提出了志愿者的工作职责[①],值得各地区的社区教育部门借鉴。再次是加强培训,提高志愿者服务队伍的素质。随着数量越来越庞大的志愿者队伍加入到社区教育事业当中来,他们的工作态度、工作水平将直接影响社区教育活动的效果,因此,社区教育部门有必要开展专门培训,将这一形式上零散、数量上庞大的队伍加以专业化,提高他们社区教育服务的水平,如此才有利于稳步和有效开展社区教育事业。

二、社区教育的学员

(一)社区教育学员的内涵与教育需求特征

社区教育作为教育类型的一种,当然也具有一般教育的属性,具有其特殊的教育对象。从根本上来说,社区教育的产生即来源于社区教育对象的受教育需求。然而,作为与普通教育、正规教育不同的教育类别,社区教育对象有其自身的独特内涵。社区成员是构成社区的最为重要而基本的要素,没有社区成员就不成其为社区,而社区教育的教育主体就是社区成员,社区教育就是面向全体社区成员来开展的,社区成员对于社区教育的需求是社区教育存在和发展的根本动力,因此,社区教育的对象就是社区成员,接受社区教育的社区成员就是社区教育学员。社区教育学员接受社区教育所获得的知识与技能,应当以人的全面发展为导向。提高社区教育学员的综合素质,提升他们的知识和技能水平,增强他们的实践应用能力,是社区教育教学活动的基本任务。

在教育需求特征上,社区教育学员与其他教育类型的受教育者有着明显的区别。当然,社区教育与当下教育体系中的普通教育、职业教育、高等教育和成

---

① 金德琅:《终身教育体系中社区学校实体化建设的研究》,上海:上海社会科学院出版社,2007年版,第193页。

人教育存在密切的联系。社区教育的开展必须建立在学员已经接受了一定普通教育的基础上,而职业教育和成人教育也经常面向社区开展各种形式的职业培训。尽管如此,社区教育学员的教育需求仍然具有自己独特的一面。

首先,社区教育学员的教育需求具有广泛性。其主要体现在社区教育需求主体类别的广泛性,社区教育需求者不仅仅限于学龄前儿童、少年学生、青年学生,也面向社会上的青年人、中年人和老年人。在职业类别上,需求主体既包含了学生、工人、干部和群众,也包含了就业者、失业者和离退休人员,还包括了社区内的固定居住人口和流动居住人口。总之,社区教育学员教育需求的广泛性根源于全体社区成员构成的复杂性。

其次,社区教育学员的教育需求具有多样性。教育需求的多样性主要体现在两个方面:一是社区教育学员对于学历需求和课程内容需求的多样性,不同的学员对于社区教育具有不同的目标,既有对学历教育的需求也有对非学历教育的需求,既有对普通文化知识的需求也有对专门技术知识的需求。二是由于社区教育学员年龄构成的复杂性,处于不同人生发展阶段的学员对于社区教育的需求也自然就不同。如处于道德成长阶段、就业要求阶段、社会适应阶段、家庭生活阶段、未来追求阶段等不同阶段的学员,对教育内容和课程的需求就千差万别。因此,不能一概而论,必须有针对性地加以区别。

再次,社区教育学员的教育需求具有潜在性。由于我国社区教育的兴起时间不长,许多社区开展社区教育还处在初始阶段,加之信息的不对称性,很多社区成员对社区教育并不了解。因此,需求者难以提出或完整地表达自己的需求信息,这就造成了教育需求的模糊性。但需求模糊不等于没有需求,只是需求暂时处于隐蔽状态,这就是教育需求的潜在性。潜在的教育需求需要采用一定的方法,根据相关信息进行分析和预测,并积极地进行开发,使之显性化。

(二) 全国人口结构变化与社区教育潜在需求

自进入21世纪以来,我国的经济增长十分迅速,城市化水平、人民的受教育水平和生活水平不断提高,而人口结构也随之不断发生变化,人口老龄化加速,青少年人口比重不断下降,人口流动进程加快。第六次全国人口普查数据显示:2010年0—14岁的青少年人口占总人口的16.6%,与2000年第五次全国人口普查相比下降了6.29%;居住地与户口登记地所在的乡镇街道不一致且离开户口登记地半年以上的人口为26138.6075万人,与第五次全国人口普查相比增长81.03%;居住在城镇的人口占49.68%,与第五次全国人口普查相比,城镇人口比重上升13.46%;60岁及以上人口为17764.8705万人,占13.26%,与第五次全国人口普查相比上升2.93%(见表4-2)。根据联合国预测,1990—2020年世界老龄人口平均递增速度为2.5%,中国同期老龄人口递增速度为3.3%,中国社会老龄化速度快于世界老龄化速度。①

表4-2　第六次全国人口普查与第五次全国人口普查人口结构对比②

年　份	年龄段			城镇居住人口	农村居住人口
	0—14岁	15—59岁	60岁以上		
2010年	16.6%	70.14%	13.26%	49.68%	50.32%
与2000年同比	-6.29%	3.36%	2.93%	13.46%	-13.46%

根据以上人口结构数据的变化可以发现,首先,我国的人口老龄化趋势不可抗拒,而数量庞大的老年人口将成为社区教育的重要对象,通过社区教育丰富老年人的晚年生活对于治理老年问题也具有重要价值。老年人参加社区教育(活动)直接促进了老年人与社会的融合,提高了老年人再社会化的程度。在家庭关系上,老年人比较容易与儿孙们沟通,减少代沟;儿孙辈们提出的问题也促使老人们再读书学习、益智增慧,生活愈加充实,于健康更有益。其次,对不断涌入城市的农村转移人口进行社区教育也成为亟待解决的课题。随着户籍人口城镇化率的提高,我国的农业转移人口在未来几年将持续大幅度增加。而从世界许多发达国家城市化的经验来看,真正的城市化既不是农民进入城市居所的简单转变,也不是农民变成市民身份的简单转变,而是其生活方式、文化素质及思想观念全面转变的过程。因此,为把农村转移人口塑造成具备较高综合素质的现代市民,社区教育担负着不可推卸的使命。再次,针对14岁以下不断减少的青少年,可以通过学校教育、家庭教育、社区教育的联动互补来促进青少年的健康成长。第四,针对青壮年不断减少的农村地区,要加强社区教育,以提高农村居民掌握科学技术的应用能力,促进农业现代化和新农村建设。总体来说,目前中国正处在经济快速发展、城镇化进程加快、区域间人口流动增大、向老龄少子化社会过渡等多种较大社会变化的历史时期,在给社区教育的发展带来巨大历史机遇的同时,也对社区教育提出了更高的要求,应不断加强对人口变化以及各类人群社区教育需求的研究,使社区教育的发展贴近社会需求、满足时代需要。

---

　　① 杨坚主编:《中国社区教育发展报告(1985—2011)》,北京:中央广播电视大学出版社,2012年版,第58页。

　　② 杨坚主编:《中国社区教育发展报告(1985—2011)》,北京:中央广播电视大学出版社,2012年版,第59页。

【资料链接】

江苏省统计局2016年4月25日发布2015年全省1%人口抽样调查主要数据公报,即俗称的人口"小普查"数据。通过对75万人的抽样调查,推算出的全省人口主要数据显示。

常住人口:7973万人。5年增长107万人,增速明显下降。

2015年11月1日零时,全省常住人口为7973万人,同第六次全国人口普查2010年11月1日零时的7866万人相比,5年共增加107万人,增长1.36%,年平均增长率为0.27%。与2010年之前的10年相比,江苏常住人口增速明显下降,年均增速从前10年的0.56%下降至一半,也低于全国这5年0.5%的年增速。同一时点,全国大陆31个省、自治区、直辖市和现役军人的人口为137349万人。比一比,江苏常住人口占全国的5.8%,5年来比重下降0.7个百分点。

年龄构成:老人儿童变多。两头人口增长,中年人负担重了。

全省常住人口中,0—14岁人口为1064万人,占13.35%;15—64岁人口为5910万人,占74.13%;65岁及以上人口为999万人,占12.53%。同2010年相比,0—14岁人口的比重上升0.34%,65岁及以上人口的比重上升1.64%,15—64岁人口的比重下降1.97%。中年人的生活负担在增加成为不争的事实。

地区分布:苏州人口最多。苏北人口流向苏南城市。

从地区分布上可以看出,由于强大的县级市支撑,苏州人口仍是江苏最多的,但从人口增长的速度看,省会南京一枝独秀,5年人口占比上升0.14%,远超其他城市。与5年前相比,苏南城市的人口绝对数都在增加,而长江以北的城市中,虽然只有盐城市的常住人口比5年前减少了3万人,但从区域人口分布比例看,徐州、南通、扬州、泰州四个市的人口在全省人口中的比重有明显下降,苏南城市的人口占比却全部上升,也显示出苏北人口向苏南转移的趋势。①

(三) 我国社区教育实践中的学员类型

尽管社区教育在我国的产生和发展已有一定的历史,但直至1999年1月国务院批准教育部《面向21世纪教育振兴行动计划》后,教育部以实验的方式推动社区教育工作在全国范围内开展,社区教育才在我国开始了大范围的教育实践。2001年11月公布了第一批全国社区教育实验区28个;2003年确立了第二批全国社区教育实验区

---

① 石小磊:《江苏常住人口5年增加107万》,《扬子晚报》,2016年4月28日第7版。

33个;2006年确立了第三批全国社区教育实验区20个;2007年确立了第四批全国社区教育实验区33个;2008年确立了第五批全国社区教育实验区18个。2007年由教育部办公厅印发了《关于推荐全国社区教育示范区》,2008年确定了34个全国社区教育实验区升级为全国社区教育示范区。由此,全国社区教育实验区和示范区不断扩大,社区教育实践工作不断取得可喜成绩。

根据《中国社区教育发展报告(1985—2011)》,从2010年全国社区教育实验区和示范区的培训类别来看,主要存在5种学员群体:下岗失业人员、青少年、老年人、农民、外来务工人员。由培训率来看,排在首位的是对下岗失业人员进行的培训,培训率达68.88%,培训教育人数为154.79万;第二位是对青少年的校外素质教育,培训教育人数740.4万,培训率达64.45%;第三位是老年教育培训,培训教育人数为765.3万,培训率为52.82%;第四位是农民培训,培训人数为668.67万,培训率达48.05%;第五位是外来务工人员培训,培训教育人数为1048.71万,培训率达41.66%(见表4-3)。

表4-3 2010年全国社区教育实验区、示范区分类别培训率①

单位:万人

培训类别	下岗失业人员培训	青少年校外素质教育培训	老年教育培训	农民培训	外来务工人员培训
培训人数	154.79	740.4	765.3	668.67	1048.71
培训率	68.88%	64.45%	52.82%	48.05%	41.66%

首先是下岗失业人员群体。下岗失业人员在全国社区教育教育实验区、示范区居民人数中所占的份额最小但培训率最高,究其原因主要是再就业的需要,他们必须在知识、技能等方面充实自己,生存压力的驱使使得该群体的社区教育需求极为旺盛,而政府也相应地十分重视该群体的社区教育工作,做好此类群体的社区教育工作对于安定社区居民生活,促进社区的和谐发展具有十分重要的意义。因此,下岗失业人员的社区教育培训率较高。

其次是青少年群体。青少年校外素质教育在全国社区教育实验区和示范区的培训率也较高。社区教育与学校教育、家庭教育共同构成了青少年的素质教育体系,社区承担着社会性教育,学校主要从事知识性教育,家庭承担着生活习惯养成、伦理道德教育,三者是青少年综合素质教育不可或缺的重要基石。当前,我国学校教育体系的一个重大弊端就是不利于培养学生的动手能力,而社区

---

① 杨坚主编:《中国社区教育发展报告(1985—2011)》,北京:中央广播电视大学出版社,2012年版,第90页。

恰好是青少年培养动手能力的实验基地,各地开展的青少年社区教育的实践证明,青少年可以通过社区教育,选择自己的兴趣爱好,学习音乐、美术、手工制作,进行社区调查,开展公益活动等,逐渐培养动手能力。而且在社区内开展青少年心理健康等教育也能降低青少年的犯罪率、减少不良行为,从而促进社会的和谐稳定。社区教育也必将成为青少年实施素质教育最重要的途径和行之有效的方式。

【资料链接】

6月1日是国际儿童节,很多媒体都用了专版或专栏来关注中国各地留守儿童的现状,不少公益慈善组织也在这几天把探访或者服务的重点对象设定为儿童。诚然,得益于各方关爱,中国的流动儿童和留守儿童的生存现状一直在改善之中,然而如果关注仅能阵雨式,偶尔遇上"六一"才下一场,几千万留守儿童的前景将依然坎坷,尤其是他们中的绝大部分,将不得不在这种冰火两重天的舆论场域中冷暖自知。

要留意的是,这个群体人数众多,他们对公共服务的需要也在剧烈变化中。关于全国留守儿童的数字,学术界和媒体里都有不同的估值。三年前,全国妇联公布过一份《我国农村留守儿童、城乡流动儿童状况研究报告》,显示当时全国18岁以下的农村留守儿童和城乡流动儿童共有9683万,当中留守儿童有6102万。在6102万儿童留守老家的同时,能跟随父母进城的流动儿童达3581万,重点是如果纵向比较历年数据会发现,流动儿童的升幅远高于留守儿童:从2005年到2010年,留守儿童增加了242万,仅上升了4%;但流动儿童却增加了41.37%,为前者增幅之10倍。为了了解最新的情况,据中央电视台报道,2016年初由民政部、教育部、公安部联合开展的农村留守儿童排查工作在全国范围内展开。这项工作将从3月底持续到7月初,在各地全面摸排农村留守儿童的数量规模、分布区域、结构状况,同时还将建立农村留守儿童信息库,掌握留守儿童的家庭组成、教育就学等基本信息。在大数据的时代,商业客户有各大商业集团依据数据库来提供服务,而我们的留守儿童,在这个数据库出现之后,希望也能得到更多来自于政府的公共服务。

不要忘记,这些儿童未来会成为公民。留守儿童,如果在青少年发育期前后便染上陋习,日后要重新扭正将非常困难。到时的社会成本,仍然是由整个社会的所有成员来共同承担。反过来,如果他们从小得到适当的照顾,他们未来做的贡献,受益的也将是整个社会。如何选择最明智,应该是不言自明的事。①

再次是老年人群体。针对老年人群体的社区教育取得了初步进展。老年人口的增长和老年人口社会福利保障制度、医疗条件的完善,使得老年人群体的学习需求也不断增长。老年人退休在家后,与社会接触减少,而通过引导、鼓励老年人参加社区教育,有利于提高老年人的生活质量,帮助他们调整心态,促进他们的再社会化,这样才能真正实现"老有所养、老有所依、老有所学、老有所为"。

【资料链接】

提及老年人,人们往往会想到退休在家,足不远行,照看儿孙,颐养天年。这样的老年人形象是根深蒂固的。但随着老年大学教育热的兴起,我们不能不重新审视和认识当今时代的老年人。他们大多有知识、有文化、有阅历,视野开阔,兴趣广泛,认为60岁、70岁仅仅是临"老"状态,还属于人生的"黄金时光"。他们涌向老年大学,选课学习,学书法、学绘画、学音乐、学烹调、学电脑、学针灸,希望挖掘自身的潜能,做过去想做而没能做的事情,实现埋在心底的愿望。

近几年,老年大学教育之"热"悄然兴起于社会。很多老年大学报名场景火爆,入学名额供不应求,不少地方"一座难求"。数据显示,从20世纪80年代初山东老年大学创建至今,老年大学已有6万多所,在校学员多达600万人。如果把农村乡镇远程教育的300多万学员算在内,老年大学学员总数已近1000万。如今,老年大学遍地开花,几乎各省(自治区、直辖市)、地市、县(市)都有所覆盖,只是层级不同、规模不同。未来老年大学教育发展的势头仍很强劲,正所谓"双鬓白如雪,学习未能止"。

我国老年人的这种活跃形象,与国际上对老年人的判断是一致的。随着现代化的发展,健康和医疗条件有所改善,老年人衰老的年龄推迟,一些老年人的活力和生机依然如故,他们对生活的欲望和需求不亚于年轻人。国际上一般把60—75岁这个年龄段叫作"前老时期",到75岁之后才正式进入老年人阶段。从这个视角来看,我国老年人群中兴起的学习教育热,是符合现代国际老龄社会发展大趋势的。

国际上流行第三年龄段教育的理念,强调的是老年教育在人生中的必要性和重要性。国际社会界定的"第三年龄段教育",是以60—75岁的老年人为教

---

① 陈永杰:《留守儿童对公共服务的需求增加》,《21世纪经济报道》,2016年6月2日。

育对象,通过学习教育,使老年人圆年轻时候的梦,继续为社会发展做贡献;使老年人回归社会、充实人生,赋予其新的生命力。第三年龄段教育体现了人口老龄化时代全球对人口老龄化问题的高度关注。我国老年大学协会是国际老年大学协会的副主席单位,国际上对我国老年大学的发展很重视,多次来我国实地参观考察老年教育的经验和做法,并予以赞赏。因此,我国老年教育的兴起和发展,与国际上老年教育的趋势相契合、相一致。

老年教育不只是兴趣学习、养老教育,其实还涉及老年人的再社会化问题。在高科技广泛融入社会生活的今天,老年人与其他人处于同一起跑线上,面对互联网和信息化的生活,面对信息技术对周围一切的渗透和改变。也就是说,人的社会化不是一劳永逸、一蹴而就的。在科技高度发达的今天,在社会不断科技化的今天,老年人也只有不断学习,才能实现再社会化,进入生活、融入生活,在生活的海洋里游刃有余。从这点出发,进入老年大学,接受学习教育,则不失为一个好的选择。

我国老年教育走过了 30 多年的里程,与改革开放几乎同步,兴起于改革开放之中,也发展于改革开放之中,目前已形成了多样性、多元化的办学模式和格局。①

第四是农民群体。全国社区教育实验区和示范区的农民教育培训率达 48.05%,是由于这些区域的农民人数较少且大部分处于城市或城乡接合部,结合国家新农村建设和农民市民化教育的需求,针对此部分农民所做的探索性社区教育较为丰富,但其他边远地区的农村社区教育远未达到这种程度。可以将全国社区教育实验区和示范区的成功经验推广到全国其他地区。

第五是外来务工群体。从参加培训人数可以看出,城市社区的外来务工群体十分庞大,由于该群体的流动性强,针对他们开展社区教育具有一定难度,所以还是有一多半的外来务工人员从未接触过社区教育。鉴于该群体庞大的规模,他们深深地关系到社区的安定与和谐发展,只有加强对外来务工人员的学习需求调查,促使他们尽快适应社区环境,融入社区生活,才有利于社区的稳定。

---

① 张晓林:《双鬓白如雪 学习未能止》,《光明日报》,2016 年 5 月 22 日,第 6 版。

三、社区教育的场所

(一) 社区教育场所的内涵与分类

一般来说,在社区中任何能够承担社区教育功能的场地、设施、机构、组织等均可以是社区教育的场所。与普通教育的场所相比较,社区教育的场所具有更大的灵活性和开放性特点,其形式可以不拘一格、丰富多样。社区教育的场所主要分为两大类:一类是正式的有组织、有管理、有明确目标的教育机构、学习场所和场合,如各级各类社区学校;另一类是非正式的学习场所、场合或机构,如各种学习型组织、社区文化机构等。①

1. 社区教育的正式场所

正式的社区教育场所是指经国家教育行政主管部门或其他政府主管机构批准备案的、坐落于社区的具有现代学校基本特征的学校。

(1) 全日制社区学校。社区内的任何起到社区教育作用的正规全日制学校均可视为全日制社区学校,包括幼儿园、普通中小学、普通高校、职业学校等。根据《中华人民共和国教育法》"分级管理、分工负责"的管理原则,幼儿园多属社区有关机构主管,普通中小学、各类全日制中等专业学校由地方人民政府管理,但实际上街道和乡镇承担着主要的分管责任。普通高等院校由国务院和省、自治区、直辖市人民政府管理,因而基本上不属于社区管理。可见除了普通高校,几乎所有其他全日制社区学校均或多或少受到社区一定程度上的管辖。

由此可见,全日制社区学校包括多种教育类型,向社区居民提供包括学前教育、基础教育、职业教育及高等教育等几乎所有教育形式,除了普通高校面向包括本社区在内的更大范围乃至全省和全国的民众之外,前三种教育类型的学校主要都面向社区。这些全日制社区学校同时也是终身教育的组成部分,为社区居民提供完整的终身教育服务。

(2) 非全日制社区学校。非全日制社区学校是指非学历教育性质,业余时间开展的各种居民学校,当前学界所谈的"社区学校"主要是指这类学校。此类社区学校多属于街道一级,具有一定的实体机构,是面向社区全体居民的,而普通中小学、高校等学校只是面向社区内特定的人群或社区外人群,因此,这些学

---

① 方秋明:《试析社区学校的内涵、分类与功能》,《远程教育杂志》,2008 年第 3 期,第 37–40 页。

校通常也被称为居民学校。居民学校是狭义的社区学校,多由街道办事处、乡镇政府或社区其他社会力量主办,它们属于社区所有。这些居民学校形式多样,既可以是专门兴建的独立学校,有时也附属于其他正规学校、图书馆、文化馆等。

非全日制社区学校为居民提供知识、文化、娱乐等服务,致力于提高社区居民的幸福指数。非全日制社区学校或居民学校最贴近居民的亲身生活,与他们的联系最紧密,所以是社区居民接受社区教育的最重要场所,是比较纯粹的社区教育机构。

(3)混合制社区学校。混合制社区学校是指同时包括全日制和非全日制两种教育形式的社区学校。主要包括两类:一是各类成人院校,二是社区学院。

首先是各类成人院校,包括成人高等和中等学校,诸如广播电视大学、成人教育学院、职工大学或业余大学、独立设置的函授学院以及一些社会力量办学机构等。这类学校大多为市县区级有关机构主办,大则面向整个城市,小则面向城区,因而基本上是专门为社区服务的。这些成人学校多是因各种原因未能成为正规院校,但又对有继续接受教育需求的人进行学历教育。在进行学历教育的同时,这些学校也利用自身的办学条件优势,面向社区开展适应社区居民需要的课程内容。所以,各类成人院校起到了很大的社区教育功能,而且随着高等教育的大众化,学历教育需求在成人院校当中逐渐衰减,社区教育需求则呈现迅速上升的趋势。当前成人院校的进一步发展要适应于社区教育蓬勃发展的需要,在社区中开辟新的增长点,逐步向社区教育转型。

其次是社区学院。社区学院是经济、科技、社会发展到一定阶段,社区教育与高等教育不断发展又相互结合的产物,同时肩负社区教育与高等教育的责任。从其产生历史来看,社区学院是在20世纪初教育家克尔提出社会本位教育理念之后才出现的,在美国、加拿大、德国、日本等发达国家及中国台湾等地区发展较快,具有相当大的规模。美国社区学院是州政府资助的分布在每个州的各个角落,成为许多中小城镇的中心点,它们的课程设置与时间安排都与本地的经济需要紧密结合。社区学院不但是社区的教育中心,往往也是体育文化中心。在我国,社区学院多是在社区内一所或多所成人院校的基础上建成的,是成人院校社区化的发展结果。当前我国社区学院的功能主要集中于非学历性的社区教育,为社区居民的终身学习和生活质量的提高服务。不少社区学院还吸引下岗职工、高考落榜者学习职业课程,这是符合广大民众需要的举措,因此社区学院的职业教育功能日益增强。社区学院需要处理好全日制教育和非全日制教育、学历教育和非学历教育的关系,找准自身定位和努力方向,这对其深入发展具有极其重要的意义。

2. 社区教育的非正式场所

社区教育的非正式场所是一种比较松散自由的学习场所,包括娱乐、信息及其他一切具有教育性意义的服务设施。根据陶行知的"社会即学校,生活即教育"的教育思想,教育不仅局限于学校内,学校的围墙绝不是学习的边界,社会当中蕴含着丰富的教育性内容。从这个意义来说,社区中的文化机构、学习组织等非正式场所均可发挥社区教育的作用。

(1) 社区学习型组织。在街道一级,社区学习型组织主要包括学习型企事业单位和学习型团体两类。

首先是学习型企事业单位。这类组织的学习氛围较为浓厚,组织成员具有清晰的目标和愿景。虽然此类组织多数不归所在社区管辖,但它们却是重要的社区教育资源,社区街道部门可以尝试与这些组织联合建立社区教育机构。例如,一些大型企事业单位专门举办了职工培训中心之类的学习机构,社区可以与它们合作办学,企事业单位向社区开放教育场地和设备,向社区居民开放培训课程。

其次是学习型团体。它们是以团体为单位的学习型组织,包括正式和非正式两种,正式的学习型团体多是一些协会组织,例如书画协会、舞蹈协会、健身协会;后者多是一些志趣相投的人组成的自由学习组织,诸如读书会、学习小组等。美国管理学家彼得·圣吉认为,通过团体学习,团体进一步发展和推广,有利于造就学习组织。① 进一步说,社区中的学习团体和学习组织越多,就越能形成良好的学习风气,最终促使学习型社区的建成。

(2) 社区文化机构。社区文化机构主要有图书馆、文化馆、体育馆等。图书馆是社区居民学习的重要场所,也是资料和信息中心。图书馆除了可以向社区居民提供学习资源和学习场所外,也可以通过举办社区读书会等开展文化交流活动。文化馆可以建成社区文化活动中心,通过参与文化活动进行非正式学习,还可根据馆藏特色举办一定的教学活动。体育馆是人们健身的场所,同时也可以发展成为学习生理健康知识的地方。经济发达社区还可建立社区网络中心之类的机构,为社区居民的学习和交流提供网络平台。

(3) 社区隐性课堂。除了显性的社区教育活动,社区的自然环境、文化环境等无形氛围可以起到潜移默化的教育效果,从而成为社区隐性课堂。要做到这一点,第一要优化社区环境。例如,营造良好的社区绿色环境,并在花草树木等

---

① 彼得·圣吉:《第五项修炼——学习型组织的艺术与实务》,郭进隆译,上海:上海三联书店,1994年版,第267页。

植被上标注名称,以增进社区居民对植被知识的了解;开辟画廊,使人们受到高雅艺术的陶冶;开发社区教育资源,比如社区内的文娱场所、文化馆、文化古迹、动植物园、科技园等。第二要举办各类社区活动。举办诸如各种节庆活动、文艺娱乐活动、青少年科技活动等,通过将社会知识或自然科学知识等隐性课程融入活动内容,起到隐性教育的作用。

(二) 我国社区教育的场所建设

1. 社区学院的建设

随着社会的发展和进步,我国第一所经省、市政府批准试办的社区学院出现于1994年。该年,时任国务院副总理的李岚清在美国访问期间专程访问了芝加哥市郊杜培郡社区学院,回国后即向北京市有关领导做出"试办社区学院"的指示。1999年,国务院批转教育部的《面向21世纪教育振兴行动计划》提出:"开展社区教育实验工作,逐步建立和完善终身教育体系。"在2001年年度教育工作会议上,时任教育部部长的陈至立同志又强调指出:"今后高等教育要大力发展地区性高等职业教育和社区学院,使高等教育的区域性更加合理,培养当地留得住、用得上的人才。"①

在我国,社区学院的举办往往建立在已有的成人院校基础之上,主要依托职工大学和广播电视大学两类:

(1) 以职工大学为依托的社区学院。在20世纪90年代中期,中国引进社区学院理念时,社区学院创建的一大特点,就是嫁接在职工大学上。以上海、北京为例,1994年,上海市创建第一所社区学院"金山社区学院",其前身就是上海石油化工总厂职工大学和上海石油化工高等专科学校;北京市试办的第一所社区学院"朝阳社区学院",是继上海之后,于1995年以朝阳区职工大学为基础,联合朝阳电大和朝阳师范学校合并组建而成的。2004年上海可以对外招生的四所社区学院之一的长宁社区学院,"立足社区,服务社会,面向市场",而1997年创建时职业中专和长宁区业余大学等单位就是其组建的基础;而2002年12月6日成立的北京崇文社区学院,也是由崇文区职工大学、电子职业学校、正义职业学校等单位组建而成的。②

---

① 刘尧:《政协提案中的社区大学(学院)创建构想》,《荆门职业技术学院学报·教育学刊》,2007年第10期,第5页。
② 杨坚主编:《中国社区教育发展报告(1985-2011)》,北京:中央广播电视大学出版社,2012年版,第78页。

(2) 以广播电视大学为依托的社区学院。这类社区学院依托广播电视大学的办学条件,直接以"社区学院、社区大学"冠名。例如,甘肃电大社区学院,是在电大教育的基础上增加的社区教育职能。电大模式的社区学院大部分运行"政府统筹领导,教育部门主管,有关部门配合,社会积极支持,学校自主活动,群众广泛参与"的管理模式;依托电大建立,与电大实行两块牌子、一套班子的管理模式,实现人、财、物等资源共享;实行"政府拨一点、社会筹一点、单位出一点、个人拿一点"的社区教育经费保障机制。①

2. 社区大学的建设

目前国内开展社区教育,主要有三种类型的社区大学办学模式:

(1) 以广播电视大学为依托的社区大学。这类社区大学也是依托广播电视大学的办学条件,并冠之以社区大学的名称。例如,2002年青岛社区大学依托青岛广播电视大学建立,开创了我国依托广播电视大学成立社区大学的先河。由此,广播电视大学系统开始广泛地参与到社区教育事业当中来。2003年1月,杭州市机构编制委员会正式发文批复同意杭州广播电视大学增挂杭州社区大学的牌子,是全国省会城市首家社区大学。杭州社区大学成立后,逐步形成了统一管理的市社区大学、县(市、区)社区学院、乡镇(街道)社区学校、村(居)社区教学班的四级办学网络。此后,各省区依托广播电视大学分别成立的社区大学,大都采用这种模式。

以广播电视大学为依托来举办社区大学,提高了社区教育的层次,满足了我国社区居民对于高等教育层次的社区教育的需求,有利于吸引社区成员接受社区教育,它融合了高等教育、成人教育、职业教育的形式和内容,是一种综合、开放、大众的教育模式。其融学历教育与非学历教育、职业资格证书教育与思想文化教育、各界委托项目教育与居民自治教育、远程教育与近程教育于一体,成为一种与中国现行高等教育体制不同的社区教育办学体制。社区内的下岗职工、转业军人、离退休人员等社区成员均是社区大学的重要教育对象,社区大学能够提供专、本科的学历和非学历教育,也能提供专业技能教育、普通文化教育等多层次、多类型的教育。

(2) 由科协、民政部门主导创办的社区科普大学。社区科普大学是由科协部门倡导、民政部门支持举办的以提高我国公民科学素质为宗旨的公益性社区学校。随着国家对公民科学素质水平越来越重视,2002年6月,第九届全国人民代表大会常务委员会第二十八次会议通过《中华人民共和国科学技术普及

---

① 杨坚主编:《中国社区教育发展报告(1985–2011)》,北京:中央广播电视大学出版社,2012年版,第90页。

法》,该法第二十三条明确规定:各级人民政府应当将科普经费列入同级财政预算,逐步提高科普投入水平,保障科普工作顺利开展。2006年3月,国务院下发了《全民科学素质行动计划纲要》,提出到2010年,中国公民科学素质要达到世界主要发达国家20世纪80年代末的水平。各地市科协大胆探索城市社区科普工作的形式和内容。2002年4月,沈阳社区科普大学成立,成为全国首创的一种科普形式。此后,国内社区科普大学由市科协倡导,区科协主办,联合街道、学(协)会参与共建,由总校、分校、教学点三层组织构成,总校办公室设在市科协普及部,在各区县科协建立分校,在街道或社区设立教学点。社区科普大学为社区居民普及科学知识,开设贴近居民日常生活需要的科学课程,以提高公民科学素质为己任。

(3)政府与公益组织联合举办的农村社区大学。农村社区大学在我国的举办要晚于城市社区大学,可以说尚处于萌芽阶段,然而,其源头却可以追溯到20世纪二三十年代的各类平民学校和乡农学校。在新世纪,促进农村经济发展和解决"三农"问题,农村社区大学可以向农民普及农业科学知识,培训农民的专门技术技能,提高农民群体的科学文化技术素质,从而发挥不可或缺的作用。

【资料链接】

2006年12月,中国人民大学与海南省儋州市市委合作,在那大镇石屋村建立了石屋村社区大学。石屋村社区大学是国内较早创建的农村社区大学,由非营利性组织完全独立管理运营。它的成立不仅使石屋村新农村建设快步推进,全村面貌发生了深刻变化,而且带动了周边镇村的发展,在海南乃至全国产生了积极的影响。

石屋村社区大学位于海南省儋州市那大镇石屋村村民委员会所在地,距儋州市区4公里,距海口市135公里,这里的教学基础设施主要有篮球场、中心区文化广场、社区电化教室、图书室、会议室、展览室、健身室、食堂、学员宿舍楼等,教学设备主要由市内外热心新农村建设的社会各界人士捐资购置。[①]

通过社区大学、社区学院的创办,社区教育服务于社区居民的功能和作用才能得到有效发挥。尽管社区教育工作取得了一定成绩,在现阶段,社区学校的数

---

① 杨坚主编:《中国社区教育发展报告(1985—2011)》,北京:中央广播电视大学出版社,2012年版,第81页。

量和质量距离人民群众对于优质社区教育的要求尚存在一定距离,仍需进一步发展和建设。

四、社区教育的资源

(一) 社区教育资源的内涵

社区教育的发展过程也是整合利用社区教育资源的过程,因此社区教育资源是社区教育发展的基础。要推动社区教育走深层次内涵式发展道路,就首先需要明确社区教育资源的内涵。

1. 资源

"资源"的含义按照最一般的看法,通常被认为包括物质资源和人力资源等要素,如《辞海》将资源界定为"一国或一定地区内拥有的物力、财力、人力等物质要素的总称"①。从资源一词的使用历史来看,其早期含义主要是指满足人们生产、生活需要的各种自然物质资源,如土地、水源、森林、矿产等。《现代汉语词典》将资源解释为"生产资料和生活资料的天然来源"。从资源的一般形态上,将其分为可再生资源(如阳光)和不可再生资源(如矿产)。而随着人类生产力的发展和生活水平的提高,资源含义不断扩大,逐渐从物质领域扩展到了社会生活领域。科尔曼认为:资源被认为是那些能满足人们需要和利益的物品、非物品(如信息)以及事件(如选举)等。② 由此可见,资源这一概念的内涵十分丰富,首先资源包括的种类是多样的,它既包括有形的物质资源,也包括无形的社会资源;其次,资源必须具备有用性,只有符合满足人们需要的特点才能够称其为资源;再次,资源是人们可以获取和利用的。总之,能够满足人们生产、生活需要,并可以被获取和利用的各种物质、社会财富,如矿产、土地、人口、信息等均可称为资源。

2. 教育资源

教育资源的含义是在资源定义的概念范畴之下,一般说来,也分为物质资源和社会资源两种形态,当然教育资源首先要满足教育的有用性,要符合教育需求的特征。许多研究者对教育资源的定义都做出了自己的诠释。

---

① 辞海编辑委员会主编:《辞海》(缩印本),上海:上海辞书出版社,1999年版,第1738页。
② 李路路、李汉林:《中国的单位、组织、资源、权利和交换》,杭州:浙江人民出版社,2000年版,第52页。

顾明远先生在其编著的《教育大词典》中提出：教育资源指教育过程中所占用、使用和消耗的人力、物力和财力的总和。[①] 王善迈先生在《教育经济学简明教程》一书中，对教育资源所下的定义是：教育资源的完整含义应当包括教育领域通过社会总资源的配置所取得的所有人力资源、物力资源及财力资源的总和。[②] 还有研究者认为教育资源是一种由"物化资源（以具体的物质为支撑，它包括人力、物力、财力等）"和"非物化资源（以无形的物质为依托，它包括时间、信息、无形资产等）"组合而成的"组合资源"。[③]

从以上研究者对教育资源的定义来看，他们都是从不同的角度来探讨教育资源的内涵，但都比较一致地认为教育资源应当包括人力、物力、财力等资源要素。所以，显而易见，人力资源、物力资源、财力资源是教育资源最为基础的要素。当然，这种定义也有其不足的地方，实际上它是一种经济学的视角，是将教育资源纯粹地还原为物质实体，然而文化资源、政治资源等非物质要素却被排除在外了，所以，我们宜采取一种综合的视角来探讨教育资源的本质。

要深入地理解和把握教育资源的内涵，可以从两个角度出发，一个是狭义的视角，一个广义的视角。从狭义的视角来看，教育资源可以仅指其物质属性，它是满足教育实践需求、保证教育实践顺利进行的各种人力、物力和财力资源的总称。从广义的视角来看，教育资源既有物质属性也有社会属性，既包括人力、物力、财力等物质资源，也包括文化、政治、环境等无形资源。

3. 社区教育资源

要界定社区教育资源，应当首先了解与社区教育资源密切相关的"社区资源"的概念。

顾名思义，社区资源是指一社区内可以满足社区居民需要的所有资源。目前来说，关于社区资源概念的一些研究和界定大多未脱离这个范畴。例如，一些学者及有关部门将社区资源界定为："社区资源是指社区内党政机关、企事业单位和其他区属部门特别是学校拥有的文化、教育、体育、娱乐设施和场地、技术、人才、信息等资源要素"；"社区资源是指社区范围内可用来提供服务的资源"；"社区资源是一切可供社区需求的资源"；"社区资源是一种特定的社会资源，是一个具体社区能够掌握、支配和动员的各种现实的社会资源"等。[④] 可以看出，

---

① 朱慕菊著：《走进新课程——与课程实施者对话》，北京：北京师范大学出版社，2002年版，第64页。
② 王善迈：《教育经济学简明教程》，北京：高等教育出版社，2000年版，第148页。
③ 沈治成：《谈教育资源利用率及其提高途径》，《教育现代化》，2001年第4期，第12页。
④ 李征：《社区教育资源开发研究》，华东师范大学硕士学位论文，2004年，第56页。

大家比较一致地认为社区资源即是在社区范围内可以调动的一切资源。

参照以上定义,社区教育资源实际上也是指在社区范围内可以调动的满足社区教育需要、保障社区教育运行的一切资源。社区中有着十分丰富的教育资源,尤其是较为发达的社区,中小学、普通高校、职业学校均是社区可以利用的教育资源,一些企事业单位组织的学习型团体、兴趣爱好者组织的协会,还有文化馆、图书馆、少年宫等文化机构均能承担社区教育的功能。当然,值得注意的是,并不是社区内所有的教育资源都是社区教育资源,要成为社区教育资源就必须具有可获取性和可利用性的特征。例如一些普通高校虽然位于社区当中,但是并不向社区开放,社区居民无法获取高校内的教育资源,这样也就不能称其为社区教育资源。所以,社区教育资源一定是在社区范围内可以调动、支配及利用的那些教育资源。

因此,总结来说,社区教育资源是指在社区范围内的总资源中,可以调动与支配的,能够满足社区教育需要和保障社区教育活动顺利进行的,可持续发展的一切物质资源和非物质资源的总和。

(二) 社区教育资源的分类

由前述可知,社区教育资源既包括有形的物质资源也包括无形的非物质资源。一般来说,前者主要体现为人力资源、物力资源和财力资源,后者主要体现为文化资源、环境资源等。

1. 人力资源

社区内聚集了非常多的社会贤达人士,他们中很多人都在某些知识、技术方面拥有特长,是潜在的亟待发掘的可以服务于社区教育的人才资源。当前社区教育工作要加大宣传力度,政府也要出台一些鼓励措施,大力挖掘这些社区身边的人才"宝藏"。社区教育的人才资源主要包括,社区公务人员、企事业单位人士、专家学者、离退休干部、学生家长、社区志愿者、有各类专业特长的居民等。首先是社区公务人员,如街道办事处的领导和办事人员,他们可以成为社区教育的管理者,为社区教育发展制定规划,组织活动,协调各方面的关系。其次是企事业单位人士。企事业单位有较为雄厚的经济资本,社区教育可以与企业加强合作,争取企业管理者的支持,在经济上提供资金,在人力上提供符合条件的教师。再次是专家学者。较为发达的社区内不乏一些学识渊博的专家学者,他们无疑是最适宜担任社区教师的人选。第四是离退休干部。从工作岗位离退休的老同志,主要的活动范围在社区。他们既有丰富的阅历、较强的活动组织能力和感召力,又有参与社区教育活动的极大热情、时间与精力。第五是学生家长。学生家长也是学校所在社区的居民,他们在不同的单位工作,有各自的教育资源,加之关注学生的教育,他们非常愿意为社区教育活动的开展助一臂之力。第六是社区志愿者。社区的志愿者主要包括高校大学生、医院志愿者及其他社会热心人士,他们利用自己的一技之长为社区做出贡献。

2. 物力资源

物力资源主要指开展社区教育所需要的各种基础设施、学校场所、教学设备、图书、器材等。基础设施如图书馆、博物馆、纪念馆、文化馆、体育场等,学校场所如中小学校、高等院校、职业学校、民工学校、社区学校等,其他物质材料如教学仪器、实验设备、图书资料、文体器材等。社区教育的物力资源是在社区总资源中调配给社区教育,保障社区教育运行的各种物质形态财富。

3. 财力资源

财力资源究其本质来说,是一切可交换的物质资源和人的劳务付出的货币形态。社区教育活动的主要财力资源一般是政府拨给的教育经费、学生缴纳的学费、社区各界人士的捐助费。开展社区教育需要投入,需要有一定的财力支撑,没有教育经费的支持,社区教育活动几乎无法开展。政府应认识到社区教育对于提升公民素质、改善公民生活的重要意义,为社区教育的发展提供必要的财力。同时,社区教育本身也应积极争取社会各界力量的经济支持。

4. 文化资源

文化资源渗透在社区居民生活的方方面面,对社区成员起到潜移默化的教育作用。社区文化是"区别于其他社区的独特的行为系统、明显的居住形式、特殊的语言、一定的经济体系、一种特定的社会组织,以及某一种宗教信仰和价值观念等"[①]。社区文化对社区成员的思想、行为、生活起着隐性的制约作用。社区文化既有其精神形态也有物质形态。精神形态的社区文化主要包括社区居民的信仰、价值观、风俗习惯,这些精神文化塑造了社区居民的精神面貌,约束着他们的行为举止、生活方式等。社区教育要引导和形塑积极向上的社区精神文化,抵制不良的社区文化糟粕,发挥积极的导向作用。物质形态的社区文化是精神文化的载体,例如社区内的公园、图书馆、文化宫、电影院、健身房、体育场等均是展现社区文化的物质设施,反映了社区文化生活的质量和水平。

5. 环境资源

社区的环境资源包括社区内的自然环境资源和文化环境资源。其中,自然

---

① 雷少波:《社区教育资源的开发及其价值思考》,《教育理论与实践》,2001年第7期,第8页。

环境资源如花草树木、江河湖海、山川田野、地况地貌、季节气候等是可供社区教育选择和利用的。文化环境资源还包括社区文化机构和设施设备等方面的资源,如公共教育、宣传、文化、娱乐、休闲等场所和设施设备,又如社区文化中心、青少年活动中心、博物馆、图书馆、公园、文化站、信息中心等周边环境和内部的设施设备等。此外,社区内的政府、企业、学校、商场等场所的文化面貌,均能对社区居民起到一定的社区教育作用。

(三) 社区教育资源整合的路径

如前所述,社区教育的有效开展需要大量的人力、物力、财力等资源的投入。目前来看,一方面我国社区教育的发展面临着资源投入不足的窘境,各级社区组织,例如街道办事处、社区委员会能够掌握的人、财、物资源极为有限,在缺乏有力的政府支持的情况下,导致社区教育资源投入水平远远不能满足社区教育发展的需要;另一方面,社区内的中小学、普通高校、职业学校、企业公司、协会组织蕴藏着丰富的社区教育资源,但在现时情况下,这些教育资源却未能被很好地加以整合与利用。因此,社区教育发展的关键问题不是资源匮乏,而是需要对现有资源进行优化配置与整合。

1. 社区教育资源整合的内涵

整合的内涵通常是指为整理、组合,即是指通过某种方式把散乱、零散的东西聚合起来加以充分利用。社区教育资源整合是指社区教育办学者为开展社区教育活动将社区内外可用于社区教育的各种资源加以聚合、开发和利用的过程。①

就社区教育资源整合活动而言,主要包括两类活动主体:一是"社区教育主体",主要指社区教育管理机构、办学机构及其工作人员,例如各级政府机构中负责社区教育管理的部门,基层单位中的街道办事处、社区居委会,社区教育办学实体如社区学院、社区大学等。社区教育主体是社区教育资源整合活动的需求方和发起方。二是"社会资源主体",是指社区内拥有社区教育发展所需资源的社会单位,例如普通中小学、职业学校、高等院校、党政机关、企事业单位、文化机构等,它们是社区教育资源的拥有方。

2. 社区教育资源整合的路径

从我国社区教育资源整合的实践来看,社区教育主体和社会资源主体之间的合作动力有着多种来源,所以,根据双方合作的动力机制,社区教育资源整合

---

① 高卫东:《社区教育资源整合机制简析》,《职教论坛》,2016年第3期,第58-63页。

的路径大致存在三条:一是政府主导的行政整合,二是市场主导的利益整合,三是精神主导的志愿整合。

(1) 政府主导的行政整合。政府主导的行政整合是指在社区教育资源整合过程中,政府利用行政手段整合各类社会资源以用于社区教育活动的资源整合方式。政府的行政权力是社区教育主体和社会资源主体合作的主要推动力。在我国的社区教育实践中不乏这样的案例。

【资料链接】

为了从根本上改变北京西城区社区教育机构办学条件薄弱的局面,2002年7月北京市西城区教委下发了《关于进一步推进教育改革加快教育发展的若干意见》,明确要求"具备条件的中小学和成人学校的现有设施,都要积极承担社区教育功能,为社区居民提供教育培训与文体活动场所,在节假日及课余时间向社区居民开放"。2005年北京市西城区政府颁发《关于成立社区教育学校促进学习型城区创建工作的通知》(西政发[2005]10),决定由西城区教委腾出部分基础教育资源,改建为社区教育学校。从2005年至2013年,西城区政府先后整合基础教育和高等教育资源建立了13所社区教育学校,这13所社区教育学校分别是依托西长安街少年宫、刘海小学分校、新街口少年宫、金融街少年宫以及北京宣武红旗业余大学等普教、高教资源建设的。西城区在区政府、区教育委员会的主导、推动下,通过大力整合普教和高教资源组建一批专门负责社区教育的社区教育学校,大大夯实了西城区社区教育发展的资源基础,改善了西城区社区教育的办学条件。以社区教育学校为平台,大量普教、高教的师资、场地、设备、图书等资源得以被社区教育所使用。[①]

总结来说,走行政整合路径的合作双方一般具有这样几个特点:首先,社区教育主体通常就是政府机构的社区教育管理部门,它们掌握着一定的人力、财力、物力资源,能够通过行政手段驱动其所管辖的社会资源主体(如中小学、职业学校)调配一部分资源投入到社区教育当中。其次,自上而下的行政权力是双方合作的根本推动力。社区教育主体与社会资源主体一般都具有隶属关系,其资源整合方式具有强制性。再次,通常会组建以委员会和领导小组为核心的社区教育资源整合组织平台,并受到党委和政府的支持。

---

① 高卫东:《社区教育资源整合机制简析》,《职教论坛》,2016年第3期,第58-63页。

(2) 市场主导的利益整合。市场主导的利益整合是指社区教育主体和社会资源主体在自愿合作的基础上,通过市场发挥调节作用,以互利共赢为目标的社区教育资源整合方式。社区教育主体(社区教育办学者)和社会资源主体(社会资源拥有者)均是独立的利益主体,他们拥有不同的利益诉求。以行政力量迫使社会资源拥有方释放资源,在实际情况中往往会损伤他们的合作积极性,利益整合则不然,它致力于寻求社区教育主体和社会资源主体合作的最佳利益结合点,以市场动力为驱使,实现双方的利益最大化。

利益整合机制的有效进行,需建立良好的利益表达与分配机制。首先是利益表达机制,要建立社区教育主体方和社会资源拥有方均能畅通表达利益诉求的制度平台和渠道。如此一来,双方才能清楚地了解彼此的利益需求,进而有利于找到双方合作的利益结合点。例如,在北京市社区教育实践中,各个街道普遍建立起了以街道办事处或党工委牵头的社区教育委员会、社区党建联席会、社区文化教育联席会等组织,这些组织的成员往往涵盖了街道辖区重要党政机关、企事业单位、社会团体的代表。借助于这些组织平台和渠道,社区教育机构与社会资源单位可以沟通信息,表达利益诉求,达成合作项目,实现社区教育资源的整合利用。其次是利益分配机制,要清晰地划分两个主体间的责任、义务、权利,要在公平、公正、公开的基础上,通过签订协议的方式,明确双方的利益所得,达成共识,如此才有利于调动双方合作的积极性。

市场主导的利益整合路径的根本特征是双方合作动力的内生性。合作是建立在双方平等自愿合作基础之上的,它避免了因行政力量压迫而损伤合作积极性的弊病,它通过合作双方互利互惠的市场行为来驱动,有利于社区教育资源整合的可持续进行。

(3) 精神主导的志愿整合。精神主导的志愿整合是指两个主体的合作动力是以社会资源主体的志愿奉献精神为根本动力,例如大学生、离退休人员志愿参与社区教育服务,从而实现社区教育资源的整合。当前,社区服务志愿者已成为社区教育活动的一个重要参与力量,广大的高校大学生、社区居民不计报酬、无私服务,贡献自己的知识、技能、时间,成为不可或缺的社会资源供给方。

社区志愿者组织是社区志愿者开展社区教育服务活动的重要组织平台,它们一般基于共同的兴趣、爱好、需要而建立。主要包括三类:一是文化娱乐类,如书法协会、读书会、舞蹈队、合唱队等。二是公益服务类,如社区义工组织、免费家电维修协会、社区互助组。三是公民权益类,一般致力于维护公民的合法权益,如法律协会、妇女协会、残疾人协会等。社区志愿者组织丰富了社区居民的文化生活,增强了社区居民间的联系,促进了社区教育资源的整合。

【资料链接】

"红蜡烛助学行动小组"是在北京市石景山区老山街道办事处的支持下,由石景山区老山街道8位退休教师、企事业单位的退休干部于2001年志愿组成的一个专门针对低保和特殊家庭的学生进行辅导教育的社区民间组织,其教育对象主要是一些特殊问题家庭的子女。小组成员不顾年老多病,不放弃每一个学生,持之以恒,耐心引导,使这些学生感受到了"家庭"和社会的温暖,重新树立正确的价值观和人生观,先后使60余名中小学生在思想道德、学习成绩等方面得到了大幅度提高,使原来考不上普高的学生,顺利地走进高中校大门,并使3名学生考上了重点学校,为老山地区连续6年无青少年犯罪做出了贡献。①

社区教育资源志愿整合的根本特点是,资源整合的动力来自于社区成员的志愿意识和奉献精神,它比利益整合更进一步,在合作动力上具有无私性。社区内聚集着各行各业的社会贤达人才,其中不乏热心公益事业的志愿者,然而,社区教育也不能只是被动等待志愿者的参与,社区教育管理机构、社区学校也应大力培育和扶持志愿者队伍,以提升志愿者服务的质量和效能。

五、社区教育的政策

社区教育政策是指各级政府制定和颁布的,指导与规范社区教育工作的各种法规、意见、指示、办法、报告、通知、决定以及条例等政策条文。纵观世界主要发达国家和地区及我国社区教育的情况,社区教育的成功发展离不开政府对社区教育的重视和支持,各国政府均非常重视社区教育这种教育形式,为保证社区教育活动的有效开展,各国都提供了政策法规上的可靠保障。因此,总结和梳理有代表性的国家和地区社区教育政策的成功经验便十分有必要。

(一)世界先进国家和地区社区教育的政策

1. 美国社区教育的政策

自19世纪中期以后,美国的资本主义现代化、机器大工业生产飞速发展。

---

① 高卫东:《社区教育资源整合机制简析》,《职教论坛》,2016年第3期,第58-63页。

一方面是经济的快速发展、科学技术的突飞猛进,另一方面是现代资本主义制度的巩固和发展,无论哪一方面都为社区教育的发展提供了强大的推动力。特别是在经济快速发展、社会矛盾十分尖锐的情况下,美国联邦政府更把社区教育视为稳步发展经济和稳定社会秩序的重要手段,全面加强了对社区教育的立法干预,客观上起到了确立社区教育应有的地位、吸引社会广泛关注、规范社区教育行为的作用。这一时期,美国社区学院的前身——初级学院问世,其产生则源于一系列法案条令的颁布。

1862年,美国国会通过莫雷尔法案,根据该法案各州成立"土地赠与学院",明确"这所学院将向社会的工业和生产阶级提供最好的设施,以使他们获得实用知识和精神文化"①。

1874年,联邦政府通过海奇法案,规定由联邦政府出资建立农业试验站。试验站不仅研究解决实际农业问题,还直接向农民传授农业科学知识。

1914年,联邦政府通过"史密斯—来沃法",拨款资助"在人民中传播农业和家政的使用信息,并鼓励利用这些信息"。

1917年,通过"史密斯—休斯法",拨款资助成人职业培训的各种计划。

1920年,联邦政府教育总署组织召开第一次全美初级学院会议,会上成立了美国初级学院协会(The American Association of Junior College)。1929—1930年度,该协会出版了《初级学院指南》。

此后,美国的初级学院,尤其是公立的初级学院迅速地发展起来,并且不断扩大办学目标和职能,不断增加课程设置和系科设置,开办为社区服务的项目,逐渐成为以社区为中心的教育机构。许多教育家和社会人士都认为"初级学院"这一名称已不能表达其真正含义,终于在40年代后期提出了"社区学院"这一名副其实的新名词。

1947年,总统的高等教育委员会在全国各大报纸的头版宣传社区学院这一新概念,对社区学院的宗旨与目标作了明确的描述。在政府的推动下,社区学院经历了50年代和60年代的高速发展期,确立起在社区教育中的核心地位,美国特色的社区教育模式基本形成。②

2. 北欧国家社区教育的政策

北欧国家(主要指丹麦、挪威、瑞典、芬兰)的社区教育又称民众教育,根源于北欧国家近现代的民众运动,是在相同传统的背景下发展起来的。北欧国家

---

① Arther Levine. *Handbook on Undergraduation Curriculum*. Josscy-Base Publisher,1978,P15.
② 杨应崧等著:《世界各国社区教育概论》,上海:上海大学出版社,2000年版,第45页。

目前形成的民众教育组织机构,多由民间志愿者协会主导,这个过程中政府当局发挥的作用十分微弱,也没有给予其他教育部门尝试的计划和指导。政府当局既具有不干预民众教育组织活动的传统,又有在经费上对民众教育给予坚定支持的责任。鉴于此,1930年至1940年间,所有北欧国家都通过了政府部门对民众教育财政义务的有关法律,为在资源基础上举办的这类教育活动拨款提供法律支持。

北欧各国政府普遍重视民众教育立法,采取法律措施来确保民众教育体系的形成和实施。如丹麦政府分别于1968年和1978年颁布的《闲暇时间教育法》和《成人社会教育法》,瑞典议会自20世纪60年代以来先后通过的《民众中学法》《学习小组法》和《市立成人教育法》等,对民众教育的地位、资金来源、管理体制,以及师资培训等都逐条作了详尽规定,使民众教育在法律上得到了保障。20世纪70年代以来,各国加强了对民众教育的领导,明确了对民众教育的培养目标、课程设置等方面的要求。如根据瑞典议会1977年通过的《民众中学法》,民众中学的任务是促进大众教育,具体目标是使学生增加对其自身及所处的社会环境的了解;增强和扩大学生的灵敏度和积累经验的能力;发展独立处理问题、善于合作的能力;发展学生的创造潜力,增强其自信心和在工作、社团生活中积极发挥作用的能力。按照《民众中学法》的要求,民众中学提供一般的公民教育和普通教育,每所学校都在非常广泛的范围内向任何人提供他们所希望学习的课程。参加学习的人,从18岁的青年到领取养老金的老人,从受过几年的正规教育者到受过基础高等教育的人都有。①

3. 日本社区教育的政策

日本将教育分为三大类,即家庭教育、学校教育和社会教育。其中社会教育接近于我们通常所说的社区教育这一术语。日本的社会教育是与学校教育制度相对的教育形式,是指除学校、家庭和企业之外开展的教育活动,包括公民馆、文化馆、体育馆、博物馆、公共图书馆及电影院所开展的一切有计划有组织的学习活动及广播电视中的教育节目。

日本社会教育的最显著特征,就是制定一系列的法律来保障社会教育的运行。根据《日本国宪法》第26条"教育权利"的思想和《教育基本法》(1947年)的原则,日本又颁布了《社会教育法》(1949年)、《图书馆馆法》(1950年)、《博物馆法》(1951年)等一系列与社会教育有关的法律。

---

① 杨应崧等著:《世界各国社区教育概论》,上海:上海大学出版社,2000年版,第94页。

日本《社会教育法》第3条对其国家及地方公共团体的任务作出规定:"国家及地方公共团体必须依据本法及其他法令的规定,通过设置和运营奖励社会教育所必需的设施,举办集会、制作与颁发材料以及其他颁发,努力创造环境,以便全体国民能够利用一切机会和一切场所,自主地根据实际生活需要提高文化教养水平。"该条表明,为创造一个全体国民可以自主开展社会教育活动的教育环境,国家及地方公共团体所应承担的责任和义务,从而有力地促进了社会教育的发展。

日本有关社会(社区)教育的法规也不是一成不变的。随着时代的进步、人口结构的变化、家庭生活的变化,都市化、高学历化、工业化、信息化和国际化等社会结构的变化,为使社会(社区)教育适应不断变化的社会需要,日本有关社会教育的新法令法规不断对《社会教育法》《图书馆法》和《博物馆法》即"社会教育三法"加以充实。1990年6月,日本国会通过的《关于整备振兴终身学习措施的推进体制的法律》等,就是对"社会教育三法"的充实与完善。

4. 台湾地区社区教育的政策

我国台湾地区社区教育始于20世纪60年代中期兴起的社区发展运动。1965年,台湾"行政院"颁布的《民生主义现阶段社会政策》明确规定"采取社区发展方式,促进民生建设"。1968年,台湾"内政部"颁布的《社区发展工作纲要》又指出,社区发展目标在于推动社区各项福利建设和精神伦理建设,以改善民众生活,促进社会进步。

在推行社会教育方面台湾"教育部"于1970年修订公布的《各级学校办理社会教育办法》,以及之后台湾省教育厅颁布的《各级学校加强社会教育,推行全民精神建设方案》,均号召学校走进社会,使教育与社会结合。其实施内容为结合社会力量,奖励优秀贫寒在学及社会青年完成学业,扩大社会各种技艺训练及职业补习教育,充实教育文化设施及大众传播媒体,以担负起社会教育之责任。各类学校开展的社会教育工作项目,包括倡导社会优良风气,宣传公共道德及法律知识,表彰模范家庭及好人好事,举办社区文化活动,设立书包阅览室,介绍乡土文化,传授民俗技艺,协助低收入子女就学,举办成人补习教育,辅导民众就学、就业,开展家庭指导,如居室内外环境美化、家庭装潢、家庭膳食营养,以及其他社会教育活动等;并且有计划地开放学校场所,举办社区内的文教、康乐、体育等活动,动员学校与社区的力量,使社会教育成为教育社区居民、加快社区建设的重要措施。①

20世纪90年代以后,台湾地区加快了社会教育化和终身教育化的步伐,探索以社区为载体实施终生学习的途径。台湾"教育部"于1998年发布了《迈向学习社会白皮书》,内容包括14项建立终身学习社会的具体措施。这些措施有多项均与社区有密切的关系,如实现学校社区化;建立社区学院、社区空中大学;发展各种类型的学习组织,建立社区读书会;加强民众外语学习,建立社区外语学习机构等。这些措施均在社区内得到具体落实,并推动了台湾社区教育的发展。

(二) 我国社区教育的政策

在民国时期,一批教育家如陶行知、梁漱溟、晏阳初等人怀着教育救国的理想在社会上广泛开展针对校外人员的平民教育、乡村教育及通俗教育等,这些教育形式可以说是我国社区教育的前身,国内学界公认我国真正意义上的社区教育是从20世纪80年代中期以后开始的,本书所指的我国社区教育政策即是从这一时期开始出台的。纵观20世纪80年代中期以来我国社区教育政策的演进历史,主要可分为三个阶段:政策萌芽阶段(1985年—1994年)、政策探索阶段(1995年—2001年)、政策形成阶段(2002年至今)。

1. 社区教育政策的萌芽阶段(1985年—1994年)

1985年至1994年是我国社区教育政策的萌芽阶段。该时期社区教育政策还没有成为相对独立和清晰的政策文本,大多隐含在其他政策的论述之中。

1985年,《中共中央关于教育体制改革的决定》出台,其中提及"成人教育和广播电视教育是我国教育事业极为重要的组成部分",鉴于成人教育和广播电视教育与社区教育的密切关系,该政策条文为此后社区教育的发展提供了一定的政策空间。

1988年,《中共中央关于改革和加强中小学德育工作的通知》出台,提出"城市的区、街道可以通过试点,逐步建立社区教育委员会一类的社会组织,以组织、协调社会各界支持、关心学校工作,优化社会教育环境"②。

1992年,上海市教育局出台了《上海市社区教育工作暂行规定(草案)》,这是改革开放以后地方颁布的第一个较全面规范社区教育工作的政府文件,明确

---

① 杨应崧等著:《世界各国社区教育概论》,上海:上海大学出版社,2000年版,第171页。
② 中共中央文献研究室编:《十三大以来重要文献选编》(上),北京:人民出版社,1991年版,第362-372页。

了社区教育工作的指导思想、组织形式、基本任务、经费等问题。①

1993年,中共中央、国务院颁布《中国教育改革和发展纲要》,指出"支持和鼓励中小学同附近的企业事业单位、街道或村民委员会建立社区教育组织,吸引社会各界支持学校建设,参与学校管理,优化育人环境,探索出符合中小学特点的教育与社会结合的形式"。它为基础教育阶段加深学校与社会的联系提供了重要的政策保障。

1994年,《中共中央关于进一步加强和改进学校德育工作的若干意见》指出:"要依靠关心下一代协会、社区教育委员会、校外德育辅导员等各种社会性的青少年教育组织和其他社会团体,动员、组织、协调社会各方面力量支持学校做好德育工作。"

2. 社区教育政策的探索阶段(1995年—2001年)

1995年,《中华人民共和国教育法》颁布,指出要"推进教育改革,促进各级各类教育协调发展,建立和完善终身教育体系"。教育法的出台为终身教育与社区教育的发展提供了法律和法规的保障,进一步推动了社区教育政策的发展。

1996年,教育部发布《全国教育事业"九五"计划和2010年发展规划》,指出"积极进行社区教育试点",第一次明确提出社区教育,开启了后来的社区教育试点工作大幕。

1999年,国务院批转教育部《面向21世纪教育振兴行动计划》提到"开展社区教育的实验工作,逐步建立和完善终身教育体系,努力提高全民素质",同时提出"2010年基本建立起终身学习体系",为我国终身教育体系的建构和社区教育的发展提出了纲领性的发展战略。

2000年,教育部职成司下发《教育部关于在部分地区开展社区教育实验工作的通知》,指出"社区教育是在一定领域内利用各种教育资源,开展旨在提高社区全体成员整体素质和生活质量,服务区域经济建设和社会发展的教育活动,是实现终身教育的重要形式和建立学习化社会的基础"②。

3. 社区教育政策的形成阶段(2002年至今)

2002年,中共中央办公厅、国务院办公厅出台《2002—2005年全国人才队伍建设规划纲要》,指出"在加快普通教育发展的同时,大力发展成人教育、社区教

---

① 赵艳丽、徐玲:《改革开放以来我国社区教育政策的演进》,《中国成人教育》,2011年第19期,第33页。

② 中华人民共和国教育部职业教育与成人教育司:《教育部关于在部分地区开展社区教育实验工作的通知》,教职成司[2000]14号。

育,推进教育培训的社会化",要"开展创建学习型组织、学习型社区、学习型城市活动,促进学习型社会的形成"。

2004年,教育部出台《2003—2007年教育振兴行动计划》,指出"积极推进社区教育,形成终身学习的公共资源平台,使学习型社区建设工作落实到实处"。同年,《教育部关于推进社区教育工作的若干意见》[①]颁布,第一次系统全面地阐述了中国社区教育工作的指导思想、原则、目标、主要任务、工作措施及保障,成为我国社区教育政策发展中的重要一步。

2008年教育部职成司文件《教育部关于确定全国社区教育示范区的通知》[②]中"确定北京市西城区等34个单位为全国社区教育示范区",并指出"各地要从构建和谐社会和建设学习型社会的战略高度出发,以邓小平理论和'三个代表'重要思想为指导,坚持科学发展观,以人为本,树立大教育、大培训观念,面向社区,依靠社区,服务社区,充分发挥社区教育在构建和谐社会、建设学习型社会中的基础性、先导性作用,努力构建终身教育体系和学习型社会,促进教育全面发展和真正成为面向人人的教育"。

2010年,教育部出台《国家中长期教育改革和发展规划纲要(2010—2020年)》,指出"广泛开展城乡社区教育,加快各类学习型组织建设,基本形成全民学习、终身学习的学习型社会"[③]。

总之,我国的社区教育在国家政策推动下,从专门人员的配备、管理体制的建立到社区教育经费投入的规定,都体现了社区教育政策在社区教育发展过程中所起到的推动作用,社区教育发展呈现出制度化、规范化发展的趋势。然而,与前述的发达国家和地区的社区教育政策相较,我国尚缺乏社区教育的专门立法,社区教育的法律法规体系建设仍然相对滞后,现有的社区教育政策条文仍然多散见或附属于其他教育政策当中,无论从政策细节还是可操作性来考量,均与国外存在一定差距,需要进一步加强和完善。

---

① 中华人民共和国教育部职业教育与成人教育司:《教育部关于推进社区教育工作的若干意见》,教职成司〔2004〕16号。
② 中华人民共和国教育部职业教育与成人教育司:《教育部关于确定全国社区教育示范区的通知》,教职成函〔2008〕1号。
③ 教育部网站:《国家中长期教育改革和发展规划纲要(2010—2020年)》。http://www.moe.edu.cn/publicfiles/business/htmlfiles/moe/moe_838/201008/93704.html.2010-7-29.

第五章 社区教育的内容

[**内容提示**] 本章首先介绍了发达国家和地区社区教育的主要内容,并对我国目前社区教育的内容进行了详细的梳理。在此基础上分析了影响社区教育课程开发的主要因素,并根据 DACUM 法设计了一套完整的社区教育课程开发技术。本章还详细介绍了目前社区教育常见的两种课程模式:数字化课程与活动课程。

[**核心概念**] 课程开发;DACUM;活动课程;数字化学习

社区教育的内容是社区教育实施的载体。绝大部分国家和地区的社区教育拥有民众教化、职业培训等共同的内容,但由于社会发展历程与所处的历史环境各异,不同的国家和地区形成的社区教育内容体系也存在一定差别。这就需要深入考察本国社区发展的基本特征,并在对社区内涵与功能的深刻理解基础上,根据相关因素设计社区教育内容。

一、发达国家和地区社区教育的内容

社区教育在我国发展的历史不长,但在西方发达国家和地区则已经形成了较为成熟的社区教育体系,尤其是在社区教育的内容选择、课程编制等方面已经积累了丰富的经验。对这些经验的梳理可以为我国社区教育的课程开发与内容设计提供有益的借鉴。

(一)美国

美国社区教育的实施主要依托社区学院进行,但是由于美国社区学院独特的发展历史,社区学院所具备的教育功能不仅仅是社区教育,还包括大学转学教育、补偿教育、普通教育、职业技能教育等。所以这里所讨论的美国社区教育内容主要指基于社区的服务社区居民的教育。

美国社区学院的社区教育职能主要始于20世纪20年代末30年代初的经济大萧条时期。这一时期，许多初级学院根据所在社区和当地政府的要求，为失业工人举办各种形式的短期实用技术培训班，开设了汽车维修、装潢、饮食服务等大批实用课程。① 这是在转学教育和职业教育这些学位课程之外开设的非学位教育，这是一种非学历教育，属于继续教育的范畴。太平洋战争后美国社区学院的社区教育职能迎来了第二波发展高潮，其原因在于战争使得多数高中毕业生奔赴战场作战，社区学院生源大量减少，同时顶替参战男人走上工作岗位的女人缺少职业技能，无法胜任岗位的工作要求，于是社区学院开设了针对这些妇女的短期技能培训班，促使社区教育的形式走向了多样化。19世纪50年代以后，社区教育的职能正式成为社区学院的三大职能之一（其他两大职能分别为转学教育与职业教育）。② 社区教育也开始逐渐面向不同群体的需求，形成系统的课程体系。

美国学者格雷泽（Gleazer）在论述社区学院的教育目标时提出："实现不同年龄段和不同生活目标的学生群体彼此分享学习经验和认知经验，从而使不同的社区群体均能参与学习过程"，是社区教育的最主要目标。因此他认为学院在提供学位课程和证书课程的基础上，把课程种类扩大到"多样化的课程、计划、组织和教学体系，为那些以传统经验作为日常生活组成部分的成年人"，实现"对个人有价值的教育目标，但并不一定以获得证书或文凭为标志"。③ 美国的社区学院基于服务社区的教育内容主要分为三个类别：继续教育、终身学习与社区特色教育。

1. 继续教育

继续教育项目是为那些继续发展某方面专业能力的在职人员提供的教育服务形式。但是这里的继续教育并不提供认证课程（non-credit career courses），完成学业后不提供职业资格认证服务。其目的是个体希望提升技能和知识水平，或者满足企业雇主为企业员工定制专门技能培训的需求。以东佛罗里达州社区学院（Eastern Florida State College）为例，该社区学院提供可替代能源、工商管理、复合材料、计算机应用、外语、健康科学、人力资源、保险业证书前置课程等十

---

① 续润华：《美国社区学院发展研究》，北京：中国档案出版社，2000年版，第52-53页。
② 万秀兰：《美国社区学院的改革与发展》，北京：人民教育出版社，2003年版，第176页。
③ 周志群：《美国社区学院课程变革与发展研究》，福州：福建教育出版社，2012年版，第144页。

余个领域的技能培训服务。① 此外,东佛罗里达社区学院还是美国 ed2go 项目的成员单位,该社区学院通过该平台在线提供六周的短期技能培训课程以及六周以上的证书课程,培训覆盖了会计、金融、商务、计算机应用、法律、写作与出版等十余个领域,大大拓展了社区已有的线下课程内容以及授课形式,满足了不同需求社区居民的发展需求。

2. 终身学习

为了满足多数社区居民的学习需求,社区学院提供多种多样的终身学习课程。开设这些课程的目的完全是为了丰富社区居民业余文化生活,改善社区间居民的关系,营造良好的社区生活氛围。以辛克莱社区学院(Sinclair Community College)为例,该社区学院提出了"为了生命中的每个阶段"的办学口号,每年会根据社区居民的需求,在夏季提供丰富多彩的终身学习课程。这些课程内容不与特定的技能学习挂钩,往往以兴趣为导向,具有体验性、开放性的特点。例如如何拥有健康生活,简单计算机使用技巧,WORD、POWERPOINT 软件的简介与简单功能的使用,利用谷歌地图规划假期,等等。②

3. 社区特色教育

社区特色教育项目是为了社区的发展而制定的,这些项目建立在这种假设上:社区具有解决自身问题的潜力,通过利用自身的资源,使社区成员获得解决问题的能力。基于社区的教育通常与社区的环境问题、失业问题、民族文化和历史问题、公民参与问题等相联系。③

社区还通常与社区内的其他机构合作开展有针对性的服务。这些服务往往根据机构的需求,围绕社区建设的相关议题开展。最为典型的便是为社区内监狱的在押犯人提供服务,规模最大的监狱教育计划在弗吉尼亚州。该计划开始于 1984 年,由南弗吉尼亚社区学院在 Mecklenburg 教养惩治中心(Correctional Center)负责实施,其目的是通过设计若干课程帮助犯人培养某种成就感和责任感,并进行出狱后若干生活技能的培训。类似的针对社区特殊需求开设的教育内容还包括功能性成人文盲课程等。

---

① Eastern Florida State College:http://www.easternflorida.edu/academics/workforcetrainingandcertifications/non-credit-technical-professional-training/index.cfm。
② Sinclair Community College summer 2016:http://www.sinclair.edu/www/assets/File/Hom-StuSer-AcaRes-ColLifLear/CfLL_SUM16.pdf。
③ 郝美英:《国外社区教育的成功经验及其对我国的启示》,河北师范大学硕士论文,2010 年,第 30 页。

（二）日本

日本的社区教育也称为社会教育。日本的社会教育理念主要体现在民众教化方面，其目标主要是振奋国民精神、培养国民性格。在教育内容上侧重政治教育和社会文化教育，注重"教化"和"教养"功能的发挥，同时也强调了国家对社会教育所应承担的责任和义务。根据日本《社会教育法》规定，日本社区教育的对象是地区内的全体成员，实施除《学校教育法》所规定的学校教育活动之外的人生发展各个时期的有组织的社会教育活动。总的来看，日本的社区教育内容可以按照教育对象分为两类：青少年教育与成人教育。

1. 青少年教育

日本青少年教育，主要是采用学级、讲座和集团活动等方式进行。以青年为对象的学级、讲座的目的，在于提高青年们的实际生活所必需的有关职业和家事方面的知识、技能或一般教养。社会教育中的青少年教育以学生为中心，在教学过程中注重培养学生分析问题、解决问题的能力。另外，通过团体活动使学生学会与人沟通、与人合作。这种青少年教育旨在提高青少年的生活情趣和能力，掌握与之相关的知识、技能与方法。

2. 成人教育

日本的社会教育分为一般的成人教育、妇女教育和高龄者教育。一般的成人教育以成年男子为教育对象，妇女教育以成年女子为教育对象，而高龄者教育则以老年人为教育对象。这些成人教育主要通过成人学级、讲座、函授等方式开展，具有较强的针对性，涉及居民文化素质、道德修养、家庭教育以及家庭生活等方面的教育内容：有为年轻父母开展的家庭教育知识课程和育儿课程，有为社区范围内所有成年人提供的工作劳动技能培训和实际生活所需的成人教育课程，有为社区内所有家庭主妇提供家长学习与参加社会活动的妇女教育，还有为满足老年人充实精神生活的需求与愿望所提供的各种社交活动与继续学习机会的老人教育等。

【资料链接】

你听说过"婆媳学校"吗？在日本社区的活动中心，一般都设有"婆媳学校"，它是每一位即将走入婚姻殿堂的准新娘免费学习婆媳相处技巧的地方。当然婆媳相处怎么能没有婆婆呢？准婆婆必须一同前来。第一节课，主要是分析婆媳矛盾产生的根源，准新娘要一遍又一遍地练习叫"妈妈"，准婆婆则要练习摆出只有对儿女才会有的笑脸,以此来培养彼此间情同母女的感情。第二节课,让准新娘体会一下婆婆含辛茹苦把儿子带大的不易,又让准婆婆体会人家父母把女儿培养成如花似玉的新娘的艰辛,从而使双方都对对方心存感激。第三节课,让婆媳之间彼此了解饮食起居方面的习惯。通过事先的了解,避免今后在共同生活中可能产生的误会。第四节课,是婆媳一起做家务,培养和谐的家庭气氛。在未结婚之前,就通过社区教育的形式,培养婆媳之间换位思考的意识,加深相互之间的感情,这对今后婆媳之间和谐关系的养成无疑是十分有益的。①

(三) 北欧

北欧的社区教育主要体现为民众教育,由丹麦民众教育家科隆威(Nikolai Frederik Severik Grundtvig)首次提出。19世纪30年代,科隆威试图用人文主义的精神生活来弥补人民中受教育太少的缺陷,强调把民众中学办成"面向生活的学校"。为实现其民众教育理想,他于1844年在丹麦名叫罗亭(Rodding)的乡村,正式成立了第一所民众中学。20年后,丹麦民众中学进入了以广泛建立家庭式民众中学为标志的新发展时期。家庭式民众中学顾名思义就是寄宿的,学生都住在学校里,其办学的根本宗旨是为了国家的兴盛。学校既要有人文精神,又要有科学精神。学校的课程设置,除了生活课外,还开设政治基本课,主要配合国家政策施教,进行公民教育和爱国主义教育;同时开设科学基本知识课,其中特别注重农业知识的传授。此外还注重文学与历史知识的传授,历史教学在家庭式民众中学居于中心地位。在丹麦民众中学教育运动的影响下,从1871年起,掀起了北欧地区的民众中学教育运动。科隆威的民众中学教育模式很快遍及其他北欧国家,并各具自己的国家特色。

当代的北欧社区教育在具体的社会实践中体现民主化的教育理念,即实行人文教育、技能教育和社区教育"三位一体"的教学模式,强化人的潜能发展,充分发挥其潜能,增强其自信心和工作的操作技能。在实施民主化办学过程中,办学主体享有最大限度的自主权,以自身的特色办学方式,开设丰富多彩、寓教于乐的技能课程,如有利于提升工作水平的技能型课程、提高技能情操的艺术音乐类课程、解决社会性热点难点问题的课程、具有环保意识的环境问题课程等。社区学校大多体现自由性的特征,一般课程的教学由学校教师和学生共同商量后开展,如自由安排课程和教学大纲,教学内容和方法丰富多彩、灵活多样,在采用

---

① 张喧:《日本社区教育》,《社区》,2008年第5期,第32页。

传统的演讲、讨论、辩论外,还创造了富有特色的学习班及组织旅行等。

(四) 中国台湾

台湾地区社区教育的内容涉及面广,涵盖了社会生活的方方面面,在课程上分为三种:一是学术课程,主要分为人文、社会、自然三大领域,旨在提升社区民众的学识涵养,开阔其视野,培养其反省精神及批判思考能力。由于考虑到社区民众的学术基础参差不一,课程的内容设计由浅至深。二是社团活动课程,旨在培养社区民众的社区意识,提升其民主素养,增进其社区参与能力。其主要是通过对当前社会热点问题的关注、讨论,并以善于反思、批判的思维参与公共事务,从而唤醒民众的社区民主意识,营造社区的民主氛围。三是社会艺能课程,旨在丰富民众的生活内涵,提高其生活品质,如养生之道、摄影与生活、宠物饲养、花草养殖等课程。以上三种课程,不论是哪一类均依托当地的人文、社会或自然地理环境,发展自己的特色。

【资料链接】

台北市大同社区大学每周课程表①(节选)

周一	周二	周三	周四	周五	周六
日本语初级	观光日本语绘画	台湾地区文化与生态深度体验	书法美学与书法名家	日本好歌大家唱	日本语初级1
快乐二胡基础	即兴演讲	两岸古筝演奏诠释与赏析	水墨花鸟画基础概论	各国舞蹈文化研习	紫流日本舞蹈
古今筝曲文化概论	二胡概论	长笛研修	油画轻松学	轻松弹拨乐	南管之美——千年古乐传唱
全方位投资理财	素描	敦煌舞蹈	西欧文化遗产深度之旅	画画的生活美学与文创运用	快乐的吉他弹唱
中医诊断与常见病辩证	高阶投资理财学	投资理财实务操作	意象素描彩绘	投资理财学与技术指标应用	彩色铅笔绘画艺术概论

---

① 台北市大同社区官方网站:《大同社区周课程表》。http://www.datong.org.tw/course.asp.

续表

周一	周二	周三	周四	周五	周六
创意造型 DIY	乐活健康园	素描+色铅笔	实用生活摄影学理论	进阶手语沟通学	唐朝怀素草书
塑身魅力肚皮舞	中医妇科学	健康银发卡拉	中医内科学	生活陶艺创新研究社	跨领域艺术赏析
中国笛、箫	基础英文文法	生活陶艺初阶	环保创新学	魅力塑身肚皮舞	科学中医药——各种疾病防治保健 DIY
好心情学乌克丽丽	带着英语去旅游	生活美语会话	造型美容美发 DIY	拼布艺术 EASY 作	网站建设与虚拟主机实务管理进阶

注:课程表有删减,部分课程名称按照大陆语言表达方式有所改动。

台湾地区社区教育工作从 20 世纪 50 年代就开始推行,几十年的发展形成了社区妇女教育和社区老年教育的特色。

1. 社区妇女教育

台湾地区的社区妇女教育是随着社区发展而展开的。在社区妇女教育发展过程中,"妈妈教室"曾经是妇女教育的主要内容。社区"妈妈教室"活动开始于 1971 年,首先在台湾彰化县开始实施。推行的目标主要有:家庭生活伦理化、艺术化、科学化、生产化。这些目标共同服务于一个总的目的,即培养现代化的贤妻良母、建立和谐幸福的家庭、促进安定繁荣的社会、建设富强康乐的国家。

"妈妈教室"中开展的社区妇女教育的内容主要包括六个方面:1)教育方面。如培养母亲的社会观念、民族意识;辅导实践国民礼仪规范及国民生活须知;激励崇尚妇德,建立对子女教育之身教楷模,强化母教责任等。2)家政指导方面。如辅导家事技能;辅导家庭生活,建立美满幸福的家庭;研讨家庭会计;辅导改善家户卫生等。3)卫生保健方面。如学习急救及一般护理常识,研讨家庭计划,一般卫生常识之指导,辅导公共卫生之一般技能等。4)生产习艺方面。如辅导妇女家庭副业之技能训练,增加家庭收入等。5)康乐活动方面。如辅导正常之休闲活动、参观旅游活动,教授土风舞、健身操及体育活动等。6)社会服务方面。如组织服务社队,协助维护社区环境卫生,慰问社区内军属、低收入户,帮助需要帮助、照顾的同胞等。① 需要注意的是,随着时代的发展,有些内容可能已经不适应社会发展对女性角色的认知与定位,在借鉴这一做法的同时,需要因地因时完善社区妇女教育的内容。

2. 社区老年教育

根据台湾地区有关部门的推计,截至2015年,岛内65岁以上人口已达286万,为"高龄化"社会,预计将于2018年迈入"高龄"社会、2025年迈入"超高龄"社会,届时每5人中就有1人超过65岁。台湾社会严重的老龄化迫切需要老年教育事业的发展。目前,台湾地区的老年教育主要是在社区内进行的,是社区教育的重要内容之一。台湾地区社政部门对老年教育课程的规划主要以社会福利和休闲娱乐为取向,以满足老人的教育需求为指导思想。以台北市长青学苑的课程为例,其内容包括六类:1)语言类:国语、日语、英语等;2)技艺类:绘画、中国结、摄影等;3)文史类:中国文学、诗词、近代史;4)社经类:社会福利、经济、工商等;5)卫健类:营养、保健、脚底按摩等;6)科技类:电脑、专题讲座等。教育部门推行的老人教育,则是以"老人教育实施计划"为指导,其课程安排主要分为五大系列:1)老人基本教育系列,如识字和读写算;2)老人专业知识与能力系列,如语言、手工技艺等;3)老人健康保健系列,如医药常识、老人疾病之预防与照顾等;4)老人休闲生活系列,如运动、音乐、戏剧等;5)老人生活伦理系列,如多代关系、社会关系等。

二、我国社区教育的内容

社区教育内容的确定是一个复杂的过程。因为社区教育资源是有限的,如何利用有限的资源去选择最有价值的内容,便成为社区教育实施过程中的一大关键问题。由于不同社区所具备的社会资源不同,社区居民需求也各有差异,所以社区教育内容在不同地区也各有侧重。

社区教育汇集各类教育资源:幼教、普教、职教、成教,区县一级还有特教、民非、远程、大专性学历教育等机构和文体设施,又汇集各年龄段居民群体。面对社区成员各类学习需求,社区教育整合社区各类教育资源,实施学校社区化、社区学校化,通过统筹规划和互动,促进学校教育内部资源对外开放,与社区居民共享共用,使原来分散的点线式教育状态变成社区各类教育一体化发展的教育

---

① 张雅晶:《台湾社区教育概论》,北京:中国社会出版社,2005年版,第110－111页。

格局。在此过程中,社区教育积极探索并形成各类新的社区式教育形态,如婴幼儿早期教育活动,青少年校外教育活动,社区居民社会、文化、生活教育及技能技艺培训活动,老年健康休闲娱乐教育活动等。

通过对相关文献资料的查阅可以发现,目前我国社区教育的内容具有对象差异性和功能差异性。所谓对象差异性,即社区教育的内容会根据社区内不同的群体如学生、老人、农民工、企业在职员工等进行遴选;所谓功能差异性,指的是社区会依照社区教育所要发挥的不同功能,有目的地选择一定的教育内容,如提升社区居民身心健康、协调社区居民邻里关系、帮助社区弱势群体谋生等。总的来看,我国社区教育的内容主要集中在以下六大领域。

(一)企业职工岗位培训

社区教育中的企业职工岗位培训主要针对社区内企业,尤其是不具备单独设立职工培训机构能力的中小微企业、民营企业等。一方面企业存在员工培训的需求,或者社区所在地诸多企业员工共同存在针对某一技能的培训需求;另一方面社区可以在场地、师资等方面满足企业员工培训的需求。培训涵盖岗前培训、转岗培训以及岗位提升等一系列环节,内容涵盖行业通用知识传授、行业技能培训、综合素质提升等。一般情况下,企业职工岗位培训主要采用"政府购买服务"和"企业购买服务"两种方式进行,企业既可以接受社区学校定期的公益教育服务,也可以根据企业需求和社区学校的条件定制教育服务。

(二)老年人兴趣爱好培训和休闲活动

在"空巢老人"现象日益增多的环境下,发展社区老年教育十分必要。社区可以针对现代老年人的特点、心理变化、生活方式作科学的引导,使其了解时事政治、大政方针、心理咨询、文化陶冶,适应社会发展,应用现代生活工具,掌控生活能力;指导老人学习法律法规,用法律武器保护维护人生权益,提升弱势群体的生存权;针对交往少,滋生孤独寂寞感和不良行为的老人,社区应及时对其进行心理疏导,给予精神慰藉,使老年人增强对生活的适应力及对生命的向往,提升自信心和自我价值感,达到预防老年心理疾病发生、减少躯体慢性病复发、增加幸福感、延年益寿的目的。

在具体实施上,针对老年人群体的社区教育可以通过设立老年大学或老年大学教学点的方式进行,也可以通过自主组织老年人群体活动的方式进行。一方面,由社区通过征集意见等方式收集社区内老人的教育需求,邀请相关专家开展诸如广场舞、垂钓、国画、象棋、太极拳、摄影等各种兴趣爱好培训班;另一方面,由社区内在某一方面具有一定特长的老年人组成兴趣小组定期举行活动,社区提供场所、专家指导等必要条件。

(三)中小学生节假日培训和社会实践活动

此类活动主要为社区内中小学生在节假日期间提供丰富多彩的课余活动,以引导学生合理安排和安全度过假期。由于此类活动需求量大,涉及面广,往往在很多社区都有设立,且表现形式各异:一是学生课后的补习课堂,在一些社区也被称为"三点半课堂"。这类课堂主要是安排社区内的孩子在每天下午下课后来到社区教育中心自习,并安排专门老师答疑解惑。二是节假日兴趣班,由社区根据师资力量、设施条件等因素开设兴趣班,面向社区内的中小学生开放,部分社区会根据具体情况酌情收取一定费用。开设的课程包括绘画、游泳、野外生存、足球等贴近中小学生实际生活兴趣的内容。三是组织社区内学生开展各类社会实践活动,如净化社区、探访社区内孤寡老人、亲子游戏、交通指挥等适宜中小学生参加的活动。

(四)婴幼儿早教活动

以婴幼儿早教活动为内容的社区教育也被称为"社区早教"。所谓"社区早教"是指以婴幼儿为对象,以家庭为基础,以社区为依托,以政府为统领,为广大婴幼儿设置的教育设施和教育活动。由于幼儿是对社区依赖性较强的群体,所以幼儿教育是社区教育的重要内容。随着我国经济体制改革的发展,单位办幼儿园的局面已经不复存在,计划经济时期各个单位不管大小都办幼儿园和托儿所的情况已经成为历史,幼儿教育归向社区是社会发展的必然趋势。从每个家庭的情况看,家长为了安心生产、工作和学习,减轻教育子女的负担,都希望就近解决孩子的教育问题,这就使社区的幼儿教育具有了社会需求。总的来看,社区婴幼儿早教活动分为两类:一类是社区内幼教机构承担的系统学前教育,另一类即以社区学校为依托开展的社会性质的早教活动。两者有机结合,共同构成了社区早教事业的主体部分,而后者则更多地体现了早教活动的社区性、公益性与开放性。

社区婴幼儿早教活动主要包括以下几方面内容:一是针对父母的早教知识培训,由亲子教师深入社区定期开设专题讲座或咨询,传授亲子教育的知识、技巧,改善家长的教育观念和行为,让家长全面了解早期教育对孩子的重要性,科学育儿。二是针对婴幼儿开展系列亲子活动。婴儿时期的亲子互动,对孩子的智能发展起着重要作用。当孩子发出的信号能得到家长正确回应时,孩子便会对成人和世界产生信赖感与安全感,智能将得到较好的发展。社区可以每周组织一到两次亲子教育活动,鼓励孩子与家长参加,开展亲子游戏。三是由专人定期组织家访。家访是教师开展工作的重要手段,是教师与孩子、家长沟通的桥梁。家访中,教师与家长能在某些问题上达成共识,促进教育目标的实现。通过爱心家访,亲子教师运用专业的知识和技能,可以有效地帮助家庭解决亲子教育中遇到的问题,并为家长科学育儿提供有效的支持。

(五) 农民工教育与技能培训

农民工是制造业、服务业的生力军,提高农民工素质是城市化进程的基础与保证。开展文化知识和技能职业培训,是提升农民工发展空间,使其获得较大经济回报的方式;是农民工融入城市的最佳路径;是农民工享受现代文明,过上好日子,以及构建和谐的社会环境的好方式。农民工培训可"增强成人适应科技发展、产业升级和社会文明进步的能力",有助于"培养造就一大批优秀的技术和管理人才,提高各类专业人员的创新能力和市场竞争能力",这也是"加强高技能人才的教育和培训,强化一线员工特别是中青年员工岗位培训"的要求。

农民工教育与技能培训的目的主要有两个:一是帮助农民工尽快适应城市生活节奏与环境,并实现个体在城市氛围中的发展;二是为有需求的农民工提供必要的职业技能培训。依据这两大目的,农民工教育与技能培训包括以下几大内容:1) 职业技能培训。根据国家职业标准和用人单位岗位规范要求确定培训内容,突出技能训练,注重职业能力培养。培训时间根据工种(项目)、等级和农民工实际确定,使参加培训的农村劳动者真正掌握一项技能,职业能力达到用人单位上岗要求。培训内容尤其要关注区域紧缺的行业技能。2) 职业病预防与健康维护知识。农民工是遭受职业病危害的最大群体。基于职业病呈高发态势,职业病问题必须纳入培训计划及课程。如宣传、解读《职业病防治法》,让农民工了解职业病及危害,使之掌握一些实用的职业病预防知识,熟悉相关的健康维权事宜等。3) 安全文明教育。加强安全教育(含交通规则、交通安全),传播安保知识及规范;通过组织农民工学习、了解城市生活与文明常识,实现个体生活的城市融入。4) 科普知识。包括农民工在内的城镇劳动人口是科普的重点人群,加大农民工科普的强度、密度,可提升人的内涵,促进农民工个体发展,有助于农民工获得荣誉和话语权,实现农民工体面、有尊严地生活。

（六）学历教育

部分社区学校与具备学历教育资质的机构（如广播电视大学、高等院校、中等职业学校等）合作，在社区学校开设教学点，通过面授、函授、广播、电视、音像、网络教育业余制学习等方式满足社区居民学历提升的相关需求。部分地区的社区学校还推出了成人学习的"学分银行"，把零散的学习转化为学历积分，学分还可以抵学习经费，最终的发展趋势是这些学分可以零存整取换取学历文凭。此外，有些社区学校利用自身资源开办"学历+技能"双证书班，学制两年，工学结合，半工半读，采用集中培训与远程教育辅导相结合的方式，力争使学员基本掌握一到两项内容。培训合格后，由劳动部门和教育部门统一颁发专业技术等级证书和学历证书。

需要注意的是，社区教育课程是社区教育内容的呈现形式而不是社区教育内容本身，社区教育课程的内容直接来源于社区教育内容，但并非所有的社区教育内容都能被设计成为社区教育课程。因为社区教育内容主要是从应然的层面设计的，是根据社区教育的价值目标和基本功能，按照社区居民的近期和远期的需要所确定的，具有理想性；而社区教育课程的设计则侧重于社区的直接发展目标、社区居民实际需求的迫切程度和可资利用的社区教育资源的实际状况，具有现实性。所以，只有具备现实可行性的社区教育内容方能通过社区课程的方式组织实施。

（七）公民素养教育

社区教育是我国实施公民素养教育的"最后一公里"，且社区教育是公民素养教育推进过程中最基层、最广泛的形式。社区教育实施机构主要通过举办各类具有教育意义的活动开展公民素养教育，如社会实践活动、邻里互助活动、经典诵读活动、各类展览等。这些活动通过信息的传达、知识的传授与情感的感染，以潜移默化的方式达到价值观的熏陶与公民素养提升的效果。此外，社区自身形成的"居民命运共同体"也有助于公民良好素养的形成。

三、社区教育课程的开发

（一）社区教育内容选择的影响因素

社区教育课程开发的首要环节是选择合适的内容作为开发素材。由于社区教育与普通教育、职业教育等教育类型在教育目标上存在较大差异,其在内容选择上也必然会表现出自身特点。从社区教育的属性和功能上看,社区教育内容选择应受以下几个因素制约。

1. 社区教育的目的

社区教育内容是社区教育任务和社区教育目的的载体,所传递的知识、技能与价值必须服务和服从于社区教育目的和社区教育任务的达成。社区教育目的既包括对社区居民身心素质所要达到的标准的规定,也包括对社区居民作为社会成员所应发挥的作用或在什么样的条件下发挥作用所做出的相应规定,具有抽象性、原则性、超前性、理想性等特点,所以社区教育目的的达成总是通过将其分解为不同层次、不同序列的社区教育目标来实现的。[1] 社区教育目的是社区教育内容选择的首要依据。具体来说,一是社区教育内容所传递的价值必须符合社区教育目的的社会性功能。社区教育是实现社区和谐发展的重要手段,社区教育内容作为实现社区功能的中介,其价值追求必须符合并反映社区教育目的这一社会性功能,符合社会的核心价值系统。二是社区教育内容的选择必须符合社区教育目的的个体性功能。社区教育的目的不仅是促进社会发展,更是促进人的发展。社区教育是全员教育,是以社区全体成员为对象的教育类型,当每个个人的基本需要和高级需要都得到了一定程度的满足,每个人的潜能都得到了发展,那么社区教育的社会性功能自然就能实现。

2. 社区教育对象的教育需求

社区教育属于学校后或学校外教育,非强制性特征决定了社区教育功能的发挥取决于社区教育所提供的教育内容是否符合社区居民的现实需要,唯有符合社区居民需求的社区教育才能激发受教育者的学习积极性,从而提升社区教育的有效性。社区作为社会管理体系中的基本单元,其成员的异质性程度较高。从年龄结构上看,包括了婴幼儿、少年儿童、青年、中年、老年各年龄段人群;从社区居民的生存状况看,有未成年的在读学生,有初入职场或初次创业的年轻人,有工作稳定、收入可观的在职人群,也有失业人士和正常退休期待晚年幸福生活的老年人;从家庭结构上看,有独子(女)家庭、二胎家庭、核心家庭,也有传统的几世同堂家庭。正是由于社区居民的异质性程度高,就直接导致教育需求呈现出多样多层次的特点。各社区必须要针对本社区居民结构,调查相应的教育需求,从若干种教育内容中选出适当的内容进行开发,以提升社区教育实施的有

---

[1] 侯怀银:《社区教育》,北京:北京师范大学出版社,2015年版,第146页。

效性。

3. 社区教育资源的整合

社区教育从设计走向实施必须要依靠社区教育的资源。这些资源包括空间资源、时间资源、人力资源、经费资源等。师资队伍、运转资金、活动场所、社会关系等都直接制约着社区教育事业的发展水平,所以社区教育资源的开发整合情况制约着社区教育内容的选择。社区教育资源的整合既包括对社区内现有资源的充分挖掘利用,如早教机构、企事业单位、博物馆等,还包括社区对社区外部资源的整合和吸收。例如社区间教育资源的互通有无,在线教育资源的共享与扩充,社区外机构、社团、个人的资源联络与保持等。所以必须将各种形态的、散布于其他各类社区资源中的、富有教育价值和意义的、有形的与无形的资源整合起来,形成比较系统和完善的教育资源网络,才能真正形成教育合力,充分发挥社区教育资源的本然功能,确保社区教育内容的可行性。

具体来看,社区教育资源主要包括社区人力资源、社区物质与环境资源、社区管理资源三大类。社区人力资源指的是社区内企事业单位从业人员、各行各业专家、退休职工、学生家长等;社区物质与环境资源包括文化基础设施、自然景观、活动基地、企业等;社区管理资源主要是教育行政部门、社区教育机构等。不同类型的资源将共同构成社区教育的资源库,如何用好这个庞大且复杂的资源库便是内容选择与课程开发的重要环节。

(二) 多元需求导向下的社区教育课程开发

目前,国内外社区教育课程开发领域已形成了数个具有代表性的开发方案。这些方案无一例外地强调社区教育课程应基于社区居民需求的开发,且开发方案主要是以开发步骤的形式进行介绍。方案立足于社区真实需求,遵循"满足需求→引导需求→开发需求"的基本模式,具有一定的现实指导意义。但是,这些课程开发方案的可操作性不高,尤其是针对具体课程开发过程的指导较为欠缺。有些课程开发方案缺乏有效的理论支撑,开发过程值得商榷。在社区教育课程开发尚未形成标准开发框架的情况下,适当借鉴和灵活运用其他教育类型中成熟的课程开发方案可以有效挖掘社区教育课程开发的潜力,提升课程开发活动的效率。

社区教育课程的开发究竟应该秉持何种取向?这是在明确内容选择后需要考虑的实施层面的问题,这一问题将直接决定社区教育课程的功能与使用范式。要回答这一问题,就需要我们回到上文提到的社区教育的目的和意义。社区教育的目的应是促进社区居民知识、技能、艺能、情感的发展并与社区文明互动，这是一个综合性的目标。这种目标落实到具体的课程实施层面则体现为个体通过一定的学习内容和过程实现个体发展与价值认同。那么社区教育课程开发就必须要帮助个体掌握具体的、可实现的、有价值的知识与能力，使个体能从中获取多元需求，如谋生技能、兴趣爱好等。所以社区教育课程开发一定是一个规范、有序、科学的过程，而非单纯地按照授课人的主观意见随意选取内容进行组织。

那么，社区教育课程开发应该遵循什么样的技术路径才能尽可能地凸显其多元化特征？这里我们可以推荐职业教育中的课程开发技术——DACUM 课程开发法。这是一个灵活性、操作性均强的课程开发技术，经过几十年的发展业已形成了一套成熟的课程开发方案。

1. DACUM 课程开发法简介

DACUM（Developing a Curriculum）是职业教育领域课程开发的重要方法。它是通过职务分析或任务分析来确定某一职业所要求具备的综合能力及相应专项技能的系统方法。

20 世纪 60 年代末，加拿大区域经济发展部实验项目分部为了在教学培训过程中找到一种科学有效的教学计划、开发方法，使教学培训满足实际工作的需要，进行了大量的理论研究和实践。结果表明：在对优秀工作人员进行分析的基础上确定与描述的本职业岗位工作所需的能力，更符合实际工作的需要，而且具体、准确。目前，这种课程设计的方法广泛应用于北美和世界其他一些地区的职业教育课程开发中，且在加拿大社区学院中应用已有三十多年的历史，被认为是成功的经验。

任何职业的工作内容，都能有效而充分地用优秀工作人员工作中所完成的各项任务来描述；任何任务与完成此任务的人员所需的理论知识、工作态度和技能又都有着直接的联系。在上述三条科学结论的前提下，加拿大、美国两公司合作开发出一项分析职业岗位所需能力的系统方法。由于开发这种方法之初只是为了开发教学培训计划，所以取名为 Developing a Curriculum（DACUM）。但随着其日趋成熟和广泛使用，实际上这种方法现已成为一种科学、高效、经济的分析确定职业岗位所需能力的职业分析方法。

加拿大专家认为："课程设置和教学计划是所有培训业务的核心，满足产业对培训对象的要求是本模式方法的基本原则。出发点是就业环境而不是专家或课程方面的专家的观点。"也就是说在课程设计上存在着两种不同的出发点或指导思想，因而也有两种不同的课程设计方法和培养途径。一种是基于学术的，其出发点是教育对象应具备什么知识,通过学科教学进行培养。这种课程的设计方法是根据社会的目标和价值,由学术提供了课程,如语言、科学、艺术、伦理等,通常按年龄分成不同的层次,根据科目的逻辑组织课程、编写教材、进行教学。这种方法主要为普通中小学和大学本科所采用。另一种是基于工作的,其出发点是培养对象应具备什么能力,而不是具备什么知识。其课程设计的方法是根据国家、社会、劳务市场对职业的需求,确定应设专业,根据对专业岗位工作和任务的分析,开发课程,决定教学方式,进行培训。职业教育的课程设计应属于后者。DACUM 的指导思想就是从具体的职业或工作岗位所要求具备的能力出发,制定课程,培训的最终目标也是看学习者获得了哪些能力,而不是记住了哪些知识。

根据上述指导思想,他们将制订一个完整的培训计划分为三个步骤。一是确定专业设置;二是进行工作分析和分步的能力分析,确定教学目标;三是制订教学计划。专业设置要由经济发展的目标、人才需求预测等来决定,不属于 DACUM 的工作范围。DACUM 系在专业确定之后的第二个步骤,即采用系统分析法,通过对工作与任务的分析,提出最终绩效目标(培训最后要达到的目标),并将此目标分解为多种分步能力目标,作为制订教学计划的依据。这部分工作不是由学校的教育工作者或教师来做,而是由雇主和从事这个职业或在这个岗位上有数年工作经验的专家、工程师以及专门的课程设计专家组成的顾问委员会(从业者委员会)来完成。因此,DACUM 也可以解释为分析工作的一种系统方法。DACUM 在整个培训工作中起着"承上启下"的作用,是制订整个培训计划中关键的一环。工作分析的结果,既是成果,也是课程开发的过程。加拿大专家认为,采用这种课程设计方法的优点是有效、省时、经济,并且是相互交流式的。

2. DACUM 法在社区教育课程开发中的适用性分析

DACUM 法虽然来自于职业教育领域,但是却完全可以在社区教育课程开发中发挥作用。一方面是因为部分社区学校承担职业技能培训项目,需要通过 DACUM 法进行工作任务分析;另一方面则是因为 DACUM 法中的一些任务分析、能力分析等环节值得社区教育课程开发借鉴。同时 DACUM 法可以根据社区教育的特殊性对其中的部分环节进行灵活处理,以满足社区教育对象及其需求的多元化特性。

(1) DACUM 法是职业技能培训中不可或缺的课程开发方法。DACUM 法首先起源于职业教育领域,是针对岗位进行工作任务分析与职业能力开发的重要手段。社区学校在为相应群体开展职业技能培训的过程中,完全可以通过 DACUM 法针对岗位进行工作任务开发。尤其是 DACUM 法可以有效地适应同一岗位在不同地区工作内容的差异性,使得分析出来的工作任务和职业能力更能够适应本地区从业人员的从业需求。例如同样一个中餐烹饪专业,不同地区的中餐菜系和烹饪方法可能各不相同,川渝地区可能偏向于川菜做法,江南地区可能偏向于淮扬菜做法,这种地区之间的差异无法通过全国统一的职业技能培训教材体现,最好的办法就是针对某一个岗位由地区内相关专家通过 DACUM 法确定相应的工作任务与职业能力。只有通过这种方式培养出来的从业人员才更能够适应区域内岗位的工作要求,也更加贴合社区内居民的生活与工作习惯。

(2) DACUM 法开发成果可以满足社区教育对象的多元需求。DACUM 法是把每一个具体职业或岗位的全部工作,分解成相对独立的工作职责,每项工作职责又可看作从事该职业应具备的一项能力领域;然后再把每项工作职责分解成若干工作任务,每项工作任务又可看作从事该职业应具备的一项专业能力。[①] 这种方法分析出来的教学内容相对而言更加强调操作技能。这种分析结果对于培养高技术技能人才的职业技术学校来说可能还有欠缺,但是对于培养一般操作技术,或只是作为兴趣爱好而学习的内容来说已经足够。而且通过开发出这种步骤式、操作式的内容,可以更加方便各个年龄阶段、学历层次的学员按照相关要求自主学习,提升了教育内容的可操作性。

(3) DACUM 法的开发过程可以根据实际条件灵活处理。使用 DACUM 法开发课程的核心步骤是召开工作任务分析会,邀请相关专家或优秀工作者利用头脑风暴法分析相应工作岗位所需要的能力领域和专项能力。在针对职业技能培训的课程开发中,能力领域和专项能力的分析需要细致和全面,以符合从业人员的技能学习需求;而针对满足青少年、老年等群体兴趣爱好的课程开发中,能力领域和专项能力的分析则可以结合学员的需求进行一定程度的简化、重组。因为两个群体学习相关内容的目的不同,同样的家电维修,针对从业人员技能培训的课程需要完整地呈现,而针对退休人员的兴趣爱好类课程则可以选取几个典型的家电和典型的故障,进行简单的技能培训。总之,DACUM 法的运用可以根据学习对象、学习目的、学习条件等的不同而随时做出调整,充分体现了这种方法在课程开发过程中的灵活性。

3. DACUM 课程开发基本步骤

社区教育中的 DACUM 课程开发主要针对两种情况:一是社区教育中的职

---

① 徐国庆:《职业教育课程论》,上海:华东师范大学出版社,2015 年版,第 35 页。

业技能培训。这种培训所需要开发的课程与职业院校开发的课程基本相同,尤其是部分社区学校与职业院校合作开设的职业技能证书课程,必须要严格地按照DACUM法的每一个步骤进行课程开发。二是社区教育中的兴趣类、生活类课程。这类课程的目的是满足不同群体的兴趣爱好,或者为社区成员提供简单的、非系统性的知识获取与技能提升服务。所以利用DACUM法开发课程的过程与内容可以适当简化。

(1)针对职业技能培训开发课程。使用DACUM法进行职业课程开发,产生职业(岗位)能力图表,最关键的环节是召开DACUM研讨会。DACUM研讨委员会的成员一般由8~12人组成,这些成员均是从工作一线精心挑选出来的优秀人员。委员会成员在技术业务能力方面,必须对所分析职业领域的工作非常熟悉,成绩优秀,了解该领域的发展趋势。同时,应是全日制从业人员。此外,还必须具有地区、行业、企业规模等方面的代表性,具有交流、群体合作等方面的能力。在确定了DACUM研讨委员会成员之后,要制定DACUM研讨工作进程时间表,做好各项准备工作,制订整个讨论工作计划。研讨产生DACUM能力图表的过程,大体包括以下几个主要步骤:

对所研讨的职业(专业)岗位进行讨论,写出职业(专业)岗位名称,填到DACUM图表上,并讨论出与本职业(专业)相关的工作岗位。

确定能力领域。运用"头脑风暴法"使DACUM研讨人员充分发表个人意见,在对能力领域提出意见后,再对提出的能力领域进行修改与合并。一般一个职业(专业)岗位有8~12个能力领域。应特别注意,对能力领域的描述,必须用一个动词开头,字不宜过多。

确定各项能力领域中的技能点。对技能的描述用动词开头,并附加可操作内容。在讨论技能时,要考虑应掌握哪些知识,能做什么及态度等。

再次检查和定义能力领域和技能点,通过增删、合并技能和能力领域,进一步完善DACUM表(一般当一个能力领域太窄,仅有6个及以下技能点,应与相关领域合并。如果一个能力领域达到30个技能点,那么这个能力领域应予以分解),并对能力领域和技能进行排序。

形成职业能力。对每一个技能点进行职业能力分析。职业能力分析应注意以下几点:一是分解全面,即每项工作任务上分解出来的能力之和,能够保证完整地完成这项任务。二是突出能力的内涵,即能力的分解要力求具体、深入,完整地呈现能力的内涵,避免笼统化、浅层化。从国外能力标准的描述情况看,美国比澳大利亚更注重对能力内涵的描述,而不仅仅停留在资格证书的表层内容上。三是注重能力的综合性,即不能将职业能力局限于操作技能,应将专业知识、职业素养融入其中。四是表述简洁、清晰,尽量采用"能或会＋操作条件＋操作对象＋操作结果"的形式表达,表述出能在什么条件下做什么事情,达到什么状态。对于少量认知性的内容可采取"了解……"、"熟悉……"的表述形式。

合并整理出 DACUM 表。DACUM 表一般包括能力领域、技能点、职业能力和技能操作评定等级四项内容。技能操作评定等级标准,是为了定义实际工作中单项技能的操作水平而提出来的,它分为四级六个水平。(见表5-1)

表5-1 技能操作评定等级标准

4	C. 能高质、高效地完成此项技能的全部内容,并能指导他人完成
	B. 能高质、高效地完成此项技能的全部内容,并能解决遇到的特殊问题
	A. 能高质、高效地完成此项技能的全部内容
3	能圆满地完成此项技能的内容,不需要任何指导
2	能圆满地完成此项技能的内容,但偶尔需要帮助和指导
1	能圆满地完成此项技能的内容,但需在指导下才能完成此项工作的全部

一般而言,一个能力领域就是一个专业的一门课程,课程的内容即是分析出的技能及围绕技能形成的职业能力。以会计专业为例,表中呈现的会计专业的DACUM 分析结果可以转换成"出纳核算"、"往来核算"、"成本核算"等若干课程。(见表5-2)

表5-2 高职会计专业 DACUM 能力分析[①]

能力领域	技能点	职业能力	重要程度	难易程度
1. 出纳核算	1-1 库存现金银行存款收支	·能熟悉公司货币资金管理制度和相关审批权限 ·熟悉银行各项业务的工作流程 ·能及时识别支付结算凭证的有效性、完整性和真实性并熟练操作各类支付结算业务 ·能准确报支各类费用并完成付款手续	3.5	2.5
	1-2 库存现金银行存款凭证编制	·能正确审核各项收付款业务的单据 ·能准确运用相关会计科目,正确编制记账凭证	3.5	2.2

---

① 百度文库:《DACUM 工作分析法介绍》。http://wenku.baidu.com/link?url = E6uQoyDXGbDgeV_KA-JTgBbUzlSw_NEiE5aryz072jR57XIBeR7JmfKtNyY3OxI-umXCcRJij4U5uNv4sienEQQ8EI4hrRMI3IiNblDmRiu.

续表

能力领域	技能点	职业能力	重要程度	难易程度
	1-3 登记日记账	·能及时登记库存现金日记账、银行存款日记账 ·能准确结账(日记账)	3.4	1.6
	1-4 库存现金银行存款对账	·能每日盘点现金,准确编制现金盘点表,发现长短款能查找原因,及时汇报并调整账目 ·能及时取得银行对账单,熟练掌握银行对账方法,及时查明未达账项 ·能定期与银行核对借款本金及利息并及时入账	3.9	1.8
2. 往来核算	2-1 应收账款的分类及核算	·能审核原始凭证及判断收入类型,编制记账凭证 ·能按记账凭证的科目登记相关的明细账户 ·月末各明细账户汇总后与总分类账核对并及时与产品销售合同进行核对	4.1	2.3
	2-2 应付账款的分类及核算	·能审核原始凭证并编制记账凭证 ·能按记账凭证的科目登记相关的明细账户 ·月末各明细账户汇总后与总分类账核对并及时与材料采购合同进行核对	3.3	2.3
	2-3 预收账款的分类及核算	·能将汇总后的应收账款明细账贷方余额,提供给总账会计,据以填列会计报表的预收账款	3.2	2
	2-4 预付账款的分类及核算	·能将汇总后的应付账款明细账借方余额,提供给总账会计,据以填列会计报表的预付账款	3.6	2.1
	2-5 其他应收款的分类及核算	·能熟知其他应收款的核算内容 ·能熟悉各项其他应收款的核算流程	3.6	2
	2-6 其他应付款的分类及核算	·能熟知其他应付款的核算内容 ·能熟悉各项其他应付款的核算流程	3.4	2
3. 财产物资核算(存货、固定资产、在建工程、工程物资、无形资产)	3-1 材料、产成品、物资的收、付记账	·能熟知各类财产物资的分类情况 ·能了解财产物资的市场行情及供应商信用政策 ·能正确地运用计价方法进行收发核算	3.5	2.6
	3-2 材料、产成品、物资的对账(账、实、卡相符)	·能深入仓库现场,随时掌握货物收、发、存情况 ·能盘点和清查各项财产物资	3.2	2.5

续表

能力领域	技能点	职业能力	重要程度	难易程度
	3-3 根据材料、产成品、物资的月报进行物资消耗的分配	·能审核、分配各项财产物资的消耗	4.3	3.6
	3-4 固定资产、在建工程、无形资产的入账	·能对固定资产、无形资产、工程物资进行初始确认 ·能登记固定资产卡片 ·了解固定资产的实际使用状况	3.7	2.8
	3-5 固定资产折旧计提、无形资产价值摊销的核算	·能核算本企业固定资产折旧、无形资产摊销 ·定期了解和分析、判断资产的价值	3.3	2.4
	3-6 资产的处置和清理核算	·能配合相关部门进行相关资产的定期清查 ·能熟知财产物资有关税收的报批手续和本企业逐级审批手续,办理清理工作	3.4	3
4. 成本(费用)核算	4-1 确定成本核算方法	·能掌握各类成本核算方法 ·能根据企业行业特点,合理运用成本核算方法	4.5	3.9
	4-2 成本基础数据的采集(产量、工时统计、水电气消耗、原辅助材料消耗、其他)	·能及时完整地收集相关数据 ·能与数据来源部门进行核实,保证成本核算数据的准确性	4.5	3.3
	4-3 归集和分配辅助生产费用	·能正确确定受益对象 ·能选用合理的分配方法	4.3	3.2
	4-4 归集和分配制造费用	·能正确确定受益对象 ·能选用合理的分配方法	4.3	3.0
	4-5 编制成本计算表	·能领会成本分析方法 ·能及时准确计算	4.7	3.5
	4-6 编制相关的会计凭证	·能根据成本计算表及费用分配表及时准确编制会计凭证	3.9	2.6
	4-7 登记成本明细账	·能按记账规则及时登记成本明细账	3.8	2.4
	4-8 期间费用的核算	·能熟知期间费用包含的内容 ·能及时核算	4	3.1

续表

能力领域	技能点	职业能力	重要程度	难易程度
5. 收入核算	5-1 填制、审核相关的原始凭证	·能熟练地开具各种销售发票 ·能根据合同等相关资料审核原始凭证	4	2.6
	5-2 审核相关的收款情况	·能了解本企业对客户的信用政策 ·能合理地对客户资料进行分类、汇总 ·能正确地对收款情况进行确认、分类	4.2	3
	5-3 收入的确认与分类	·能熟悉企业销售业务操作流程及收入管理系统 ·能准确识别企业各项收入业务	3.8	2.7
	5-4 编制记账凭证,登记账簿	·能熟知本企业的财务系统设置、科目设置 ·能熟练地根据各种收入编制记账凭证并登账	3.4	2.7
6. 投融资核算	6-1 金融资产核算	·能根据企业持有意图对金融资产正确分类 ·能核算交易性金融资产业务 ·能核算持有至到期投资业务 ·能核算可供出售金融资产业务	3.4	3.9
	6-2 长期股权投资核算	·能根据对被投资单位的影响程度对长期股权投资进行正确分类 ·能核算成本法下长期股权投资业务 ·能核算权益法下长期股权投资业务	2.5	3.8
	6-3 银行借款核算	·能根据企业特点和银行要求,合理选择贷款种类 ·能正确填制借款合同并及时办理借款保证手续 ·能根据贷款归还状况,办理抵质押品解除手续 ·能计算并核对应计利息,准确核算借款本息	3.7	3.2
	6-4 其他融资核算	·能根据企业需要,选择办理其他融资业务 ·能准确核算企业其他融资业务	2.9	2.6
7. 总账核算	7-1 凭证审核,编制科目汇总表	·能熟悉本企业各项业务的会计处理程序和方法 ·能审核各项会计凭证 ·能正确编制科目汇总表	4.0	2.7
	7-2 登记总分类账并试算平衡	·能根据科目汇总表登记总分类账相关账户,并试算平衡	3.6	2.3
	7-3 月末结账	·能熟悉企业会计核算流程 ·能熟练进行损益结转、收益分配核算	4.5	3.6

续表

能力领域	技能点	职业能力	重要程度	难易程度
	7-4 编制会计报表及简要分析	·能正确编制会计报表 ·能根据会计报表进行简单收入、成本、费用分析	5	4.3
8.纳税核算	8-1 审核涉税会计资料	·能及时掌握税收相关政策和纳税要求 ·能正确判断涉税资料的合法性、完整性、正确性	4.6	3.8
	8-2 办理涉税事务	·能熟练、及时办理涉税的申报、缴纳事项 ·具有良好的沟通能力	4.8	4
	8-3 纳税核算	·能熟练核算税收事项	4.8	4.5

（DACUM 能力分析表中重要程度、难易程度满分为 5 分）

（2）针对非职业技能培训的其他课程。非职业技能培训课程一般指的是社区教育中的兴趣类、生活类课程。这类课程数量多、内容浅、变化大，主要受社区内居民需求和社区教育条件影响。对于这类课程可以灵活使用 DACUM 法进行开发，某些步骤可以简单处理或省略，分析的内容可以更加简洁或符合相应人群的特征与学习需求。

利用 DACUM 法开发非职业技能培训课程，开发步骤和上述步骤基本一致，即"确定培训项目—确定能力领域—确定技能点—形成课程框架"，只是在部分环节上可做灵活处理。

确定培训项目。培训项目的开设需要征询社区居民的意见和建议。一般有两种方式：一是通过对社区居民进行问卷调查、访谈等方式，公开征求社区居民对社区教育课程设置的意见。同时根据社区内的师资条件、设施设备情况进行综合考虑，最终遴选出部分培训项目。二是首先由社区教育中心根据自身的条件列出若干可开设的项目，然后由社区居民根据这些项目进行投票，最终由票数决定开设项目。

确定能力领域。在确定了培训项目后，每个项目可邀请 2~3 位该项目的专业人士召开 DACUM 分析会，根据每个项目可能面向的社区群体和课程所要达到的最终效果，确定每个项目的能力领域。例如开设烹饪课程，可以根据居民需要和相关专业知识，分析出常用鲜活原料的初步加工、干货原料的涨发、出肉、取料与去骨、刀工技术、拼盘、火候、调味、热菜烹饪法等若干个能力领域。由于学习时间和学习要求的限制，这些能力领域不需要单独成为一门课程，而是将其组合起来，形成"中餐烹饪"这门课的各个部分内容。

确定各项能力领域中的技能点。对技能的描述用动词开头,并附加可操作内容。在技能讨论时,主要是将每个领域涉及的技能操作内容展现出来,并可以适当对态度方面有所要求,对于知识方面则不需要做过多要求,因为这类课程的目的是技能学习和情操陶冶,并非系统训练。以"热菜烹调"这一能力领域为例,可以包括四大技能点:油熟法、水熟法、汽熟法、特殊熟法。

确定技能点的具体能力。该类课程的项目能力与职业技能培训的课程相比可以有所简化,即内容上不一定要全面覆盖,可以抽取其中的关键要素;学习程度上以掌握某项操作技能为主,可以不要求学员掌握更多的能力内涵;表述上应简洁、清晰,尽量采用"能或会+操作条件+操作对象+操作结果"的形式表达,讲明能在什么条件下做什么事情,达到什么状态。以技能点"油熟法"为例,主要是用油作为传热媒介而使原料成熟的烹调方法,如炸、熘、爆、炒、烹、煎、贴、塌等。炒是最基本的烹调技术,一般是把原料放在热油锅内,用旺火翻拨变熟,加入调味品制作而成,包括生炒、熟炒、煸炒等方法。在表述该技能点的能力时可以按照如下格式进行:能够将主料先进行花刀处理,再用沸汤和热油冲炸,然后烹汁爆炒,使芡汁薄而少,外形美观,质地香脆;能够把原料经过较长时间的煸炒,将其水分炒干,或将原料用水氽后过油炸焦,再行烹调,使菜色深红,主料干香酥脆,味麻辣或鲜咸,越嚼越香,后味颇佳。

合并整理出 DACUM 表。DACUM 表一般包括能力领域、技能点、职业能力三项内容。受此类课程的功能所限,这类课程的 DACUM 表中不需要加入技能重要程度、难易程度与等级评定内容。

四、社区教育的数字化资源与课程开发

"数字化生存"已成为信息时代人类的生活方式和生存状态,而且,正如曼纽尔·卡斯特(Manuel Castells)所说:"作为一种历史趋势,信息时代的支配性功能与过程日益以网络组织起来。网络建构了我们社会的新社会形态,而网络化逻辑的扩散实质性地改变了生产、经验、权力与文化过程中的操作和结果。"[1]网络"从根本上改变了我们出生、生活、学习、工作、生产、消费、梦想、奋斗或是死亡的方式"[2]。因此,他将现代社会称为网络社会(the network society)。信息化、网络化的发展趋势完全改变了传统上的时空内涵和形式,在地理限制几乎终结

---

[1] 曼纽尔·卡斯特:《网络社会的崛起》,夏铸九等译,北京:社会科学文献出版社,2006 年版,第 434 页。
[2] 曼纽尔·卡斯特:《网络社会的崛起》,夏铸九等译,北京:社会科学文献出版社,2006 年版,第 28 页。

的同时,对时间限制的突破也达到了极致,社会事件更为频繁地从特定时空形式以及组织实体中抽脱出来,社会关系日益与"面对面的互动情势"相分离。这使得当代社会生活更趋向迅速流变、动荡不居。

在知识经济和信息化的大环境下,社区成员日益增长的学习需求与社区教育资源瓶颈之间的矛盾不断加剧,如何在信息时代协调可持续地建设社区教育资源成为社区教育理论中的热点问题。基于对相关政策文件、学术理论及学科前沿动态的长期关注,不难发现社区教育资源走数字化道路,建设社区数字化教育资源成为解决社区成员学习需求与社区教育资源之间矛盾的最佳途径,同时也是构建终身教育体系、建设学习型社会的重要手段和方式。理论界目前也在认真响应国家号召,积极探讨社区数字化教育资源建设的技术标准和具体举措,尝试建立关于社区数字化教育资源建设的理论体系。

目前,我国部分省市已经开发出了本土化的社区教育数字化资源平台。以江苏省为例,"江苏学习在线"是江苏省教育厅主管、江苏省社会教育服务指导中心主办、江苏开放大学承建,以服务全民学习、终身学习为宗旨的综合性学习网站。网站现有"工作"、"生活"、"修养"、"服务三农"、"老年教育"等九大类39个方向、11666个单元社区教育课程,面向全社会提供免费在线学习。只要完成资格注册,即可在线学习课程,实施自主管理,并与全省社区教育系统和电大进行链接,实现了"学分银行"的存储和资源的共享。作为江苏社区教育的门户网站,"江苏学习在线"发布各类社区教育信息资讯1800多条,共计200多万字。

(一)数字化资源的表现形式

1. 文献类资源

文献类资源是以二进制数字代码形式记录于磁盘之中,依赖计算机系统存取并可在通信网络上传输的文字类资料。这类资料主要包括电子书籍、电子期刊等数字化出版物。学习者可以通过光盘、磁盘等介质获得并读取该类资源,同时也可以通过互联网获取该类资源并利用 ADOBE READER 等软件进行阅读。文献类资源是社区教育数字化资源的主体部分,也是成本较低、受益面广、使用便捷的一类资源。社区居民既可以利用社区学校的设备读取和查阅,也可以在家中利用互联网学习平台随时下载使用。一般而言,由于这类资源受著作权人知识产权、出版商版权等因素的制约而无法由单个社区大规模地拥有,但可以由区域内的社区教育主管单位向数字资源的出版机构购买,或与高校、研究机构的图书馆合作使用。

2. 影音类资源

影音类资源与文献类资源的编码与存储形式相同,但其与文献类资源的传播方式和使用特征不同。影音类资源主要通过图片、视频、音频等信息与学员进行交互,学员往往需要同时利用视觉和听觉获取相关信息。这类资源包括教学视频、实况演讲、实况录音、影视、动画等,其内容主要是针对某一领域通过邀请相关专家进行讲解,并利用视频制作等技术对讲解内容进行更为生动的呈现。目前,国家、地方与社区层面已经初步建立起了立体式课程资源库,这些资源库中包含了大量的影音资源,且绝大部分的课程都是以影音资源为载体进行传播,这足以说明影音类资源在远程教育和在线教育中的重要性。与文献类资源相比,影音类资源传播的内容更多,表达方式更为多元和生动,学员能够以更为直观的方式学习相关内容,所以也受到了很多学员的欢迎。

近年来,"微课"在教育领域得到越来越多的关注和应用。2013 年 8 月,中国成人教育协会社区教育专业委员会下发了《关于推进社区教育数字化微课建设的通知》,正式以文件的形式要求全国社区教育实验区、示范区"认真学习新知,追踪信息前沿,重视微课建设,将微课列入课程建设和数字化学习内容,为满足社区居民多样化学习服务"。以微课为核心的新型教学模式引起了社区教育系统越来越多的关注,微课如何应用于社区教育成了值得探索的新命题。[1] 实际上,微课这种视频类课程资源十分适合在社区教育领域推广,一方面,微课的容量小、时间短、载体与学习方式灵活,与社会大众的学习模式和社区教育的宗旨较为吻合;另一方面,微课的制作成本较低,技术较为简单,任何人通过一定的视频编辑和录制技术培训均可自主录制,所以有利于社区教育资源库的建设。需要注意的是,不是任何课程都需要或可以开发成微课形式,尤其是职业技能培训类课程也许并不能通过简单的观看视频即可习得技能的操作要领,所以微课制作需要在内容甄选环节做足功夫。

3. 辅学类资源

辅学类资源,顾名思义,即辅助教学类资源。这类资源的特点是由授课教师或授课团队自行编制,具有针对性、个人性的特点,如 PPT、教案等。这类资源往往不会以单独的形式存在,而是配合教学视频等资源的使用,以方便学员利用视频等资源自学。

4. 新型交互类资源

新型交互类资源,是在人机交互硬件设备发展的基础上产生的新型远程教育资源。主要包括虚拟现实技术、增强现实技术、混合现实技术等。虚拟现实

---

[1] 丁海珍:《社区教育微课程建设的问题与对策探析》,《职教论坛》,2014 年第 21 期,第 53 – 57 页。

(virtual reality，简称 VR，又译作灵境、幻真）是近年来出现的高新技术，也称灵境技术或人工环境。虚拟现实是利用电脑模拟产生一个三维空间的虚拟世界，为使用者提供关于视觉、听觉、触觉等感官的模拟，让使用者如同身历其境一般，可以及时、没有限制地观察三度空间内的事物。增强现实（augmented reality，简称 AR），也被称为混合现实。它通过电脑技术，将虚拟的信息应用到真实世界，真实的环境和虚拟的物体实时地叠加到同一个画面或空间，同时存在。混合现实（mix reality，简称 MR），包括增强现实和增强虚拟，指的是合并现实和虚拟世界而产生的新的可视化环境。在新的可视化环境里物理和数字对象共存并实时互动。系统通常具有三个主要特点：1）结合了虚拟和现实；2）在虚拟的三维（3D 注册）中；3）实时运行。如果将这些技术运用在远程教育之中，可以解决教学情境变化太少，缺乏生动活泼的表现力的问题。利用强大的 3D 引擎和物理引擎可以创设逼近真实的虚拟学习情境，极大地丰富和增强教学手段和教学表达力。不光可以使身处异地的教师和学生处在同一个教学情境中，还可以实现异步通信、异步辅导和异步讨论等；用户可以在虚拟场景中漫游，以自然的方式与虚拟场景中的对象交互影响，学习者能获得一种主动的亲身经历，而非被动式的接受，更利于形成深刻记忆。目前这类产品还处于探索实验阶段，但是这些技术一定会成为未来社区教育的重要载体。

(二) 数字化资源的开发与维护策略

1. 明确数字化处理的内容

数字化内容的出现为社区教育提供了更广阔的发展空间，也为社区居民提供了更为便捷、高效的学习方式。但是数字化内容与学习平台只是社区教育内容与社区教育方式的一部分，不能因为数字化内容和学习平台的便捷和高效而抹杀了活动课程、现场教学等课程形式与教学方式的必要性，尤其是对于老年人等对互联网与计算机使用有一定障碍的群体，应更多地通过面对面的方式开展教育活动，这种基于人与人直接交往的教育方式有时更能够体现社区教育的基本功能和宗旨。此外，并非所有的内容都可以通过数字化的方式进行处理，有些技能项目是无法通过观看视频、查阅资料习得的，数字化学习仅可以作为了解背景知识的途径，不可成为技能学习的替代方式。

2. 合理使用数字化资源制作的工具

制作数字化资源需要用到资源搜索、视频制作、音频制作、图片处理、文本处理等多种工具，这些工具往往要综合运用到数字化资源的选取、制作与发布的过程中。表 5-3 列举了若干种数字化资源制作与发布的工具,这些工具在专业性与大众性上各有优势,制作人员可以根据需要选择不同软件搭配使用。

表 5-3 数字化资源制作与发布的若干种工具

工具类别	工具列举
资源搜索工具	百度、雅虎、谷歌、必应、搜狗等
视频制作工具	爱剪辑、会声会影、Adobe Premiere
音频制作工具	Cool Edit、Goldwave、音频编辑大师
图片处理工具	Photoshop、美图秀秀、光影魔术手
网页制作工具	Microsoft FrontPage、Dreamweaver、CSS Design
文本处理工具	Microsoft WORD、Adobe Reader、WPS

3. 定期更新和维护数字化资源库

数字化资源库得到高效利用的前提是内容的维护。只有不断地充实新的内容,才能使数字化资源适应人群对知识获取不断变化的需求,目前一些数字化教育资源库的"闲置"与其维护不当有着紧密的联系。数字化资源库的定期更新与维护主要包括以下几方面内容:一是对数字化学习平台功能使用的维护,即学习平台的维护人员要对学员在学习平台使用过程中产生的问题予以解决,并改善界面、操作等部分存在的人机交互不友好部分,使资源库的使用更为便捷。二是对数字化学习平台内容的维护。学习平台中的内容要定期检查和更新,尤其是对学员普遍反映的缺失、无效乃至错误的内容要及时补充和更换,必要时社区可以自行组织专家制作教学内容。

4. 善于利用社区外部数字化资源库

数字化资源的制作、发布与运营是一项时间成本、人力成本与资金成本均较高的工作。单独的社区学校往往无法胜任数字化资源从创意到运行的全部环节,这就需要善于利用外部数字化资源库。这些资源库往往由不同的团队进行维护,社区只需要购买数据库服务,并将数据库与社区学习平台进行对接即可,这样既可以使社区居民享受多元优质的教育资源,又可以让社区学校更为便捷地维护数字化资源的使用平台。此外,社区还可以与社区内外的学校、博物馆、图书馆等企事业单位合作,自主制作一批简易的、贴近居民生活实际的数字化学习资源,尤其是凸显区域特点的、有着典型地域风情的特色数字化资源。这种资源既可以让社区居民更好地了解社区,又可以作为社区对外展示的一个窗口。

5. 推广并使本社区居民使用数字化资源

数字化资源的使用是信息化教育方式在社区教育中的体现。但是受学习者学习方式、所处环境、年龄婚姻与学历情况、职业背景、学习能力、自我约束力等多种因素的影响,数字化资源的使用往往在现实当中会遇到很多困难,突出表现在学习者对数字化学习资源使用方法的陌生和不感兴趣。所以推广并使本社区居民使用数字化资源是提升数字化资源与课程效果的必要措施。社区可从三个维度进行数字化学习资源的推广:一是学习者维度,包括启发学习者的学习需要、设置个性化的学习目标、提高学习者的学习能力等措施;二是资源建设维度,包括保障数字化资源的快速传输、拓展数字化资源的表现形式、丰富数字化资源的内容等措施;三是支持服务维度,包括管理支持、平台支持、学习支持、技术支持等措施。[1]

(三) MOOCs 在社区教育中的应用

《教育信息化十年发展规划(2011—2020年)》指出,全民教育、优质教育、个性化学习和终身学习已成为信息时代教育发展的重要特征。[2]《国家中长期教育改革和发展规划纲要(2010—2020年)》将"终身教育体制机制建设试点"列入改革试点项目,其中明确指出"建立终身学习网络和服务平台;统筹开发社区教育资源,积极发展社区教育……"[3]信息化环境下,新的信息传播机制和媒体特性变化为社区教育的发展带来新的契机。MOOCs(Massive Open Online Courses,大规模开放在线课程)是面向社会公众免费开放的网络课程,发挥 MOOCs 的社区教育功能,让全民在线自主学习、线上交流互动以及通过网络课程共享优质资源成为可能,为实现全民教育和终身教育提供了契机。MOOCs 与社区教育具有天然耦合和互补的特性(见图 5-1)。在服务对象方面,MOOCs 主要面对的对象包括所有能上网的学习者,社区教育则比较广泛,除了网络学习者之外,还包括较少使用网络环境的各行各业的社会大众。在教学内容方面,MOOCs 现阶段主要是以名校学科课程为主,而社区教育除了部分学科课程以外,还包括基础教育、职业教育、成人继续教育等,涉及领域有文化宣传、生产劳动、社会生活等。在教学方式中,MOOCs 主要是在线教学为主,线下教学为辅,社区教育则包括具体的公共场所教育、社会文化教育活动等多种形式。在学习门槛方面,无论是 MOOCs 还是社区教育均面向社会大众进行终身教育,不设学

---

[1] 宋亦芳:《社区数字化学习资源建设研究》,上海:上海科学技术出版社,2013 年版,第 165 - 172 页。
[2] 中华人民共和国教育部:《教育信息化十年发展规划(2011—2020 年)》。http://www.edu.cn/html/info/l0plan/ghfb.shtml.
[3] 中华人民共和国教育部:《国家中长期教育改革和发展规划纲要(2010 - 2020 年)》。http://www.china.com.cn/policy/txt/2010/03/01/content_19492625_3.htm.

历门槛,允许任何地方、任何人免费参与学习。从依托媒体的角度讲,MOOCs 主要依托网络学习平台,以视频、微博、SNS 等作为信息呈现与交流的媒介,辅之以传统媒体;社区教育则不仅依托线上的媒体,还包括线下传统媒体,如书籍、报纸杂志、广播、电视、电影等。综上所述,MOOCs 和社区教育具有很多方面的耦合点,其服务对象趋于一致,服务宗旨一脉相承。在服务方式上,社区教育若以 MOOCs 为载体,社会大众足不出户便可享受教育服务;同样的 MOOCs 也以社会大平台运作管理,辅以诊断评价、翻转课堂、学分认证等手段,可以有效保证社区教育的学习质量。二者有一致的出发点和宗旨,大大增加了每位公民公平享有优质教育的机会。

MOOCs		社区教育
所有能上网的学习者	教学对象	各行各业、社区全体民众
各学科专业知识	教学内容	文化宣传、生产劳动、社区生活等各个领域
在线教学为主线下教学为辅	教学方式	公共场所、社区文化教育活动、在线等多种形式
允许任何地方任何人免费参与学习	学习门槛	向所有社区民众开放学习
网络学习平台、视频、微博、微信、SNS 等新媒体为主,传统媒体为辅	依托媒体	线下：书籍、报刊杂志、广播、电视、电影等;线上：网络平台、微博、微信、SNS 等新媒体

图 5-1 MOOCs 与社区教育的耦合点

我们整合国内外 MOOCs 在社区教育领域的研究成果,针对当前 MOOCs 的特点与不足,吸纳了情境认知、游戏化学习和问题解决等理念,以教学设计理论、学习共同体理论、终身学习理论、掌握学习理论和学习活动理论为指导,尝试构建了面向社区教育的 MOOCs 应用模式(见图 5-2),包含了学习目标、学习评价、学习资源、学习活动和学习互动共同体等策略,以提高社区教育学习者的学习体验和学习成效。该模式坚持"问题解决与社区民众需求"的学习目标设计,关注学习者的用户体验,在课程设计中提供大量活动、游戏化和情境化体验的机会,逐渐引导学习者在实践问题中应用所学的知识技能。同时,面向社会教育的 MOOCs 课程设计不按照传统的教材以章节式学科体系来组织内容,而是以问题解决的一般化流程进行设计,在深入分析学科内容基础上将课程内容分解后重新整合。采取"大模块内容—小活动任务—细步骤实训"的形式进行组织重构。

各模块内容相对独立且结构完整,模块之间的知识点相关但并不交叉,模块之间不一定有严格的逻辑先后顺序,不仅更符合学习者个性化学习需求,而且有利于资源的重组和二次开发。模块以需求为导向设计相应的情境案例、任务活动,渗透学科的认知发展要求。活动的设计分解为若干问题,采用"学习导入—创设具体情境、步骤演练—解决关键问题、情景实训—迁移应用知识"的模式,按照认知发展的顺序组接,同时评价和反思贯穿于活动步骤的学习过程,逐渐引导学习者在实践操作中演练所学的知识技能,获得解决问题的方法。

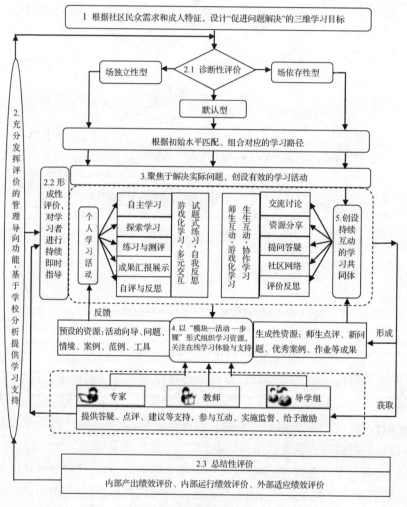

图5-2 面向社区教育的MOOCs应用模式

社区教育面向的是各行各业的社会大众,意味着成千上万种潜在需求,因此面向社区教育的MOOCs要实现有效应用须首先加强顶层设计,以社区大众需求为着眼点,对重点开发哪些优质的 MOOCs 课程、各门 MOOCs 课程之间的关系、建设和传播机制等一系列问题,都要进行科学的总体设计,以形成体系合理的社区教育 MOOCs 群。下面以"现代礼仪"作为案例进行优化设计分析。

1. "现代礼仪"MOOCs 课程案例分析

"现代礼仪"MOOCs 重点是了解和掌握现代礼仪的规范和知识,提升学习者的素质和修养。第一,课程内容讲授礼仪概说、仪表仪态、言谈礼仪、生活礼仪、职场礼仪、社交礼仪等六个章节。课程教学以周为单位,每一章节又都包含若干个 15 分钟左右的视频,共 40 个视频。第二,教学方法。学生在每周完成 4 段视频的学习、课后讨论和习题,视频形式为教学实录,包括相应的 PPT 讲稿、师生问答环节等教学过程。"现代礼仪"的主讲教师通过讲解、提问、实例等方式,较传统网络课程更注重课程的实践性。学生可以利用讨论区与主讲教师或者学生交流,教师团队在线答疑并组织两次见面会。第三,课程学习评价。平时练习讨论成绩占 60%,期末考试成绩占 40%。平时练习共 8 次,每次约 10 道习题或讨论题,期末考试内容为一篇 4000 字以上的小论文。学生成绩超过 60% 可以获得主讲教师的签字证书。下面将结合上述模式,对该课程进行优化设计。

2. "现代礼仪"MOOCs 课程的优化设计与应用策略

我们将从五个方面分析"现代礼仪"MOOCs 课程的优化设计与应用。

(1) 学习目标设计:根据社区民众需求和成人特征,采用三维目标法明确课程学习目标。"现代礼仪"MOOCs 课程定位于面向社会大众,仅仅掌握现代礼仪知识和技巧,不能等同于解决其工作和生活中的实际问题,因此课程目标应该致力于学习者礼仪与社交能力的提升和行为改变。如何将现代礼仪知识与能力有效迁移应用并解决实际问题,才是社会大众学习"现代礼仪"的根本目的。综上所述,本书所设计的"现代礼仪"MOOCs 结合成人教育的特征,以社会大众在礼仪和形象塑造过程中可能面临的一系列实践情境为线索,重在"问题解决"而非"知识传授",重在"有效迁移"而非"简单模仿"。基于此,面向社会教育的MOOCs 课程采用"三维目标设计法",确保"知识技能"、"过程方法"与"情感态度及价值观"等目标的三位一体,即学习者不仅能学习和培养礼仪的知识和能力,还能学会和培养现代礼仪和形象塑造的方法、思维方式与综合素质。同时"三维目标设计法"不仅体现在课程目标上,还贯彻到各教学单元及其子教学序列的目标设计中,形成覆盖"模块—活动—步骤"的三级学习目标,这样便于学习者选课和评估学习效果。

(2) 学习评价设计:充分发挥评价的管理导向功能,基于学习分析提供学习支持服务。面向社区教育 MOOCs 的学习者涉及各行各业成千上万的社会大众，其学习目标、学习起点和学习风格等差异大，因此更应借助大数据支持下的学习分析提供学习支持服务。Long 和 Siemen 认为，学习分析有助于课程学习过程中优化资源配置、改善管理决策水平，及时发现学习者遇到的困难，并提供相应的学习支持服务。[①] 在这里我们将诊断性评价、过程性评价和总结性评价结合起来，基于学习分析形成一套系统化的评价反馈体系。

首先是课前采用了诊断性评价。采集分析学习者的认知结构、学习风格和学习期望等数据，从而分类匹配和组合相应的教学方式、学习路径和学习资源，在一定程度上满足学习者自主学习和个性化学习的需求。

其次是课中采用形成性评价。强调即时反馈，对学习者进行持续跟进指导。通过收集学习进度、作业完成质量、对资源的使用情况、测试成绩、与其他成员互动情况、自我反思与管理情况等数据进行学习分析，从质量和数量两个维度定期诊断和反馈学习者存在的疑难问题，并展示学习成果，激励学习者不断取得进步。例如，在模块二活动一的"情境实训"中，设计开发了基于情境和问题解决的互动式情境实训。在这个互动场景中学习者将扮演林女士的角色，根据林女士面临的问题做决策，并能收到即时反馈信息和课程教师团队的专业点评。

再次是注重内在因素，设计多元化的学习评价维度。成人更多的是受到内在因素（希望解决问题、增加能力和自我价值实现）而非外在因素（如考试成绩、证书认证）的驱动而学习。我们这个 MOOCs 将自评和他评相结合，突出阶段性的诊断评价，综合考虑学习参与度、作业提交率、作业质量、学习反思质量、生成性资源质量以及与学友合作情况等一系列影响学习效果的因素和数据[②]，更多从内驱力出发，发挥学习者的主动性与积极性，向评价标准看齐，趋近预期的学习目标。

(3) 学习活动设计：聚焦于解决实际问题，创设有效的学习活动和任务情境。目前 MOOCs 存在高辍学率的问题，即注册一门课程的人数很多，但实际完成的人数比例很低，其原因之一是课程的知识应用具有延后性。面向社区教育的 MOOCs 更强调知识的立即应用，不同于学校教育知识的未来应用方式，以学习者的工作或生活的实际问题为线索，有助于持续保持学习者的学习兴趣，设计

---

① P. Long & G. Siemens. *Penetrating the fog: analytics in learning and education.* EDUCAUSE Review, 2011, 46(5): 31-40.

② 胡小勇、林晓凡:《促进认知迁移的在线学习课程设计与实证研究》,《中国电化教育》, 2011 年第 8 期, 第 78-83 页。

有效的学习活动。

第一要提供典型的工作或生活案例,诱发学习者的学习动机。优秀典型的案例不仅能激发学习者的兴趣,同时能够促进学习者反思自我的工作和生活,吸取案例中的有效经验。例如,在模块二"仪表礼仪和形象塑造"中设计了"职场仪表礼仪"的工作或生活案例,通过问题研讨、案例点评等活动,帮助学习者在交流中深化理解。

第二要创设工作或生活情景,联系学习者的工作实践。媒体形式上以交互式动画和视频为主,兼有相关图文等多种媒体再现真实、模拟的场景,发挥网络课程的交互优势。在"学习导入"、"步骤演练"和"情境实训"等环节均创设与学习者实际问题密切相关的拟真(authentic)情景,引导学习者形成课后应用的步骤和解决方案。例如,在模块二活动一的学习导入中,通过视频案例、步骤操作演示提出思考问题,为学习者创设了一个生动形象的"巧穿衣提升职场礼仪和形象"的情景;在"步骤演练"中更多地设计开放性问题,少用结构式的问答方式,致力于引导学习者构思符合自身情境的解决方案;在"情境实训"环节,鼓励学习者分享自己的具体问题,引导和建议学习者将所学立即应用到工作中,同时能在课程模块二结束时,让学习者不仅学到穿衣搭配的知识,同时针对其工作环境形成适用具体职业场合的穿衣方案。

(4)学习资源设计:以"模块—活动—步骤"形式组织学习资源,关注个性化在线学习体验。当前 MOOCs 在学习资源组织方面存在两类典型问题:一类仍是以教材的学科体系组织教学内容,资源的开放性特点不突出;一类是微型学习内容选取过于"碎片化",内容组织缺乏系统性,这都导致了无法达到将知识有效迁移运用到实际情景的学习目标。对此,面向社会教育的 MOOCs 优化设计采取"模块—活动—步骤"的形式重组内容,避免归类零散、实训不完整的缺点;关注学习者的学习体验,嵌入大量观摩、操练和反思机会。具体而言,面向社会教育的 MOOCs 贯穿了完整的"问题解决"学习圈,以问题解决的一般化流程进行设计,通过 MOOCs 学习者在学习过程中持续生成学习资源和提升资源质量,并促进认知理解和迁移。1)在课程层面,设置了"课程导学—课程内容—课程测评"的学习过程。2)在活动步骤层面,每个活动都设计了"学习导入—步骤演练—情景实训"的学习过程。围绕学习者工作的需要设计相应的活动与任务,将活动分解为若干个问题与步骤,进而按照问题线索和认知发展次序进行组接。3)在知识点案例层面,每个知识点案例都设计了"情境任务—分步掌握—迁移运用"的学习过程。由此构成促进社区教育效果的 MOOCs 应用模式的三个学习循环圈,学习内容(资源)的设计粒度从框架、模块、活动细化到步骤、案例、问题,使学习者的认知水平呈螺旋状递增发展。

每一模块和活动的内容自成体系,又支持灵活重组,学习者可以根据自己的情况选择适合的步骤和学习路径。从网络课程预设的学习路径导航图中,学习者可以清楚地看出"课程—模块—活动—步骤"的知识点及它们之间的关系,这有利于学习者在初始学习时建立整个网络课程的整体感知和初步印象。学习者通过导航图的超链接转入学习的知识点,从而将正在学习、已经学习和将要学习的知识连贯起来,获得较为系统的知识。学习者还可以按照自己的思维线索和认知水平,不断对学习内容进行重新选择,构建一个与学习者自身认知发展结构相吻合的动态学习路径。这里的 MOOCs 在具体的学习活动或步骤环节的资源,包括预设的资源和生成性资源两种。1)提供恰当的预设资源和工具,满足学习者发展需求。本 MOOCs 设计了许多帮助学习者进行自主学习的资源和支持工具,在适合的时间节点提供导航线索、活动向导、案例、范例、支架工具等,以帮助学习者解决问题,有利于其对本课程进行系统深入的学习。2)重视生成性资源,促进学习者的实践迁移应用。课程学习过程中,师生点评、发现的新问题、优秀案例和作品等生成性资源既是深度有意义互动的成果,又是直接推动学习者知识转化、生成、应用和传播的催化剂。因此面向社区教育的 MOOCs 将生成性资源的数量和质量列为学习评价的指标之一,以促进学习者将所学迁移应用。

(5)学习互动共同体设计:构建在线"学习共同体",形成师生、生生持续互动的学习氛围。不少优秀的网络课程和视频公开课采取的是教师精彩讲授、学生认真听讲的学习形式,却忽视了面向社区民众的网络学习应该更强调互动和主动参与的氛围。这也是"现代礼仪"MOOCs 存在的问题。EdX 主席 Anant Agarwal 和学者乔治·西蒙斯在 MOOCs 教学实践中均发现,在课程结束后,学习者的交流并没有结束,而是通过 Second Life、Google、Facebook 等各类社交媒体围绕共同感兴趣的主题创建了学习群体和学习社群,进行交流和互动。[1] 这一现象不仅说明网络环境和大规模的学习群体为组织内的学习者持续互动、汇聚信息和知识建构带来便利与新的契机,也揭示了有效的成人学习应"注重主动参与,而非被动接受",充分发挥信息的自由传播,鼓励创新与知识共享。我们提出的 MOOCs 通过营造良好的学习共同体氛围,使成年学习者主动参与,获得认可和支持。为此,我们提出了三个学习共同体的设计策略:1)结合学习者的

---

[1] Siemens, G. Managing and Learning in MOOCs (Massive Open Online Courses). http://auspace.athabascau.ca/bitstream/2149/2838/4/George-Siemens.pdf.

讨论习惯、意愿和学习者的异质性,组建多元化的学习共同体,帮助学习者找到志趣相投、知识互补的学伴。2) 创设情境,鼓励参与。我们通过创设拟真的学习情境来关联学习者的经验和弥补在线学习的孤独感,激发学习动机。3) 引入游戏化规则,组织增强学习者互动的活动,包括交流讨论、资源分享、师生社交媒体的社会网络参与、提问答疑、闯关竞赛、评价反思(学生互评和教师点评)等,凝聚共同体成员的反思、体验和智慧。例如,在模块二"仪表礼仪和形象塑造"中设置形象设计比赛活动,并提供"宴会厅、会议室、求职面试、接待大厅"等多种可选的应用情境,学习者首先结合情境进行小组仪表礼仪和形象设计;然后先在组内交流讨论和互相建议,找出缺漏与误区,并完善设计;最后组间互评出相应情境的"最佳表现组"并得到徽章奖励。同时,这样的比赛活动贯穿于整个模块,安排由简单到复杂的闯关环节,由基本着装礼仪到高级礼仪形象设计,比赛进展以徽章积分榜展示,提高学习成就感,充分发挥学习共同体的优势,避免独自学习遇到阻碍而停滞,从而保证学习持续下去。

五、社区教育的活动课程

随着社会生产、生活和科学文化的发展,教育也得到迅速发展,学校课程日益丰富和定型,并形成了不同的课程理论。目前有六种课程类型:学科课程(即分科课程)、关联课程、融合课程、广域课程、问题课程以及活动课程。在上述六类课程中,影响大的主要是学科课程和活动课程。学科课程是根据教育目标、教学规律从科学中选择部分内容组成各门学科,彼此独立地安排各门学科的教学顺序、教学时间和期限。学科课程论认为各学科的逻辑体系,反映了客观事物和现象的本质,教学内容应以学科知识为中心,严格地按每门学科的逻辑体系来组织教材。分科学习,能使学生正确地认识世界。活动课程是学生自己组织的活动,学生通过活动获得经验、培养兴趣、解决问题、锻炼能力。活动课程论是以杜威为代表的美国实用主义教育家提出的。他们认为,学科课程论所主张传授的"百科知识"是成人按照自己的意志强加给儿童的,这会破坏儿童个性的发展,压抑他们的主动性。活动课程论主张打破学科界限,课程以学生兴趣和需要为中心来组织活动,以活动来代替分科教学,让学生通过活动,从"做"中获得生活必需的经验或对已有的经验进行改造。首先要明确的是,无论是学科课程,还是活动课程,抑或是其他四类课程,这些对课程的分类都是来源于基础教育领域,带有浓厚的基础教育理论色彩。但是这并不妨碍我们在社区教育的课程开发过程中利用这些理论成果。从实践过程中可以看出，社区教育一般不会将课程体系设计为学科课程体系，而是以活动课程为原型设计并实施课程。这与前面所提到的社区教育的目的有关，也与活动课程的特性有关。本章将重点关注并系统论述社区教育活动课程的内涵、特征与实施策略，为社区教育活动课程的设计提供重要的理论支持与实践指导。

（一）社区教育活动课程的内涵解析

要明确社区教育活动课程的内涵，首先要明确"活动课程"这一概念。活动课程也称经验课程、儿童中心课程，是与学科课程对立的课程类型。它以儿童从事某种活动的兴趣和动机为中心组织课程。因此，活动课程也称动机论。活动课程的思想可以溯源到法国自然主义教育思想家卢梭。19世纪末20世纪初，美国的杜威和克伯屈发展了这一思想，杜威的课程为"经验课程"或"儿童中心课程"。杜威指出："传统的学科课程以学科为中心，难以顾及儿童的兴趣和需要。"他主张"以活动为中心组织教学，使儿童直接获取经验解决问题，锻炼能力"。

活动课程具有以下几个特点：一是以学习者为中心；二是强调学习者全面发展；三是题材系由所有学习者在学习情境中合作选择组织；四是由学习者在学习情境中与他人（教师、家长、校长、视导等）共同控制；五是强调意义，具有解决问题的功能；六是强调习惯和技能的养成为较大经验的一个统整成分；七是强调理解并由学习过程的利用来改善；八是强调学习情境的变化性，学习结果也要有变化；九是教育应协助每个学生成为具有社会创意的个体。

相对于学科课程而言，活动课程具有以下优点：一是重视学生的需要与兴趣，尊重学生的主体性，有利于学生学习的主动性、积极性的发挥；二是强调教材的心理组织，有利于学生在与文化、科学知识的交互作用过程中，获得人格的不断发展；三是强调实践活动，重视学生通过亲身体验获得直接经验，有利于培养学生解决实际问题的能力；四是重视课程的综合性，主张以社会生活问题来统合各种知识，有利于学生获得对世界的完整认识。

社区教育活动课程同样具有活动课程的基本特点。但是由于社区教育的对象与普通教育有差异，二者在目的、功能与外在表征等方面也各有不同。所以对社区教育活动课程内涵的理解必须要结合其特定的属性与功能定位。诚然，社区教育活动课程依托活动，通过参与活动由学习者自主建构经验体系，体现学习者的兴趣与学习自主性，主张从做中学。但是社区教育的对象中包括相当一部分已经具有成熟经验体系的成人,这些成人对间接经验的接受能力比学生高,经验内容也比学生丰富,且不同群体、背景的成年人的经验体系也有所不同,如果全部通过活动课程实施教学,抑或是不加变革地沿用针对儿童的活动课程,并不能保证社区教育的效果,甚至会造成负面效应。所以社区教育的活动课程应该兼具获得直接经验与间接经验,师生交往也不应仅限于教育性,而更应该凸显生活性、平等性,教育过程以学习者为中心,借助项目活动实现信息沟通与经验交流,进而达到教育与享受的最终目的。

(二)社区教育活动课程的特征

1. 以活动为载体、以教育为目的

社区教育活动课程是建立在对"活动课程"这一基本课程类型深入理解基础上开设的,而并非是单纯的以活动代替课程。目前较为普遍的情况是活动热热闹闹,但缺乏教育元素,体现不出课程应有的要求,导致课程质量不高,使教育界一些人士不认可这些活动课程为教育活动。如果要提升社区教育活动课程的质量,确立活动课程的地位,必须解决理论认识问题。[1] 社区教育活动课程应是以活动为载体的课程,活动不仅是人类获得经验、知识的最初源泉,也是个体获得直接经验、增加感性认识、培养动手能力和创造能力的重要途径之一。但是活动不是课程的目的,教育才是活动课程的目的,如果一个活动仅仅是对象的参与,而没有对象的融入、经验的获得、情感的生发,那么这个活动的设计就是有缺陷的。而且,活动课程与学科课程之间并非界限分明,在学习对象包括大批成人的社区教育中,对于经验的获取应该注重直接经验和间接经验的共同作用。学科课程与"活动课程"的主要区分点在"学生本位课程"中已经完全融合了,如在理论与实践的关系上、间接经验与直接经验的关系上、学习结果与探究过程的关系上、教师与学生的关系上,等等,并不是非此即彼的,这已为当代国际教育的课程实践所证明。[2] 所以活动课程中的活动只是载体,真正的社区教育活动课程应该是将教育性摆在第一位,通过预设教育目标并融入直接与间接经验、融入理论学习与实践活动,以达到应有的效果。

2. 活动课程的题材来自生活、来自学习者的需求

社区教育的活动课程应该尽可能地融入生活元素,以生活情境为取材库,通

---

[1] 杨立艺:《社区教育活动课程建设刍议》,《成才与就业》,2014年第15期,第35-38页。
[2] 丁邦平、顾明远:《学科课程与"活动课程":分离还是融合——兼论"学生本位课程"及其特征》,《教育研究》,2002年第10期,第31-35页。

过设计与学习者联系紧密的活动以达到教育效果,其表述方式也应具有较为浓郁的乡土性。它通常是把本地的社区资源转化为活动来实现教育目标,它的内容与实施方式总是同社区居民的生活形态相吻合,体现了多数居民的生活追求,因而能得到他们的广泛认可。目前有很多社区在开发活动课程时已经开始将社区生活作为重要的素材来源,如区域内农作物的家庭种植。此外,在授课过程中,部分教师也将授课方式进行一定程度的本土化,如面向老年人使用地方方言进行授课等。

3. 课程实施的过程是开放的、内生的

活动课程的实施方式因实施内容、对象、场所、时令、教师的特长而不同。只要能体现出教育活动的基本元素,能吸引社区居民参与和融入学习过程,能让参与者获得直接经验和实际能力,实施方式没有明确规定。而且在课程实施过程中,教师与学生的互动也是开放的,不需要严格遵循普通教育实施的规范性。所以社区教育的课程实施应该更偏向于目标导向,即在课程实施前预设清晰明确的目标,在课程实施过程中不加过多的设计与干预,由教师和学员共同创设课堂情境与学习进程,将"设计型课堂"转变为"内生型课堂",只需要在课程结束前通过一定的方式进行考核,确保绝大部分学员能够达到学习目标即可。这种设计方式能更好地凸显社区教育自身的特点,也能在最大程度上发挥活动课程的优势。

(三) 社区教育活动课程的实施策略

1. 充分利用社区内外资源

活动课程的实施需要有师资、场所与设备等方面的支持,所以开发出内容丰富、类型多样且具有教育性的活动课程就必须要充分利用整合社区内外部各类资源,寻求社会各界的支持。一般来说,社区教育活动课程中的活动设计应首先充分依托社区内现有资源,如游泳馆、博物馆、科技馆、图书馆、剧团等,社区可针对不同人群定制不同类型的活动课程,如游泳课、社会活动体验课、科技博览课、地方剧学习等。在社区内居民有其他需求时,可考虑联系社区外部资源,拓展活动课程实施空间,或与外部机构合作共同开发活动课程资源。

在社区内资源的开发上,有三部分资源需要重点挖掘:一是要充分挖掘社区内的地域文化资源,将其开发成具有地域代表性的家乡认知课程,供辖区内的居民学习,如地方代表性的历史人物、发生过的历史事件等;二是要充分挖掘社区内的名家名人资源,邀请他们在社区内开设技艺传承课程;三是要充分挖掘本社区内具有传统影响力的社会活动,将其开发成活动课程供社区居民学习和参与,并可为活动培养后备人才。其最终效果是形成具有品牌效应的社区活动课程资源。

【资料链接】

涩谷忠男是日本社区教育学会的首任会长,他长期在京都市的农村地区从事教育工作,是具有进步思想的教育家。他认为知识不完全是从书本上学到的,大量的知识积累应该在实际活动中;每一个社区的条件是不同的,应按照社区的不同条件去实施本社区的教育。随着不断的积极探索,涩谷忠男逐渐形成了"重视生活课"的教育思想。

涩谷忠男十分重视家庭、学校和社区的关系,注重社区对孩子发展的影响,并根据自己所在社区的自然条件,带领学生体验人类生活中最基本、最原始的内容,如养牛、养鱼、种稻谷等,他把这些内容称之为"生活原型"。他认为现代社会的儿童们生活在一个高科技的现代化社会里,最基本的生活原型越来越远离儿童,如牛奶是人们现代生活的重要食品之一,现代化的牛奶生产使儿童很容易就能享受到成品,却不能使儿童亲自与奶牛接触。他主张应该让儿童亲自去挤一挤牛奶,握住奶牛的大乳房,体验一下挤奶的感觉。当然活动不仅仅限于挤牛奶,与之相联系的喂草料、清扫牛粪等都可以是活动的内容。在他多年的教育生涯中,曾经实验的主要项目是在灌木丛中玩、种稻谷、养蚕、挤牛奶、炼铁等。

…………

创办"自然教室"的是一位地质学家,名叫堀井笃。他从京都大学退休后,在社区教育学会的支持下于1990年创办了"自然教室"。共设有27个教学点,以社区所具有的自然条件为教室,让参加学习者接触自然,在活动中接受自然科学教育。在这种"教室"里学习,不搞分数评价。堀井先生认为自然界有无穷的奥秘,可以让学生亲自去探索、去寻找答案,这有利于学生的发展。由于这种活动的效果很好,许多小学生及家长也自愿参加进来,通过各种各样的活动,如测河、海的深度、流速,采集标本,分析地质成分等活动,学习和掌握了有关知识。这样的活动在整个社区影响很大,科技活动的风气变得越发浓厚。孩子们在活动中增强了科学意识、科学思想,培养了严谨的科学态度、观察力及动手能力。[①]

---

① 李晨英、王昕:《在活动中培养学生——日本社区教育实践活动的启示》,《河北教育(德育版)》,2013年第4期,第42-43页。

2. 注重问题探究、课题研究等参与性学习

活动课程的开发既需要资源支持,也需要方法设计。一般来说,活动课程应注重问题探究、课题研究、亲身体验等参与性学习方式,并结合教师的开放式引导和师生间的充分互动,最终建构起学员在某一领域的知识图式,其核心要义是要将活动课程的教育性、生活性、平等性等要素体现出来。例如在烹饪课中,教师可以以"为社区内孤寡老人做几道菜"这一活动鼓励学员设计菜谱,在教师的指导下完成原料采购、清洁、制作、打包等工作,最终邀请孤寡老人一起就餐。这样的活动设计既使学员学习到了相关烹饪知识和技术,也使整个活动从头至尾贯穿了维系社区居民情感等的情感态度方面的要素,师生围绕一个主题共同设计、制作,无论是教育性、生活性还是平等性都得到了充分的体现。

3. 集直接经验与间接经验于一体

前面提到,社区教育的对象较为复杂,既包括经验体系尚未成熟的中小学生,也包括经验体系较为成熟的中老年群体。所以活动课程不能仅仅将直接经验的获得作为课程的主要目的和实施路径,而应该将直接经验与间接经验融合到课程实施的每一个环节之中,以直接经验导出间接经验,以间接经验丰富直接经验。在部分课程如技能教学中,要充分挖掘出教师,尤其是技能大师、专家等的间接经验,或者说默会知识,这些知识是这些专家在工作过程中长期形成的工作诀窍,难以在书本上获得,需要通过教师的讲解与指导,在实际操作中转化为学员的直接经验,并逐步内化成间接经验。所以,社区教育的活动课程应根据需要整合直接与间接经验,并在教学方法上予以完善。

【案例展示】

常州市社区青少年机器人素质提升系列活动课程设计

(一)课程目标的定位

整个课程的学习活动以完成一个个由易到难、逐步加深的具体任务为主要目标,以体验、参与、尝试、比拼等方式开展教学,强调重在过程,遵循儿童心理学家皮亚杰建构论理念和布鲁纳"发现学习"教学模式基础之上的"4C教学模式",即联系(connect)、建构(construct)、反思(contemplate)和延续(continue)。该教学遵循"畅流理论",针对学生设计适当的学习难度,使得"教"活动得以流畅地进行,并通过同学之间的相互比拼来交流互动,引领学生反思开展过的活动,取长补短,改进、优化他们的机器人性能,使自己的思想、能力等各方面都得到进一步提升。

(二) 课程内容的选择与组织

课程以乐高(LEGO)教育机器人套装为主要载体,以介绍、体验、学习、探究机器人的基础知识和相关技术为主线,包括认识乐高教育机器人套件及相关元器件、了解各种传感器的知识、体会如何搭建机器人和编程控制它的行为,以及由简单到复杂的各种巡线机器人的制作。课程分为素质体育机器人运动介绍和机器人入门两大模块,内容模块如下:

1. 素质体育机器人运动介绍:陆上机器人、水中机器人、空中机器人,素质体育机器人赛事。

2. 机器人入门:教育机器人套件(包括认识乐高机器人、机械原理及机器人搭建知识);图形化编程软件(包括 NXT-G 编程环境介绍、机器人发声 HELLO、机器人小车、机器人与传感器、机器人小车巡迹赛)。

(三) 课程实施及评价

课程实施依托常州市"市开放大学—辖(市)区社区学院—街道(乡镇)社区教育中心—社区学习点(居民学校)"四级社区教育网络体系,以常州开放大学为活动基地,以社区"青少年科学工作室"、"科普示范社区"或"学习型社区"为活动中心,结合素质体育机器人运动,在社区或学校开展基于机器人的青少年科学素质提升的教育实践。

此活动课程通过动手操作培养学生的创新能力,提高学生对技术课程和科技探究的学习兴趣,挖掘学生的创新潜能,增强学生的自主学习和创新学习能力,有效提高学生综合素质。课程的每个任务都提供演示、文本或图片介绍,以帮助学生明确任务和目的,然后动脑分析设计模型,动手搭建组装模型,设计控制程序,最后测试、调试系统,完成任务,体会"做工程"的感受。①

---

① 仲红俐、李梦军:《关于常州市社区教育活动课程编制的思考——以社区青少年机器人素质提升系列课程为例》,《课程教育研究》,2015 年第 6 期,第 1-2 页。

第六章 社区教育的实施

[内容提示] 本章首先介绍了社区教育的时间安排和组织形式,在梳理社区教育管理理论的基础上详细介绍了我国社区教育管理的组织架构与管理机制。此外,通过借鉴国外学分认证、积累与转换的经验,对我国社区教育学习成果的认证现状和认证方式做了详细介绍。本章还重点介绍了社区教育效果评估的相关内容。

[核心概念] 时间安排;管理机制;学分银行;效果评估

终身教育理念的深化及学习型社会建设的要求,促进了社区教育在我国的发展,其发展经历了政策推进、师资保障以及课程开发等各方面的探索。立足国情,我国更是着力推进社区教育的实施,促使社区教育真正契合社区居民的需求。

一、社区教育的时间安排

20世纪60年代,终身教育倡导者法国成人教育专家保罗·郎格朗认为:数百年来,把人生分为两半,前半生用于受教育,后半生用于工作,是毫无科学根据的。教育应该是贯穿人的一生的连续不断的过程。[①] 他主张建立一体化教育体系,即教育应该在每个人需要的时刻,以最好的方式提供必要的知识和技能,把教育扩展到人的一生,使整个社会变为有体系的教育场所。前文述及,社区是社会的一个基本单位,是若干群体或社会组织聚集在某一地域里,形成情感相互关联的社会大集体。社区教育以"社区"为载体,以全民为教育对象,以终身为教

---

① 谢国东:《构建学习社会》,成都:四川教育出版社,1997年版,第8页。

育过程,最终实现整个社会的学习化。为了适应学习型社会的要求,应不断加强社区教育时间安排的系统性和灵活性。而随着网络技术的发展,数字学习手段被广泛地应用于社区教育,网络媒体技术为社区教育时间安排的灵活性提供了保障。社区教育的时间安排更加灵活,可以是长期型教育活动,也可以是短期型教育活动。

(一) 社区教育时间安排的系统性

社区教育时间安排的系统性首先是由社区教育本质规律所决定。社区教育是为了提高社区全体成员素质和生活质量,实现社区发展的教育活动。从大教育范畴而言,社区教育是教育活动的一种类型,它必须符合教育的自身规律。因此,保证社区教育时间安排的系统性,能够确保社区教育朝着既定目标顺利开展。

社区教育时间安排的系统性还受到社区教育组织机构特点的影响。社区教育的主要组织机构包括学校、社区教育中心、社区教育学院等,它们在开展教育活动中必须遵循教育规律,符合组织机构的系统安排。如果社区教育时间安排缺乏系统性,那么社区教育活动进程也将是盲目的、零散的,这不仅会影响社区教育的发展进程,还会打破社区教育组织机构本身正常的运行机制。

社区教育时间安排的系统性还受到社区教育组织形式的影响。社区教育的组织形式包括集中学习、分散学习、远程学习等,集中学习若缺乏时间安排的系统性,就不能有效地进行长期规划、集中管理、集中实施教学。分散学习、远程学习等组织方式虽强调让社区居民接受社区教育的时间更加灵活,但如果不符合社区教育时间安排的系统性,不对教育时间进行总体规划,就难以保障教育的效果。比如,远程学习中运用学分制的教学管理方式,使学习者在时间管理上更加灵活。但学分考核标准上却有硬性规定,须在一定的学年内完成学习,在规定的学制内修满学分,才能够获得毕业证书。如北京外国语网络教育学院实施学分制,学制为两年,在规定的学习期限间,学生可以不受时间、地点限制,弹性选择要修读的课程、上课时间等,适合在职人员,可使学习工作两不误。但须在两年内要修满规定学分,达到考核标准,才可获得学历证书。

(二) 社区教育时间安排的灵活性

社区教育时间安排的灵活性受诸多因素的影响。社区教育的教育对象、教育类型,现代教育技术在社区教育中的应用等都决定了社区教育时间安排具有灵活性的特点。

1. 针对不同教育对象灵活安排时间

社区教育学习者对社区教育课程拥有制定权，对学习内容有充分的选择权。社区教育对象的年龄层次复杂，几乎包括了从婴幼儿到青少年、从中青年到老年人等各个年龄阶段。社区居民人数众多，职业类型多样，有进城务工人员、教师、企业员工等。社区成员的年龄、职业不同决定了社区教育对象的层次多、覆盖面广，对学习时间有着不同的要求。例如，针对青少年的社区教育时间具体安排在七八月份，立足构筑"社会、学校、家庭"三位一体教育体系，配合青少年暑期实践活动，为青少年提供充足的认识社会、融入社会的实践机会。又比如，老年人的空闲时间相对较多，使得社区教育的办学时间灵活，既可以在白天，也可以在晚上；既可以在平时，也可以在周末。

2. 根据不同教育需求灵活安排时间

社区教育在实施过程中深入贯彻"以社区学习者为中心"的思想理念，针对不同的教育需求开展多规格、多层次、多内容、多形式的教育培训活动，灵活安排教育时间，将短期培训与递进式教育相结合，将培训时间与时节变化相结合。比如，社区教育对部分希望通过学习实现上升流动的社区居民，尤其是经济收入较低、无职业或者从事高强度低收入职业的体力劳动、学历不高、无力从其他教育领域获得受教育机会的人群，提供有计划的短期培训。在进城务工人潮较高的时段，开展学技能、学文化的短期培训活动，提高他们适应城市生活的能力和生存能力。针对农村和农民实际需求，根据农产品生产时间，应对农时，开展农民实用技能培训活动。针对提高社区老年人生活质量的要求，社区教育应根据时间变化，长期开展适合老年人养生保健、休闲娱乐的培训项目，让社区老人老有所乐、老有所为。根据不同的教育需求，通过开展长期递进式教育、短期培训活动等方式，构建社区教育系统而灵活的时间网络。

3. 紧密结合现代技术灵活安排时间

社区教育时间安排灵活性也是适应现代教育技术发展的结果。通过网络多媒体技术的应用，知识来源与传播方式更加多样化，教育沟通方式也更加多元化，使得社区教育打破了空间与时间的障碍，降低了学生的人均受教育费用，为学生提供了更为丰富的学习内容，增加了参与学习的人数。现代信息技术的发展使得传统教育模式发生变化，人们不必整日待在学校接受教育，可以根据自身情况选择合适的学习时间。现代社区教育在现代教育技术发展的背景下，拥有了大量优质的教育资源，有利于实现资源共享，由贫困、阶层固化和职业歧视所造成的受教育障碍都会逐渐被打破。在社区教育学习中,所有的时间和空间限制、课表和课程的限制都将被打破,各个年龄的学习者能够利用恰当的工具和媒体,在任何地方都能灵活地、自由地投入学习。

社区教育时间安排的灵活性受到社区教育资源丰富性的影响,在现代化传媒手段的背景下,社区教育的课程安排和组织方式也在不断更新。社区各类教育软件(包括录像、有线电视教育节目、计算机辅助学习系统、电子图书等)的制作,丰富了社区教育的手段,扩展了社区教育的平台。社区网上学校不仅可以与公共网络学习平台连接,还可以与家庭计算机连接,融社区教育、学校教育、家庭教育各种形式为一体,一方面吸收更多的信息,另一方面将社区教育的各种资源联网,加强社区成员之间的联系与信息交流,发布社区教育信息。此外,信息化学习资源的整合与开发,以及具备足量学习素材的网络社区教育学习资源库的建立,是社区教育时间安排具有灵活性的基本前提。

【资料链接】

马坡花园二社区属于北京市顺义区双丰街道,是城市化进程中的一个融现代、新型、绿色为一体的花园式居住区,共1526户居住户。在调研居民学习需求的基础上,马坡花园二社区深入挖掘居民的人力资源优势,积极动员有特长的居民义务参与市民学校的授课活动,通过精心设计,制定了"七天乐"精品大课堂活动,从周一至周日,每天一课,丰富居民文化生活。

社区在设计活动之初就严格落实管理制度,将上课安排制成醒目的课程表固定在显著位置,居民对活动安排一目了然,如遇授课教师有事或者居委会借用教室,居委会工作人员都会及时通知参加学习的居民,同时告知课程调整后的日期。周一是健康知识讲座;周二进行国学教育,讲述《道德经》;周三是手工编织课程;周四是梨园戏曲学习;周五是书法绘画交流;周六是职业技能培训;周日是中小学生校外课堂教育。这样就形成了一周天天有课程的局面,居民高兴地称这种组织形式为"七天乐"。

市民学校能根据形势需要,及时调整授课内容,将授课活动变得更有意义。例如春季流感多发期,社区和卫生院组织专题活动,参与甲型流感防控宣传;九月份中小学生开学,社区请牛山一中的优秀教师利用休息日为社区居民开展家庭教育讲座等,丰富了社区活动。有了市民学校长期培训的基础,社区将书法、编织、戏曲等融入社区活动中,使学员学以致用,又丰富了居民文化生活。例如:十月金秋书画展,书法班的大部分成员都参与;京剧票友大赛,戏曲班也获得殊荣;社区宣传活动,舞蹈队、太极表演队积极参与。①

二、社区教育的组织方式

社区教育作为终身教育体系的有机组成部分,担负着推动全民学习、终身学习的重任。顾树栋谈道:社区教育是由教育的社会功能和社会的教育功能相互结合而成的,它是一个与基础教育、高等教育、职业教育、成人教育相交错的第五教育板块。② 从这一观点出发,社区教育是在其他四个板块之间沟通融合的中间环节,处于家庭—学校、学校—社区、学校—传媒的相互影响之下。通过长期发展,社区教育的开展形成了不同的组织方式,发挥了社区自身资源优势,促进了学习型社区的发展。

(一) 集中学习

集中学习主要是指以学校为主的社区教育,设置有专门的社区教育场所。国内外社区教育开展集中学习的主要做法和发展特点各不相同,但其本质都是借助学校或其他公共组织的师资、场所、设备,促进社区教育的发展。比如,美国与英国开设的社区学校、北欧开设的民众学校、日本的公民馆等。

美国的社区学院是利用学校之类的公共设施,以灵活的教育计划让所有年龄、所有阶层、所有种族团体都能够接受所需要的教育。社区学院成为社区教育的基地,为成年人提供继续学习的场所与机会。社区学院普遍低费注册入学,授课方式灵活,有全日制、半日制、夜学制,以及周末和寒暑假的假期课等。③ 社区学院实行集中学习的社区教育组织方式,能够在教学管理上保证严谨办学。社区学院对师资队伍的准入资格把关严格,专职教师必须取得州政府颁发的教师资格证书,在入职前必须有职业教育的实践经历,且兼职教师必须是来自工商企业、高等院校和科研机构的企业管理人员、专家学者和技术人员等。集中学习使学生能够经历系统完善的学习过程,过硬的师资保证了教育质量。

北欧民众中学是世界近代史上最早的社区教育模式,是北欧各国实施社区成人教育的重要机构。1844 年,丹麦的柯隆威等人在罗亭创办了民众学校,该

---

① 《北京市顺义区社区教育督查工作报告》。http://www.moe.edu.cn/publicfiles/business/htmlfiles/moe/s7277/201303/148813.html.
② 顾树栋:《社区教育的内涵及其发展思路》,《上海教育科研》,1993 年第 2 期,第 38 页。
③ 王寿斌:《美国社区学院管理特色借鉴》,《教育与职业》,2013 年第 28 期,第 97 页。

学校是为青年与成人传授普通文化教育的业余学校。北欧民众中学是以学校为基础、以提高人文素质为主要目标的灵活多样的教育活动。

日本1949年颁布《社会教育法》，明确规定把社区教育定义为学校教育活动之外，以社会全体成员为对象的有组织的教育活动，规定"公民馆"是实施教育的基地，供市、町、村或某一特定地区的居民结合其实际生活开展教育、学术、文化方面的活动。

（二）分散学习

台湾地区空中大学杨家兴教授认为，社区教育是一种草根型的文化，它不一定是要让社区居民接受最有价值、最先进的新知识，而是要发挥社区文化特色，为社区的发展服务。[①] 社区教育是强调以社区居民为对象，为社区所有、为社区所治、为社区所享，满足社区需求，具有社区文化特色的一种教育活动。社区教育的这种特质决定了社区教育不是统一化的、专业化的、模式化的教育，而是分散的、个性的、开放的教育。所以社区教育的分散学习是从个人出发，也是从社区个性出发。

分散学习是指办学主体多元化，任何一个机构都不可能在社区教育领域包打天下，关键是要有恰当的定位和分工，在社区教育中发挥各自的优势，形成各自的特色。分散学习主要是发挥社区内成人高校（比如电大、函授学校）、职业学校、中小学校等教育机构的作用，通过建立多所社区学校，引入市场办学机制，扶持引导企业和一些非营利性组织办学，建立多元化的办学机制。另外，还可以充分利用分散在社区内的场地、设施，让社区内有意向、有能力提供社区教育的组织参与到社区教育中。如此一来，不仅能够让政府成为社区教育分散学习的选择者，通过择优遴选建立合适的社区学院，而且可以发挥各类教育资源的优势，分散社区成员的教育活动。如太原市教育局尝试推动办学主体多元化，积极倡导民办非学历教育机构进社区，拓展社区教育的阵地，广泛布点，扩充社区教育的选择面，分散社区成员的学习点。在太原市教育局和民政局共同下发的《关于依托民办培训学校成立社区教育机构的通知》政策引导下，由市教育局牵头，依托办学条件好、口碑好的社区民办培训机构，成立一大批社区学校，为社区居民提供学习活动场所，社区学校定时定点向社区居民开放进行工艺培训，实行"市民学习卡"备案制度，建立长效机制，不仅能够分散集中学习的压力，而且能

---

① 刘莉、张爱文：《社区教育：远程教育的新挑战》，《中国远程教育》，2007年第12期，第7页。

够避免办学主体单一、教学内容单调的不足,提高社区教育内容的丰富度,增强社区居民对社区教育的满意度。

(三) 远程学习

早在 2004 年,《教育部关于推进社区教育工作的若干意见》中就指出,要充分运用现代远程教育手段,开展现代远程教育,构筑起社区居民全民学习、终身学习的平台。社区教育要不断满足人民日益增长的教育需求,贯彻以人为本的原则,满足人的生存需求、精神需求以及发展需求,满足多层次、多样化的教育需求,促进学习型社会的建设。远程学习首先要做好教育资源的开发与利用,我国目前在教育资源、远程技术资源上有一定的发展,建设了一大批适合自主学习的、多种媒体组合的教学资源,并拥有天地人网结合、三级平台互动的网络环境。比如浙江省电大系统,目前已有 8 所市级电大建立了城市大学或者社区大学,20 多所县级电大挂牌社区学院,全省已经成立社区大学和社区学院的市、县电大开始开发终身学习、全民学习平台的功能。他们充分利用电大系统天网(卫星系统)、地网(互联网和宽带专用网系统)、人网(中央、省、市、县四级电大办学系统)"三网合一"的远程教育平台,采用分布式的教学模式,为构建终身教育体系、远程学习体系提供了有效载体。

另外,各地区根据自身的实际需求和现实条件整合教育资源,通过丰富的教育资源、多样化的远程教育机构,为远程学习的开展提供物质基础。比如,北京电大继续教育学院针对北京外来务工人员较多,对远程学习需求广泛的情况,充分利用自身教育网络覆盖全市、学习方式灵活多样的优势,针对外来务工人员的工作和生活需求,拍摄电视片在电视台播放,告诉他们如何找工作、如何维权,遇到难题应该找谁解决、如何解决等。将网络平台与课程教育相结合,满足不同层次学习者的需求,创造灵活性的学习机制。2007 年,北京电大为社区教育提供了价值约 200 万的电视片资源,内容涉及家庭安全教育、家庭财产教育、家庭法制教育、文明礼仪、艺术大讲堂、奥运英语等与群众生活密切相关的热点领域。这些资源都已在并将继续在电视台循环播出。2008 年,北京电大又建设并开通了北京学习型城市网,在网站上提供了 90 余门课程、近 700 小时的学习资源,同时还成立了北京市民终身学习远程服务中心,在优化整合各种教育资源方面进行了积极探索。

(四) 居家学习

居家学习是在家中进行社区教育活动,可以是社区居民依托社区公共服务综合信息平台、社区数字化学习公共服务平台,在家中利用空闲时间开展学习活动;也可以是社区志愿者进入社区居民家中,提供社区教育活动,比如针对行动不便的老年人,不能参与社区集中教育活动的问题,社区志愿者入驻老人家中,定期为老人读书、读报开展互动沟通的活动,改善老人生活质量。

居家学习以促进全民终身学习、形成学习型社会为目标,在社区内广泛开展学习型乡镇(街道)、学习型社区、学习型家庭等各类学习型组织创建活动。为了增强居家学习的普及度,可以通过网络学习平台,建立线上学习圈,让每位社区居民都能够利用空余时间参与社区教育;还要加强社区志愿者入家教育活动,将社区教育普及到家家户户,创设良好的学习型家庭氛围。

【资料链接】

在不少欧美先进国家,在家自学的人的数量逐年增长。以美国为例,自20世纪80年代开放在家自学后,参与的人数每年以11%的速度增长,目前已超过110万人。美国各州对于另类教育的相关法规宽松不一,根据美国联邦政府统计,在2011到2012学年当中,全美约有180万名学龄儿童在家自学,然而约有9个州的州法规定,想要让儿女在家自学的家庭,父母至少要具备高中以上或同等学力才符合条件。

目前已有30多年开放自学历史的美国,对于在家自学的统计数据成果都是持肯定态度。在家自学权威学者、美国马里兰大学博士罗伦斯(Lawrence Rudner)1999年在全美50个州调查了2万多名自学学生,发现自学学生的平均成绩,比一般公立高中和私立高中学生的成绩还要高,自学学生的平均成绩落在75%到85%之间,而公立学校学生成绩约在50%,私立学校学生成绩约在65%到75%之间。有不少教育学者指出,在家自学学生的家庭比较有条件讲"学习",而学校经验却往往将重点放在"考试",当学生因为考试而产生压力,甚至是过多的失败经验累积,导致习得无助产生时,他们自然对学习却步,这样的教育仅会启动孩子防卫机制,不是学习机制;反之,当孩子自我学习的机制被父母的爱启动,内在动机即会慢慢开展。

加拿大自20世纪60年代开放在家自学后,风气渐盛。首批参与在家自学计划的家长,多数认为学校制式教育太过权威,竞争激烈,不适合儿童成长,于是纷纷成立一些"自由学校"。这些"自由学校"规模都很小,以儿童为中心。

至20世纪70年代,许多这类的"自由学校"演化成所谓的"另类学校",并被当地教育局接管。尽管受到部分法令的限制与办学干预,支持的家长们不仅在各地区成立了在家自学协会,同时也成立了全国性的"加拿大在家自学者联盟"(Canadian Alliance of Home Schoolers),透过集体的力量向当地及联邦政府争取应有的受教权及教育选择权。

英国政府对在家自学的相关规范相对宽松,根据英国教育部制定的在家自学准则,父母如果决定让孩子在家受教育,不需要注册或获得当地政府同意,且地方政府官员对于在家自学的教育内容也无权过问。不仅如此,有关在家自学的教学时数、课程、上课地点等,家长也不需要提供给主管机关。英国的基本教育从5岁一直到16岁,家长可以合法选择在家教育小孩。家长本身并不需要是合格的老师,在家自学除了由家长自己授课,也可以聘请老师到家中教课,教学内容与时间自己决定。

中国大陆的升学考试一直备受瞩目,学生承受的升学压力是外人无法想象的。根据有关调查,针对1.8万名有兴趣让孩子在家上学的家长的采访,其中约2000人已开始在家教学。尽管家长在家教育孩子的权利没有正式写入法律,然而在家上学已不再是令人震惊,或是被视为异类的现象。选择在家自学的大陆家长超过一半(54%)是因为他们反对传统学校的教学理念;其他家长则认为普通课程的进度太慢(10%),孩子没有得到充分尊重(7%)。另有7%的人认为他们的孩子厌倦传统的学校生活。①

(五) 移动学习

就在几年前,我们的学习仍深受时空的巨大限制。一般而言,传统的学习往往要么在学校里进行,要么在家里或是在公共图书馆里进行。可是,近年来信息通信技术(ICT)的飞速发展,使智能手机、平板电脑、笔记本电脑的功能越来越完善、价格越来越便宜、拥有的人群越来越多,加之无线移动通信网络的飞速发展和电子化学习资源的极大丰富,让我们的学习不必再受时空的限制。

今天,当你拥有一部智能手机、一个平板电脑或一台笔记本电脑时,只要存有学习资源,无论你是在步行、泡吧、乘坐私家车、公交、地铁、出租车、乘坐火车、轮船、飞机,还是躺在床上、猫在沙发上、坐在马桶上,只要你愿意学习,你都可以自由自在、随时随地为不同的目的、以不同的方式进行学习。对于许多忙碌的上班族来说,上下班的路途中、出差的旅程中、购物排队结账的等待中,以及其他可以忙里偷闲的时间,都是进行移动学习的好时候。

---

① 周祝瑛、梁瀞文:《父母教育权:全球"在家上学"实践》,《南方周末》,2016年8月11日,B16版。

那么,何谓移动学习?简而言之,移动学习是指一种在手持移动计算设备的帮助下,能够在任何时间、任何地点发生的学习。相较于电子化学习和远程教育,移动学习更加强调学习者通过电子移动设备、移动通信网络、无线网络达到学习的目的。这种学习所使用的手持移动计算设备,必须能够有效地呈现学习内容。在移动学习中,学习者能够在一个不固定的地点——移动的环境中实现学习。也就是说,只要有移动设备在手,就可以随时随地学习,亦即泛在学习(ubiquitous learning),主要指借助无线通信技术和互联网技术,在相对不确定的学习环境下,利用各种移动设备随时随地进行的学习。

从实现方式上来看,移动学习的技术基础是移动计算技术和互联网技术,即移动互联技术。这种学习的实现工具是小型化的移动计算设备。这些设备具有三大特性:可携带性,即设备形状小、重量轻,便于随身携带;无线性,即设备无须连线;移动性,指使用者在移动中也可以很好地使用。目前支持移动学习的设备主要是指智能手机、平板电脑和混合设备(混合了移动电话的语音功能和平板电脑的数据处理功能)。

移动学习在电子化学习的基础上,通过有效结合移动手持计算技术设备,带给学习者随时随地学习的全新感受。因此我们说,新兴的移动学习是在数字化学习的基础上发展起来的,是数字化学习的扩展。它被认为是一种未来的学习模式,或者说是未来学习不可缺少的一种模式。今天,移动学习正在悄然改变我们的生活,并印证了信息时代的"学无止境"。

联合国教科文组织(UNESCO)对新兴的移动学习很感兴趣,专门举行了关注手机对普及教育的作用"移动学习周"(Mobile Learning Week)活动。继把2011年12月12日至16日定为首届"移动学习周"后,联合国教科文组织又把2013年的2月18日至22日定为第二届"移动学习周"。来自世界各国的200多名各界代表汇聚在法国首都巴黎,在为期一周的时间里,深入讨论了在"书本缺乏但是移动资源丰富"的国家如何促进教师的专业发展,提高教育教学质量,如何促进教育在性别等问题上的平等化,增加妇女儿童的学习机会。作为今年"移动学习周"的重头戏,联合国教科文组织还出台了一套《移动学习政策指导意见》。联合国教科文组织指出,迄今为止,绝大多数国家都缺乏相关的政策来支持利用移动电话促进教育目标,许多国家甚至禁止在学校中使用移动电话。作为负责全民教育的联合国机构,联合国教科文组织表示,他们今后将就信息和通信技术如何推动全民教育进程等问题,做进一步研究。

总而言之,面对移动学习的汹涌来袭,社区教育工作者们要尽早做好相关准备,采取切实措施顺应这股浪潮。

三、社区教育的过程管理

(一) 社区教育过程管理概述

管理作为人类社会的特有现象,是人类社会得以生存与发展的重要条件之一。[①] 管理者依照一定的原理和方法,通过计划、组织、指挥、协调、控制等方式,引导行动,设计并维持一种良好的环境,将有限的资源进行协调、合理配置,从而高效率地实现既定目标。社区教育管理是伴随着社区教育活动产生的,为社区教育活动服务,良好的社区教育管理能够为社区教育事业发展创造有利的条件。

1. 社区教育管理的理论探索

社区教育管理学理论是20世纪初由美国人杜威提出,其核心内容是研究一个社区内部实施教育项目的方式以及在实施过程中的管理问题与应对机制。西方社区教育管理理论引入中国后,在不断的学习、融汇过程中,国内社区教育管理学理论也日趋完善。社区教育作为学习型社会的重要组成单位,在学习型社会的构建中发挥着重要作用,社区教育也是学习型社区形成的重要手段,在推广社区教育的过程中借鉴学习型社会的理论是必然途径。[②] 目前,我国关于社区教育管理的研究主要从网络化和共享型两个方面展开。

黄云龙认为,社区教育管理就是对社区教育资源(包括人力、财力、物力和信息等)进行合理组合,使之有效运转,以实现组织目标的协调活动过程。[③] 就此而言,社区教育管理的主要目的就在于实现社会资源的合理配置。管理与发展社区教育是一个经营社会资源的过程,不同层次的管理机构之间密切配合、协调行动,形成一个严密的组织管理网络,以集中化、结构化、专业化的实体组织形态和方式,确保社区教育资源开发的有效启动和顺利实施,以使有限的资源获得"系统整合倍增"的效应。在社区教育管理过程中,社区教育组织者实际上要充当的是"社区教育资源调度者"的角色,必须成为社区教育资源深度开发和整合利用的主体。陈乃林谈道,社区教育管理要树立多元主体的理念,要改变单一行

[①] 黄济、王策三:《现代教育论》,北京:人民教育出版社,1996年版,第64页。
[②] 汪丽娟:《广州市萝岗区社区教育管理研究》,华南理工大学硕士学位论文,2015年,第17-18页。
[③] 黄云龙:《社区教育管理与评价》,上海:上海大学出版社,2000年版,第23页。

政管理的状况,在思想上把管理者与被管理者看作相互平等的主体;树立公共治理的理念,通过良性互动、合作协商等方式,实现对公共事务的管理,发动居民群众,开创新局面。①

2. 社区教育管理的基本特征

在理论探索的基础上厘清社区教育管理的基本特征,了解社区教育活动的整体价值取向,对指导社区教育实践具有重要的价值。

(1) 社区教育管理有赖于教育行政权或管理权的运作。从现实情况来说,社区教育水平很大程度上取决于当地政府对社区教育的重视程度,只有政府充分认识到社区教育发展的重要性,将社区教育纳入地方发展总体规划、经济建设的工作当中,才能促进社区教育的长足发展。作为社区教育的重要管理者,政府投入社区教育的人力、物力与财力水平直接影响到社区教育的发展水平。

(2) 社区教育管理有赖于教育政策法规的制度保障。依法管理是现代管理的基本理念,管理行为拥有了相应的政策法规依据,才能拥有长久的保障,否则就会出现"人在政在,人去政息"的结果。

(3) 社区教育管理是为满足社区成员需求提供服务。管理是人类的活动,它的主体、对象都是人,社区教育管理归根结底是以人为中心的管理,管理就是服务,社区教育管理的有效性程度是与社区成员的教育需求满足度密切相关的,也是与社区发展和社会文明进步呈正相关的。

(4) 社区教育管理是对社区教育资源沟通协调的组织行为。管理的本质在于协调,社区教育管理的主要目的在于对社区内人力、物力、财力等有形资源,以及政策、制度、文化等无形资源进行有效的整合与协调。

3. 社区教育管理的创新发展

社区教育管理要在很多方面进行创新,才能适应不断变化的外部形势对社区教育提出的新要求。

(1) 建立多中心治理格局,规范协作秩序。多中心治理是当代治理理论最本质的形态与诉求,其实质就在于发挥多元主体的作用,促进社区治理共治局面的形成。孔繁斌对多中心治理的概念有以下见解:"允许多个权力中心或服务中心并存,通过相互合作给予公民更多的选择权和更好的服务,减少搭便车行为,扩展治理的公共性。"②借鉴多中心治理理念,科学定位政府、社会、市场等管

---

① 陈乃林:《社区教育管理创新简论》,《职教论坛》,2012年第30期,第32页。
② 孔繁斌:《公共性的再生产:多中心治理的合作机制建构》,南京:江苏人民出版社,2008年版,第27页。

理主体的平等地位及相互关系,明确各管理主体在社区教育管理中的功能,从单一行政管理向政府主导、居民自治的服务型治理转变,建立参与、合作的秩序,实现多方协同治理。在社区教育管理过程中,贯彻多中心治理的理念,规范治理、协调秩序需要明确以下几点:第一,坚持政府引导与协调的掌舵功能。在社区教育管理中,政府一直扮演着举足轻重的角色,多中心治理并不是剥夺政府的基础性地位,而是让政府将部分管理、办学的权利让渡给市场和社会。在尊重多元治理主体的基础上,政府要转变职能,从具体事务的参与者与管理者转变为引导者、协调者,把握战略方向,发挥其优势功能。第二,强调企事业单位的开发功能。企事业单位在教育资源共享、丰富群众文化生活、提供职业技术培训、民俗开发等方面具有不可忽视的影响力,能够为社区教育提供师资、资金、场地、设备、课程等多方面资源。第三,加强社区居民的参与度,提高社区自组织的积极性。社区自组织是指社区居委会、业主委员会、民间团体等组织,社区自组织是社区教育建设的主力军,社区自组织的发展能够丰富社区资源,为社区教育发展提供经费、人力、物力等资源,减轻政府的负担。

(2)健全法律法规体系,明确战略地位。法律法规是国家和政府为实现一定目标而制定的行为准则和社会规范,依法治教是社区教育发展的必然趋势与要求,法制建设对促进社区教育有序、健康、持续发展的保障作用不言而喻。①随着社区教育政策的持续推进,社区教育的目标与任务更加清晰,各地社区教育的发展逐渐呈现制度化、规范化的态势。但就目前而言,社区教育法律政策仍然存在很多问题,比如法律依据不充分,专门性的立法不完善,大多数是行政指导性文件,或是在法律、文件的内容上有所涉及;社区教育政策体系不完善,执行力不够强,社区教育政策的制定过程中利益相关者参与较少。在社区教育管理过程中,不断完善社区教育法律法规体系,国家和政府需要加强法制化建设,以法律的形式明确社区教育的地位。同时,关注和借鉴国际社区教育立法的经验,让从事社区教育管理的人员有法可依、有法必依,确保社区教育的持续发展。在社区教育政策制定上,明确社区教育的战略地位,及时把握社区教育的发展阶段,不能只解决社区教育的具体问题,还要对长远规划有所涉及。目前社区教育发展到了全面推进的阶段,亟须着眼于未来战略性长期规划,及时更新观念,着重加强顶层设计,制定可操作性的社区教育发展政策。

(3)改善社区教育管理体制,规范管理行为。社区教育管理体制的科学合

---

① 李佳萍:《我国社区教育管理的问题与对策研究》,华北师范大学博士学位论文,2014 年,第 58 页。

理,将直接影响社区教育发展步伐的快慢。管理体制主要是指管理系统的结构和组织方式。当前社区教育管理体制存在一定问题,比如中央层面缺少专门的管理机构,社区教育管理主体单一,教育部门主管的层级、职能与现实需要不适应,交叉管理、真空管理现象严重,功能机制不健全等。在社区教育管理体制的改进过程中,要加强国家权威、政府引导的作用,加强社区教育多方参与机制、法规约束机制、发展激励机制、资金保障机制等的建设与完善。在社区教育管理体制完善和机制建设的过程中要注重过程管理方法的应用。根据 ISO9000 的质量标准,过程管理方法就是"为使组织有效运行,必须识别和管理许多相互关联和相互作用的过程。通常一个过程的输出将直接成为下一个过程的输入,系统地识别和管理组织所应用的过程,特别是这些过程间的相互作用"[①]。过程管理方法的改进要求加强社区教育的系统设计,明确社区教育的目标,按照整体最优原则、精简原则,改变传统的管理模式、方法和管理结构,自上而下地进行管理架构设计,促进整体管理过程的优化,提高社区教育质量。社区教育管理体制的改进过程中,还需建立管理信息系统和反馈系统,社区教育受众面大、涉及范围广,因此必须解决社区教育过程信息的高效传输和信息处理问题,实现对已有信息的存储、提取、传输、共享。管理过程中还要建立高效的反馈系统,使社区教育处于可控范围之内,管理者能够根据社区教育的效果及时进行调整。

(4) 加强有形与无形资源的开发,完善保障体系。社区教育工作者队伍建设是推动社区教育发展的人力资源基础,也是管理架构整体成效的基本保证。社区教育工作要加强三支队伍建设:专职管理队伍、专业兼职队伍、志愿者队伍。提高社区教育管理及服务工作者的素质,促进社区教育工作职业化,才能不断提高社区教育管理的效率,保证社区教育管理的长效性、连续性及稳定性。在加强社区教育工作者队伍建设的过程中,一是要在市、区(县)教育局设置专门社会(社区)教育行政管理部门,配备专职管理干部;二是区(县)教育局为街道社区教育中心配备专职社区教育管理干部和专职教师,加强社区教育专业队伍的发展,将社区教育教师职业进行固化;三是将社区教育骨干教师培训纳入全市(县)师资培训计划,重视职后培训工作,促进社区教育教师队伍的职业化、专业化发展;四是以街镇社区教育中心为基础,广泛吸纳退离休教育工作者、学者、技师专家等各类专业人员,组成社区教育兼职教师和志愿者队伍。

社区教育的健康发展需要持续的经费支持。社区教育作为一种公共产品,

---

① 龚晓明:《卓越绩效模式立足过程管理》,《中国质量报》,2006 年 5 月 10 日,第 3 版。

政府有责任对其提供财政支持,以维持其生存和可持续发展。但就目前而言,政府对社区教育经费的投入占国家教育总经费的比例不足5%,不能完全满足社区教育发展的资金需求。所以,全国各级政府要加强对社区教育的重视,建立专款专项扶持账户,满足全体民众对社区教育的需求。同时广泛吸纳社会力量,开展全社会的筹资工作,争取让更多的社会力量、个人力量投入社区教育中。除经费外,社区教育管理的有形资源还包括各种设备资源、场地资源、课程资源等,要积极开发、充分利用社区内的各种有形资源,满足社区居民的学习需求。此外,要加强社区教育宣传,形成学习氛围,引导人们学会利用身边的资源满足自己的学习需求。

(二)我国社区教育的管理架构

管理架构包括组织决策权划分体系以及各部门分工协作体系两个方面。社区教育的管理架构是指社区管理主体通过一定的手段和方式,实现社区教育的组织与运行。伴随着经济进步与社区教育的发展,我国社区教育的管理架构也在不断发生变化。

1986年9月,上海真如中学创建了"真如中学社区教育委员会";1988年3月,上海出现了街道一级社区教育委员会,即闸北区共和新路街道和彭浦新村街道的"街道社区教育委员会";1988年4月由长宁政府牵头,把该辖区内各方力量组织起来,成立了"长宁区社区教育委员会"等。此后各种社区教育委员会如雨后春笋般地在整个上海,乃至全国范围内建立起来。这一阶段建立起社区教育委员会,形成了区、街道、学校三级社区教育组织。社区教育的行为主体是学校,即以学校为主导开展社区教育,实际上是由学校左右社区教育委员会的日常运作。

随着国际社区教育思想的不断引进和影响的深入,我国社区教育的发展观念不断更新。在大教育观的指导下,越来越多的社区教育工作者和学校教育工作者主动从狭隘的学校教育圈子中走出来,强调社区教育应以社会全体成员为对象。各社区街道开始普遍建立社区教育实体,逐步实现实体建设的网络化、体系化,从而有效地开展社区教育。1994年11月11日,经上海市人民政府批准,全国第一所社区学院——上海市金山社区学院正式挂牌成立。该学院成立的宗旨是"立足社区,服务社区,促进社区发展",学院集学历教育、职业培训、继续教育、社区服务四类功能于一体,是具有综合性、社区特色的新型高等教育机构。天津河西区建立区、街道两级社区大学,以社区教育中心为依托,系统地开展社区教育。

21世纪以来,我国逐步建立起市场化经济管理体制,社区教育管理的对象日益复杂,社区的利益主体变得更为多元,在社区教育管理理念不断更新、教育管理机构不断完善的基础上,社区教育管理架构也在逐渐改进,建立起有效的管理架构体系。具体表现为:实验区向示范区的实质性转变;在推动城市社区教育快速发展的同时,培育开发新农村社区教育领域;将数字技术、网络技术与社区教育广泛结合,在社区教育中充分调动社区资源;通过社区教育推广"和谐社区"、"终身教育"、"学习型社会"的理念;启动社区教育管理体系的监督评议和反馈系统。2016年7月《教育部等九部门关于进一步推进社区教育发展的意见》(教职成〔2016〕4号)(以下简称《意见》)中提出"建立健全全社区网络,通过整合资源,建立健全城乡一体的社区教育县(市、区)、乡镇(街道)、村(社区)三级办学网络",各省、市(地)可依托开放大学、广播电视大学、农业广播电视学校、职业院校以及社区科普学校等设立社区教育指导机构,统筹指导本区域社区教育工作的开展。《意见》还提出"明确社区教育机构职责定位",县(市、区)社区教育学院(中心)负责课程开发、教育示范、业务指导、理论研究等,乡镇(街道)社区学校负责组织实施社区教育活动,指导村(社区)教学站(点)的工作。自此我国各实验区、示范区逐步形成了"党委领导、政府统筹、教育主管、部门协作、社会支持、社区运作"的管理模式。

(三) 我国社区教育的运行机制

机制可定义为事物或现象各部分之间的一种关系及其运行方式。[①] 社区教育的运行机制是社区教育发展的根本,只有符合社区教育本身特点和发展水平的运行机制,才能促进社区教育不断完善。社区教育运行机制指社区教育这一系统的构造和运行原理,主要包含两方面的内容:第一,以社区教育理论研究和运行模式为依据的质量保障理论体系;第二,与社区教育相配套的整体管理体制。社区教育运行机制是一个动态的系统,是保证社区教育工作目标有效运行的基本程序与手段,具有维持、推动、反馈、调控、保障以及促进工作系统发展等方面的功能。

1. 社区教育运行机制的内涵

社区教育运行机制的理论研究备受重视,日益增多的研究成果为社区教育

---

① 孙绵涛:《教育管理学》,北京:人民教育出版社,2007年版,第312页。

发展提供了一定的理论参考,与之相关的学术论文涌现,拓宽了社区教育工作者的研究视角。

王涤谈到,社区教育的运行机制大体由国家、社会、学校和社区教育专门机构四个主体要素组成,它们相互作用、相互影响,从而形成政府管理机制、社会参与机制、学校辐射机制和社区教育专门机构自主办学机制相结合的横向运行机制;而从目标的制定、执行到反馈调节的循环往复过程形成了纵向运行机制。① 邱建新等学者从社区教育的内在动力机制、组织管理体制、经费投入机制、政策保障机制、督导评价机制等方面较为系统地概括了社区教育的运行机制。② 孙登林从终身教育的角度,认为应建立以市场调节为主、政府宏观调控为辅的机制,充分调动个人和企业对继续教育的需求。③

由此可知,社区教育的运行机制顺利运转需要各方面机制互相配合,理论机制为前提,制度机制是保障,领导机制是引领,评估考核机制是监督,经费落实投入机制是基础,激励机制是动力。加强理论机制建设,保证社区教育发展的方向;强化制度机制,为社区教育发展提供政策保障;强化领导机制,确立党委主导、政府主管、学院主抓、部门共管、社会参与的管理机制,依托高校、科研院所和党校等成立社区学院,设立社区教育办公室,安排专业人员负责社区教育的管理运行;建立考核评估机制,把社区教育纳入党委、政府对主管单位的绩效考核内容当中;落实经费投入机制,将社区教育专项经费纳入政府财政预算当中,社区街道按照一定的政策要求、发展标准设立社区教育的专项使用经费。

经过长期的社区教育实验,全国各地在实践中形成了多种类型的社区教育运行机制。有以政府统筹领导、教育部门主管、有关部门配合、社会积极支持、社区自主活动、群众广泛参与的社区教育运行机制,强调政府整体领导、社会各界参与,有利于学习型社区的发展。也有以地区社区学院为龙头、以街道的社区教育中心和各类社区学校为主体、以居委会市民学校为基础的社区教育运行机制,强调社区教育载体在社区教育中的重要作用,有利于开展内容丰富、形式多样的社区教育活动。还有以中小学为主体开展社区教育的活动型模式、以街道办事处为中心的行政型模式、以社区学院为载体的综合型模式和以社区居委会为主

---

① 王涤等:《中国社区教育示范区实证研究——以浙江杭州下城区为例》,杭州:西泠印社出版社,2013年版,第125页。

② 邱建新、查永军:《我国社区教育发展的有效运行机制》,《成人教育》,2001年第6期,第24-25页。

③ 孙登林:《终身教育体系构建的原则、结构及运行机制》,《黑龙江高教研究》,2003年第1期,第20-22页。

体的自治型模式等。

本书倾向于从政府管理机制、社会参与机制、学校与社区互动机制和社区教育专门机构自主办学机制相结合的横向运行机制,以及目标制订、执行、反馈调节的纵向运行机制出发,纵横结合探索社区教育运行机制。

2. 社区教育运行机制的建构

选择和建构社区教育运行机制模式必须找准适合本国国情的生长点,同时也要借鉴发达国家社区教育的先进经验。比如就国家政府在社区教育运行机制中的角色而言,北欧强调国家的宏观调控,从立法和经费投入上把握社区教育的发展;日本、韩国等东亚国家强调政府对社区教育集中而连续的指导和规划。我国社区教育运行机制的建构,应以社区教育运行机制的理论探索为基础,以当前社区教育开展的现状为前提,从目标机制、执行机制、反馈调控机制、保障机制四个层面出发。

(1)目标机制。2016年7月,《教育部等九部门关于进一步推进社区教育发展的意见》(教职成〔2016〕4号)中提出社区教育要坚持以学习者为中心,以学习需求为导向,为社区内不同年龄层次、不同文化程度、不同收入水平的居民提供多样化教育服务,体现社区教育的普惠性,促进社会公平。由此可见,社区教育的目标机制包括两个层次:提高社区成员素质、促进社会公平。社区教育作为教育的一种形态,应最大限度地满足不同层次社区成员的学习需求,适应社区成员终身教育的需要。社区教育通过各种教育和培训服务,提高社区成员的思想文化素质、职业技术能力,从而提高社区成员物质生活质量,优化社区人文环境,改善社区成员精神生活。所以,目标机制的内在要求是促进社区成员个人物质生活的提高和精神生活的改善,外在要求是通过提高成员个人素质,带动社区整体精神文明建设,促进社会公平,实现社会服务功能。

(2)执行机制。执行机制是在社区教育目标的引导下,各组织主体相互配合,共同参与社区教育的管理、办学、评估等一系列工作,推动社区教育健康发展。社区教育的执行机制包括四个子机制:政府管理机制、社会参与机制、学校与社区互动机制、社区教育实体自主办学机制。四个子机制的执行主体不同,但都在社区教育运行过程中某个执行环节充当特定的角色,从而支撑起社区教育的运行体系。

①政府管理机制。经济发展对完善的社区教育有了更大的需求,而从经济基础角度来看,我国仍属于发展中国家,社会力量无法承担起需要庞大经费支持的社区教育,政府成为社区教育经费的主要来源以及社区教育发展的支配力量。

所以,只有以政府为主导,统筹开展社区教育,才能保证其顺利进行。而从我国长期发展的组织文化来看,社区教育作为公益性的社会教育事务,只有政府统筹规划和组织管理,才能保障其权威性、发展性,社区教育的管理机构才能更好地同学校、民政、文化、人事、劳动、财务、工商等部门进行沟通与协调,使各个部门相互配合,形成合力,为社区教育的发展最大限度地整合各种优势资源,为实现社区教育"全员、全程、全面"的目标而努力。

②社会参与机制。从社区教育的发展来看,社区教育是社会性的教育活动,需要社会各部门、各群体的广泛参与,社区教育的运行过程不是政府完全控制,而是社会民众参与和政府统筹组织的结合。建立委员会制度,将社会各界的声音吸纳进来,让社会不同部门、不同群体参与社区教育的管理与决策,在民众性与行政性之间寻找平衡点,发挥集体的智慧和力量,有效防止组织内部决策的独断专行,提高决策的民主性。

③学校与社区互动机制。加强学校与社区之间的沟通,让学校参与并致力于解决社区问题。学校作为社区内的教育机构有丰富的办学经验、有专业的师资队伍、有充足的场地和设备,能够为社区教育提供各类教育资源,成为社区教育开展的重要力量。同样,社区文化、社区教育资源也能够补充学校教育资源,为学习者的研究性学习、实践性学习提供文化和物质支撑,实现资源的互补与整合。

④社区教育实体自主办学机制。社区教育中心是社区教育专门机构,在对社区成员施加有计划、有组织教育影响中发挥主体性作用。社区教育学院是社区教育实体,也是实施终身教育的有效载体。社区教育学院集普通教育、职业教育、成人教育于一体,实施学历教育与非学历教育,整合文化、卫生、休闲娱乐等活动,满足社区成员全员、全程、全面的教育需求。

(3) 反馈调控机制。反馈调控是确保目标实现与组织平衡有序运行的基本手段。由于社区的发展、社区教育的不断变化,社区教育的目标和课程内容都需要作适时的调整,其学习方式、教育手段都需要不断改进。① 由于社区教育执行机制主体的多样化,其反馈调控机制也会有所不同,因此将反馈调控机制分为国家调控机制、市场调节机制和自我约束机制。

国家调控机制是国家根据社会发展需要、经济发展情况、市场反馈信息等,以立法、指令、计划、政策导向对社区教育进行宏观调控的一种机制,主要包括对

---

① 李平:《社区教育运行机制的选择和建构》,《职业技术教育(教科版)》,2005年第1期,第55页。

社区教育方针的贯彻程度、社区教育功能的发挥程度进行评估；对社区教育专门机构的设置、达标情况、总体质量进行评估；对社区学校（院）、社区学习（教育）中心、市民学校等社区教育办学实体的合理布局、发展规划、层次结构、课程结构等进行评估。市场调节机制是随着市场经济的发展而不断加强的，主要是通过人才需求调查，对社区教育的课程内容进行调整，对社区教育所培养人才的质量进行评估，对所培养人才的市场适用性进行监控，对社区教育经费的多渠道投入进行监督。除了国家和市场的调控外，社区内部也要有约束机制，建立合理的自我约束机制，按照社区教育的自身规律，合理判断国家政策、市场变化对社区教育的影响，自觉调节社区教育行为，主动适应社会经济发展需要，才能更好地实现社区教育总体目标。

（4）保障机制。社区教育从目标制定、执行到反馈调控，都要有政策法规、经费投入等方面的保障，以确保社区教育的正常运行。政策法规保障机制是指国家立法、政策、法规的完善与支持，从根本上推动社区教育逐步规范化、制度化，促进社区教育向纵深发展。在国家整体层面立法和地方政府立法的共同推动下，既满足全国社区教育整体平衡发展，又适应地方发展的差异性。

持续的经费投入是社区教育发展的重要保障，要建立多渠道筹资机制，拓宽社区教育经费投入渠道。各地要建立健全政府投入、社会捐赠、学习者合理分担等多种筹资渠道，加大对社区教育的支持力度。除了加强政府投入外，还要鼓励社会资本通过多种形式支持社区教育发展，比如通过兴办实体、资助项目、赞助活动、提供设施、设立社区教育基金等方式，鼓励自然人、法人或其他组织捐助社区教育或举办社区教育机构。

总而言之，社区教育从目标、执行、反馈调节、保障建构起社区教育运行机制的体系。要保证总体运行机制的平衡、系统化发展，需要各子机制之间的相互协调、相互配合，其具体操作依赖政府、社会、学校和社区教育专门机构四个主体要素。

四、社区教育的成果认证

伴随终身教育及学习型社会理念的强化，我国社区教育目标不断明确，教育主体范围不断扩大，教育课程和教育内容不断丰富，对社会资源整合的力度不断增强。同时，为了继续提升社区居民的社会参与度，形成"人人皆学、时时能学、处处可学"的终身学习氛围，我国逐步推进社区教育成果认证体系建设。在借鉴别国经验与立足本土研究基础之上,逐步探索我国社区教育成果认证实现方式。

(一) 国外学习成果认证概况

国际上对社区教育学习成果的认证大体采用学分认证、累积与兑换的形式,虽然学分是主要的成果认证载体,但各国的认证模式略有差异。总的来说,共有三种制度模式,即以英国为代表的"资格框架"制度模式,以美国为代表的"联盟协议式"制度模式以及以韩国为代表的"学分银行制"制度模式。这些国家对不同的制度模式进行了一定的探索,并在具体实践中形成了较成熟的方法和体系。

1. 英国资格框架制度

早在 1997 年,英国便推出了国家资格框架(National Qualifications Framework,简称 NQF),以实现职业资格证书与普通教育资格证书的衔接,沟通职业教育与普通教育。随着职业制度的改革,2011 年,英国正式推行资格与学分框架(Qualifications and Credit Framework,简称 QCF)取代国家资格框架,以保证学习者多样化的学习需求,实现教育的终身化。

资格与学分框架以学分为计量单位,以单元为基础,以资格为核心,对学习者的学习成果进行认证。学分是学习者学习成果的计量单位,以概念学习时间为衡量标准。所谓概念学习时间是指正常智力水平的学生为了获得某个具体学习成果所花费的平均时间,既包括上课时间,又包括实践、实验、实习、工作以及自学等课外时间,1 学分等于 10 个概念时间。单元是资格与学分框架的基本要素,每个单元包括课程名称、学习时间、学分值等,并规定了学习者通过该单元的评估标准,资格与学分框架中可供选择的单元已达 38449 个。资格是资格与学分框架的核心要素,依照难度等级分为入门级到 8 级的九个等级,根据学分要求的不同又可将九个等级资格分为荣誉(1~12 学分)、证书(13~36 学分)和文凭(37 学分以上)三种认证类型。

英国的资格与学分框架明确规定了每个资格所要求的学分,有效地实现了职业教育与普通教育的沟通,为学习者提供了多种资格认证途径,搭建了终身学习的重要渠道。

2. 美国联盟协议式制度

美国的学分转换制度是基于社区学院的"转学"功能,在两年制的社区学院与四年制大学之间实现学位转换。美国的学分转换制度基于双方甚至多方的联盟,形成学分转换的协议,其中两个关键协议为课程衔接协议和学分转换保证协议。

课程衔接协议一般从院校的层面制定,为了方便学分转换时的课程审核,社区学院和四年制大学共同组织教学管理人员、课程开发专家、任课教师等有关人员,就通识教育核心课程、能够接受副学士学位的专业核心课程、课程编码、课程标准、课程要求等进行广泛讨论,在协商一致的基础上签订课程衔接协议,制定课程学分的统一标准。随着学分转换制度的深入发展,美国许多州政府参与签订了州层面的课程衔接协议。

学分转换保证协议是规范学分转换程序的协议,对平均学分绩点 GPA、前30 个学分平均绩点、可转入的总学分(或可转入的副学士学位专业及相应学分)、转学程序等关键问题给出约定。[①] 学分转换有两种形式:一种是课程学分转换,主要是通识教育核心课程学分的转换,通过两年的学习,可以将课程内容转换成 60~72 个学分。另一种是副学士学位转换学分,学习者在社区学院取得副学士学位后,其所有学分都可以转入四年制大学,但并不是所拥有学分都是取得学士学位所要求的学分。按照副学士学位转入的学分一般会多于按照课程转入的学分,但是能够按照学位转换的专业较少,需要学校之间通过协议进行确认。

3. 韩国的学分银行制度

韩国是学分银行发展比较成熟的国家。在终身教育理念的推动下,20 世纪 90 年代韩国学分银行在探索中逐步推进,1996 年韩国教育开发院提出学分银行制度实施的具体方案,1997 年韩国政府通过了《学分认证法》,以法律的形式保障学分银行的顺利实施。韩国学分银行面向的对象是所有拥有高中以上学历、具有学习意愿和学习能力的人;面向的学习成果包括正规学历教育的学历或学位证书、非正规教育机构学习课程、非正式的技能资格证书和文化艺术类培训及其他学习课程。

韩国学分银行对学习者的学分进行认证和累积,达到一定数量学分后兑换相应的学位(学历)证书,加强学历教育和非学历教育的衔接,给有意愿接受高等教育的人一次机会。学习者的学分通过认证获得,并可以在学分银行累积,通过零存整取的形式将成人的闲散学习聚集起来,实现终身教育的目的。学分银行不实行淘汰制,只要申请就有机会获得高等教育学位(学历),同时实行弹性管理,不限制学习者的学习时间和学习地点,只要达到一门课程的考核标准就可以获得相应学分。

韩国学分银行最重要的功效是建立继续教育与正规高等教育的互通,因此

---

① 刘明生,《美国社区学院学分转换制度的经验与启示》,《职业技术教育》,2015 年第 15 期,第 53 页。

学分的认证标准要与高等教育质量相对等。基于此,在专家的指导下,韩国教育科技部和终身教育国家研究院联合开发出学分认证的标准教育课程,以此为参照,不同领域、不同形式的学习成果可以转换为相应学分。学分认证的标准教育课程分为学士、副学士(专门学士)、素养、专业——素养互换课程、重要非物质文化遗产等五类。截至 2013 年 3 月,前四类课程共实施了 19 次开发与评定工作,从 1294 门增加到 27019 门,专业数量由实施之初的 41 个增长至 218 个,可授予的学位共 37 类,其中学士学位为 24 类,副学士学位为 13 类。重要非物质文化遗产类的标准教育课程共设有 119 个专业,可授予"传统艺术学士"或"传统艺术副学士"学位。① 标准教育课程规定了每门课程的学分,每个学分相当于 15 个学时,每个学时相当于 50 分钟的上课时间或者是 100 分钟的实验时间。

表 6-1 学分银行兑换学位学分要求

学位类别 课程类别	四年制学士学位	副学士学位	
		三年制	两年制
公共课程	30 学分	21 学分	15 学分
专业课程	60 学分	54 学分	45 学分
其他课程	50 学分	45 学分	20 学分
总学分	140 学分	120 学分	80 学分

注:至少要有 18 学分是在正规大学或韩国教育部承认的培训机构获得。

由表 6-1 可以看出,学分银行中可兑换的学位包括 3 种:四年制学士学位、三年制副学士学位、两年制副学士学位。不同学位的学分兑换要求不同:四年制学士学位要求 140 学分,其中公共课程 30 学分、专业课程 60 学分、其他课程 50 学分;三年制副学士学位(专科毕业)要求 120 学分,其中公共课程 21 学分、专业课程 54 学分、其他课程 45 学分;两年制副学士学位(专科毕业)要求 80 学分,其中公共课程 15 学分、专业课程 45 学分、其他课程 20 学分。但是,不管申请哪一种学位,都至少要有 18 学分是在正规大学或韩国教育部承认的培训机构获得。

(二)我国社区教育的成果认证

在借鉴别国经验并结合本土实际的基础上,我国依托学分银行制度对社区教育中学习者的学习成果进行认证。在各方力量的推动下,学分银行制度在政策支持、实践探索等方面都有了不同程度的进展。

---

① 林晓凤、安宽洙:《韩国学分银行十五年:成就、挑战与未来》,《职教论坛》,2015 年第 3 期,第 43 页。

1. 政策支持

国家层面上，我国对学分银行制度建设的政策支持最初从职业教育领域开始。2001 年《教育部办公厅关于在职业学校进行学分制试点工作的意见》（教职成厅〔2001〕3 号）提出了"建立校际之间、相近专业之间、学历教育与职业资格培训和各种形式的短期培训之间学分相互承认的机制"，开始了不同教育类型之间学分互认的尝试，进行不同类型教育互通的探索。2004 年《教育部关于在职业学校逐步推行学分制的若干意见》（教职成〔2004〕10 号）更加细致、灵活地规定了学分互认，指出"推进区域间、学校间和专业间的学分互认"，并提出了"探索和建立职业学校学分累积与转换信息系统（学分银行）"，进行学分累积和转换，为学习者的终身教育和终身学习服务。2005 年《教育部关于加快发展中等职业教育的意见》（教职成〔2005〕1 号）提出"逐步推行学分制，建立学分银行"的构想。2006 年在《教育部办公厅关于印发〈教育部 2006 年职业教育工作要点〉的通知》（教职成厅函〔2006〕3 号）中首次提出了建设学分银行的试点。2008 年《教育部关于进一步深化中等职业教育教学改革的若干意见》（教职成〔2008〕8 号）进一步推进和落实职业教育领域的学分银行试点工作。2010 年《国家中长期教育改革和发展规划纲要（2010－2020 年）》（以下简称《纲要》）中明确提出了"积极发展社区教育，建立学习成果认证体系，建立学分银行制度"的要求，学分银行制度建设的领域不再仅仅限制于职业教育，已扩展至社区教育领域。在《纲要》的基础上，2012 年、2013 年、2014 年教育部相关文件都有关于学分银行制度建设的指示，在社区教育领域开展学分银行的试点工作，通过建立学习成果的互认和学分的累积、转换制度，探索搭建终身学习"立交桥"。2016 年 7 月《教育部等九部门关于进一步推进社区教育发展的意见》（教职成〔2016〕4 号）重点提出了建设社区教育学分银行，"积极探索建立和完善社区教育学习成果认证、积累和转换制度及激励机制"。

地方层面上，根据教育部的政策部署，出台了地方性政策文件加以响应。截至目前，已有多个省市相继颁布推进终身教育和社区教育发展的条例、意见和规划，提出建立学习成果的认证体系，以制度为保障促使各地区学分银行不断发展和完善。省级地区，江苏省 2013 年 12 月出台了《江苏省终身教育学分银行管理办法（试行）》（苏教规〔2013〕3 号），明确提出大力推进江苏省终身教育学分银行建设，并规定了学分银行的组织架构以及学分的认证、转换；陕西省在 2015 年出台《陕西省教育厅关于深化改革提高高等继续教育质量的意见》（陕教规范〔2015〕9 号），明确说明"推进学分银行建设，建立高等继续教育学习制度、学分积累与转换制度和以学分银行为特色的学分互认制度,实现不同类型学习成果的互认、衔接以及资源共享"。省级城市,北京市 2011 年在《北京市中长期教育改革和发展规划纲要(2010—2020 年)》中提出"建立学习成果认证体系和'学分银行'制度",促进北京市学分银行的建设;上海市 2010 年发布《上海市中长期教育改革和发展规划纲要(2010—2020 年)》明确规定建设学分银行制度,促进不同类型教育之间的沟通,加快推进终身教育体系的建构。副省级城市,杭州市 2011 年发布《中共杭州市委市政府关于推进学习型城市建设的若干意见》,提出要"建立学分银行,实行弹性学习制度,探索学分积累、转换和认证制度,促进不同类型学习成果互认和衔接",为建设学习型城市,构建终身教育体系提供服务;青岛市 2015 年出台《青岛市"互联网+教育"行动计划(2016—2018 年)》(青政办发〔2015〕22 号),亦明确青岛市要以互联网为依托,全力推动学习型社会建设,"探索实施网络学习学分积累和转换制度,推进学习成果互认衔接,满足学习者多元化学习和发展的需要"。

国家及各地方陆续出台指导性文件,为学分银行制度建设和社区教育发展提供了一定的政策保障,沟通不同层次与不同类型教育,促进终身教育"立交桥"的构建,实现教育资源的整合与配置。

2. 实践探索

我国的学分银行制度自建立以来,在实践中不断探索,在探索中不断前进。发展社区教育以及构建学习型社会要求对学习者的学习成果进行认证,加快学分银行制度的改进与完善。

(1) 学分。学分是完整地完成某课程所获得的分值单位,用于表明学习者获得某种证书、文凭或者某种学习层级所需要的学习量。对于学分所代表的学习量,不同的教育机构根据不同的需要设置不同的规定。如我国高校,大部分课程要求完成 18 学时(每学时 45 分钟)并通过该课程学业考试即获得 1 学分。

在社区教育中,教育内容的复杂性会导致学分来源的复杂性。所以,学分银行中的学分作为衡量学习量的重要媒介,根据储存和兑换的要求有实际学分、标准学分和有效学分之分。

实际学分、标准学分和有效学分是"学分银行"的三个重要概念。所谓实际学分,也称为一般学分,是学习者在不同学习时间、不同学习场合,通过不同学习途径所获得的学分。它可能是学历教育机构的课程学分、农民工培训的学分、社区居民培训的学分、退伍军人培训的学分或者是技能资格证书培训的学分,不同类型的学分由于知识点、技能含量、学时数量不一样,难以比较,要通过标准学分进行比较。所谓标准学分,也称系统学分,是指在学分银行的系统内,将实际学分按照一定的规则换算成统一学分计量,便于统一标准,进行学分的互认、兑换。所谓有效学分,是指通过学分积累后,可进行相应兑换的课程学分。而有效学分的兑换标准一般由兑换部门设定,如兑换学历证书,则有效学分由证书兑换部门规定。在"学分银行"中可以通过一般学分储存,也可以换算成标准学分储存。某类证书所要求的、必不可少的标准学分就是有效学分,比如当被要求兑换商务专业的学历证书时,必须具有商务专业学历证书所要求的与商务类专业相关的学分(有效学分),仅仅拥有一定量的标准学分是远远不够的。

(2) 学分银行含义。学分银行是学习者通过修习课程或是通过学分认证考试等多种形式获得学分,将之存入个人在学分管理系统注册的账户中,累积达到一定数量,最终获取各类学习认证的一种学分管理系统。[①] 首先,学分银行是一种学分管理系统,它模拟或借鉴了银行的功能和运行方式。其次,学习者的学分可以通过多种形式的学习获得,可以是正规学历教育,也可以是非正规职业技能学习,还可以是文化休闲兴趣类学习。不同的学习成果都可以以不同的标准转换成相同学分,在学分银行中存储、累积。最后,学分银行能够实现对不同学习成果的认证,从而推进终身教育,建构学习型社会。

(3) 学分银行的功能。结合终身教育理念,学分银行模拟银行运行模式,对学习者的学分进行认证、存储、累积。学分银行具有五大功能:终身教育登记,学习成果认证,学分存储累积,学分兑换、折旧、借贷,个人学习档案查询。

终身教育登记是学分银行的首要功能。学分银行面向全体社会公民,有需要的公民可以办理终身学习卡或建立终身学习账户,将自己的学习内容、时间等学习经历存入账户,跟随终生。

学习成果认证是学分银行的核心功能之一。学分银行为有需要的学习者在不同的时间、不同的学习机构,以不同的学习形式获得的学习成果进行认证,通过认证的学习成果可以转换成标准学分。

学分存储累积是学分银行的核心功能之一。转换后的标准学分可以存储在学分银行中,且不断存入的学分都可以累积。

学分兑换、折旧、借贷。学习者存储在学分银行的标准学分,累积到一定数目以后,可以由学习者提出申请,由学分认证系统检测通过,兑换成相应的学历证书、职业资格证书、学习证明或实物、服务等。另外,为了鼓励居民不断学习,

---

① 彭飞龙主编:《终身学习体系学分银行的原理与技术》,北京:高等教育出版社,2013年版,第55页。

学分存入超过一定期限而未兑换的部分可采用折旧的办法,急需而未来得及获得的学分也可以采用借贷的办法。

个人学习档案查询。学习者一旦建立了终身学习账户,学分银行将为学习者建立完整的电子学习档案,学习者可随时查询、打印自己的学习情况,经授权的社会组织也可以查询学习者的学习情况。

(4) 学分银行的具体运作。学分银行运作过程包括学分的获取、认证、转换、累积、兑换等环节。

① 学分的获取。社区教育的对象是全体社区居民,因此任何学习者在任何时间、地点,以任何方式进行的学习都可以获取学分。学分的来源包括学历教育如开放大学所学课程并完成考试,非学历教育如获得职业资格证书,以及非正式学习如兴趣班的学习时间累积等。

【资料链接】

上海市学分银行建立了课程标准体系,将学习内容分为三类:学历教育专业课程、职业培训证书、文化休闲教育项目,其中学历教育课程目录给出了课程与专业的对应关系、职业培训等证书与课程学分认定对应关系和课程简介等信息,为学分银行高校网点制定学分转换规定和学习者进行学分转换申请提供指导与参考。职业培训等证书目录给出了证书简介、职业培训等证书与学历教育课程的对应关系等内容。学习者获得该目录中的证书,可申请将证书存入学分银行。文化休闲教育课程目录给出了课时、课程开设单位等信息。学习者可至课程开设单位学习,获取的学分由各区县社区学院、老年大学统一存入学分银行。

在文化休闲教育项目中,上海市学分银行区分了信息技术类、休闲技艺类、语言文字类、道德修养类、科学素养类、文化涵养类、公民意识类等15类社区教育课程,每一类又细分了相应的课程,共5610种课程,每门课程都对应相应的学分,摘录部分如下。

上海市学分银行部分课程标准学分目录

课程	代码	类别	学时	学分
草莓栽培	QP150001	职业发展类	48	7
外冈蜡梅	JD150004	职业发展类	24	3
新型实用应用文写作	JD150003	职业发展类	20	3
华亭哈密瓜	JD150002	职业发展类	24	3
鳄龟养殖技术	JD150001	职业发展类	24	3

续表

课程	代码	类别	学时	学分
蔬菜栽培技术	FX150004	职业发展类	20	3
蔬菜栽培技术	FX150003	职业发展类	48	7
瓜果栽培技术	FX150002	职业发展类	48	7
食用菌栽培技术	FX150001	职业发展类	40	5
村民学校办学培训	CM150001	职业发展类	24	3
水稻栽培技术(校级)	QP150012	职业发展类	18	3
油桃栽培技术	FX150013	职业发展类	86	7
现代蔬菜园艺	QP150010	职业发展类	80	7
村居委学习点负责人能力培养	QP150009	职业发展类	16	3
现代蔬菜园艺	QP150008	职业发展类	80	7
草莓栽培	QP150007	职业发展类	48	7
现代蔬菜园艺	QP150006	职业发展类	80	7
哈密瓜	JD150007	职业发展类	16	3
农村日常应用文写作	CM150002	职业发展类	36	5

② 学分认证。学习者的学分认证可分为正规教育学分认证、非正规教育学分认证、非正式学习学分认证。

正规教育主要指国家正规学历教育,如开放大学、广播电视大学等,此类学分认证以所获得的学历证书进行学分认证。

非正规教育指各类职业资格证书、专业技能资格证书、教育培训等,此类学分认证以所获得的资格证书进行学分认证。

非正式学习主要指无一定形式的学习行为,如参加的各类活动、兴趣班学习等,此类学分认证方式可分为学习类(以时间的累积、考勤、课程考试进行认证)和活动类(以时间累积、活动表现进行认证)。

学习者在本地学习中心的学习成果可以认证为相应学分,在外地有资质的学习机构获得的学习成果由权威部门出具学习证明后,也可以进行学分认证。学习者在未经认证或注册的机构学习,凭借主办方出具的有效学习证明并经学分银行管理审查机构认可,也可以进行学分认证。进行学分认证时,学习者一般应该提供如下有效学习证明:学历文凭证书、职业技能资格等级证书、课程学习证明或课程考试合格证明、文娱体育等专题培训合格证书或学习证明以及其他学习证明。图6-1所示是北京市西城区社区学院学分认证流程。

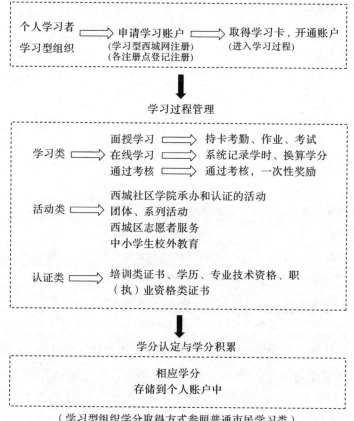

图6-1 北京西城区社区学院学分认证流程

③学分转换。学分银行中的学分转换是指将学习者获得的实际学分按照一定的系数和比例转换成标准学分,以便于学习者学分的累积和兑换。有些地区,社区教育的学分进行转换时,称为学分转积分,实则为实际学分转换为标准学分,虽然叫法不同,但是内容相似。以浙江省慈溪市为例,该市以原始学分即实际学分为基础,参考难度系数、时长系数、加权系数兑换为标准学分。浙江省慈溪市为了便于各类培训学习有统一的学分核定标准,在标准学分设定时采用以原始学分为基础,以学习时长为参考,以难度系数为调节,以加权系数为补充的学习积分获取模式(见表6-2)。

表6-2 浙江省慈溪市社区教育学习积分的核定标准

学分类别	系数类别		原始学分	总学分	难度系数	时长系数	加权系数	标准学分	学习积分
证书学分	学历学分	高中	80	300	0.5	0.24	0.37	29.60	80
		专科	76	1200	1	1.00	1.00	76.00	206
		本科（专科起点）	76	1200	1	1.00	1.00	76.00	206
	技能学分	合格证	12	120	0.2	0.63	0.42	4.98	14
		初级工	12	120	0.3	0.63	0.47	5.58	15
		中级工	19	190	0.5	0.63	0.57	10.74	29
		高级工	25	250	1	0.63	0.82	20.38	55

原始学分说明：原始学分的确认，高中、专科和本科的学分以上级教育行政部门的规定为准，技能证书学分则以慈溪市劳动保障局规定的网上学习10小时为1学分来确定。

各项系数说明：其中难度系数以专科为基准，时长系数以（课时数÷所得学分）÷（专科课时数÷所得学分）来核算，加权系数以（难度系数+时长系数）÷2来确定。

系统学分说明：为鼓励市民网上学习，学分银行认定每5小时为1学习积分；凡文本浏览按200字读，达到6万字，则自动生成1个学习积分，如果仅仅阅读了600字的文本，则自动生成0.01个学习积分，并随时进行自动累加；凡非课程视频点播浏览，学分银行以3分钟为单位自动生成0.01个学习积分，并进行自动累加。学习积分最终以成人高中作为参考标准，其他种类的学分按标准学分乘以（高中系统学分÷标准学分）转换而来。至于考试课程的学习积分，操作系统则采取了平时学习卡考勤（占20%）和课程考试合格（占80%）两者相加计算。图6-2是北京市西城区学分转换为积分示意图。

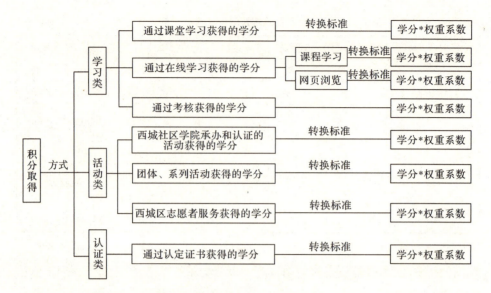

注:根据实际情况,针对学分类别设计不同权重系数,兑换为积分。

图6-2 北京市西城区学分转换为积分示意

学分累积。在狭义的学历教育和技能培训中,学分累积是指逐门课程学分的累积,待到学分总数累积到规定数量,就可以获取相应的文凭或证书。但在社区教育中,学习内容包罗万象,有的以课程形式出现,有的以非课程形式出现,面对复杂的学习内容,学分银行按照一定的标准对原始学分进行转换后以标准学分的形式进行存储、累积。

学分银行的学分累积是终身制,不受时间、期限的限制,能够实现不同教育类型的累积,如学历教育学分与职业资格证书学分的累积。累积到一定数量的学分可以进行兑换,但是超期不兑换的学分需要进行折旧。

学分兑换。学分兑换,也称为积分消费,是学习成果的应用,包含两类:一类是学分兑换证书。有些学习者是为了特定的目的,如兑换学历证书,此类学习者的学分累积到一定数量时,可以向学分管理审查机构提出申请,申请通过后可换取相应的学历证书。另一类是非证书兑换。有些学习者是非特定目的的学习者,针对此类学习者,学分银行提供学习奖励、购物优惠、生活服务等兑换服务。如北京市西城区学分银行可使用积分兑换社区生活服务和帮助、子女托管服务、居家养老助残服务等,以及商品、服务或者文化消费。图6-3所示就是北京市西城区社区学院学分兑换流程。

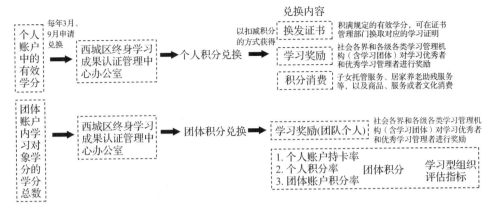

图 6-3 北京市西城区学分兑换流程

五、社区教育的效果评估

2016年7月,教育部等九部门联合发布《关于进一步推进社区教育发展的意见》(教职成〔2016〕4号),该文件是近年来我国多部门联合印发的第一个推进社区教育发展的指导性文件。文件重点强调了社区教育的督查评价工作,提出:"科学制定社区教育评价标准,加强对社区教育发展状况基本信息的收集和分析;建立社会第三方对社区教育发展的评价与反馈机制,定期开展社区居民对社区教育满意度的测评。"由此可见,社区教育的效果评估不仅是社区教育工作实践的需要,而且得到了国家政策层面的指导和重视。

(一) 社区教育的效果评估概述

评估是对评估对象做出的一种价值判断,社区教育的效果评估是以社区教育效果为特定对象做出的一种价值判断,社区教育的效果即社区教育的实施和发展所产生的成果和效益,可体现为社区居民、社区及社区教育自身所产生的变化。

1. 社区教育效果评估的对象

社区教育评估,即社区教育评价,指的是按照一定的价值标准,运用科学的方法,对社区教育受教育者的发展变化及构成其变化的诸因素所进行的价值判断的过程。[①] 社区教育评估概念的界定规定了评估的对象既可以是社区教育的成效,也可以是社区教育的各个要素,而社区教育的效果评估对象更加具体,范

---

① 叶忠海:《中国社区教育发展研究》,上海:同济大学出版社,2011年版,第124页。

围更加窄化,包括社区教育在发展过程中所达成的效果及社区教育目标在一定阶段内完成的程度。

社区教育效果评估是一种结果评价,强调对社区教育在各种因素共同作用下所反映出的成效进行评估。社区教育的效果评估以社区教育活动开展后的成果和效益为主要评估对象,它评估的着眼点是"结果",具有总结性、鉴定性。社区教育的效果评估往往以目标来衡量,即判断社区教育活动的预期目标所达到的实际程度,因此在对社区教育的效果做出具体评估时应该将评估依据作为重点进行考虑。

2. 社区教育效果评估的依据

社区教育目的是社区教育的出发点和归宿,是评估社区教育效果的基本依据。我国社区教育的总体目标是:到2020年,社区教育治理体系初步形成,内容形式更加丰富,教育资源融通共享,服务能力显著提高,发展环境更加优化,居民参与率和满意度显著提高,基本形成具有中国特色的社区教育发展模式;建设全国社区教育实验区600个,建成全国社区教育示范区200个,全国开展社区教育的县(市、区)实现全覆盖。① 社区教育的总体目标具有指导性,在具体实践过程中,各地区社区教育以总体目标为参照,制定适合本地区的发展目标,如江苏省2007年发布《省教育厅关于加快发展社区教育工作的意见》(苏教职〔2007〕26号),提出社区教育的建设目标:城乡社区教育全面启动、社区教育实验区和示范区不断增加、学习型组织建设步伐明显加快、社区教育基地条件建设进一步改善。

为确保社区教育工作的顺利发展,党和国家在其发展过程中出台了一系列社区教育评估的相关政策和文件。它们既是社区教育的工作指南,也为社区教育效果评估提供了政策性依据,成为衡量社区教育成效是否达标的重要标准。如2010年,教育部出台《社区教育示范区评估标准(试行)》规定了社区教育示范区的各项评估指标,其中社区教育成效的评估指标可以为社区教育的效果评估提供政策支撑和指导。

另外,相关的科学理论及社区教育发展过程中累积的实践经验等都可以作为社区教育效果评估的依据。

3. 社区教育效果评估的方法

社区教育效果评估要在明确评估主体与评估客体的基础上,参考评估指标,采用合适的评估方法进行。评估方法的选择既要充分考虑评估主体与评估客体

---

① 教育部等九部门:《关于进一步推进社区教育发展的意见》,教职成〔2016〕4号。

的特点与关系,又要综合各方面要素衡量采用定性评价法还是定量评价法。因此社区教育效果评估方法的选择要妥善处理好评估主体与客体的关系、定性与定量的关系,提高评估的科学性和有效性。

评估主体与评估客体的关系。所谓社区教育效果评估的主体是评估过程的组织者或者实施者,它可以是个体或群体,也可以是相关组织。社区教育效果评估的客体是指被评估的活动对象,是社区教育的发展成果,在评估过程中以可识别、可判断的客观现象表现出来。评估主体与评估客体的关系是社区教育效果评估的一对基本关系,明确评估主体与客体,正确把握两者的关系状态,有助于制订出切实可行的评估方案,提高评估结果的信度和效度。

定性分析与定量分析的关系。定性分析和定量分析是教育评价的两种基本分析方法,也是社区教育效果评估制定指标体系、开展效果评估的基本方法。社区教育对象具有复杂性,社区教育内容具有多样性,社区教育课程具有广泛性,因此,对社区教育效果评估的描述,应是定性的模糊描述还是定量的精确分析要视情况而定,不能一概而论。对于一些难以量化的评估内容,如果过分追求量化容易造成评估结果的片面化,背离客观事实。定性分析与定量分析都是评估的手段而非目的,且评估的科学性并不在于评估手段的选择,而在于是否正确反映了评价对象的客观性。因此,在具体评估过程中,应注意定性分析与定量分析的有机结合,避免一味地使用定量分析法。

(二) 社区教育效果评估的特点

社区教育的效果评估作为社区教育评价中的一个重要组成部分,除了具有教育评价的一般特点之外,还有自身的鲜明特色。

1. 评估目的的导向性

社区教育效果评估的直接导向性是由社区教育的性质和目标决定的。社区教育活动与社区紧密相关,为社区及社区居民服务,致力于终身教育理念的形成和学习型社会的建构,以中国特色社会主义建设为最终目标。评估社区教育效果可以检验社区教育发展目标是否达成、发展方向是否正确,评估目的对社区教育的发展具有直接导向性。

2. 评估主体的多元化

社区教育是社区治理系统与教育系统的结合,是不同类型与不同层次教育资源的整合。社区教育直接服务社区,且教育范围涉及全体社区居民,因此社区教育的效果评估要求实现评估主体的多元化。评估主体的多元化既包括评估组织机构的多元化,也包括评估组织机构人员来源的多元化。

社区教育的效果评估要求评估组织机构除了教育评价机构外,还可以增加社区、企业团体等。评估组织机构的人员组成也不仅仅局限于教育专家学者,还可以包括社会发展类专家、企业内部知名人士、文娱体育类知名人士以及社区居民。评估主体的多元化可以更好地适应社区教育的特点,加强"官""民"结合,促使与社区发展息息相关的社区居民参与到评估中,既可以充分调动居民参与的积极性,又可以了解社区成员对社区教育的需求,掌握更全面的信息,从而更好地为社区教育发展服务,提高社区教育的质量和效益。

3. 评估对象的复杂化

由于社区教育的复杂性,社区教育效果作为评估对象,也相应地具有了复杂化的特点。从社区教育的对象来看,从幼儿到老人、从青年白领到新型农民,包括不同年龄阶段、不同文化背景的学习者;从社区教育的内容来看,既有正规学历教育的学习,也有职业技能资格的培训,还有文化休闲类课程学习,教育内容复杂多样;从社区教育的时间安排来看,既有集中授课,也有零散授课,学习时间不固定;从教育的实施单位看,既有正规的学历教育单位如开放大学等,也有各级各类职业培训机构,还有一些休闲兴趣班,施教单位不一致。社区教育的复杂性决定了社区教育的成果表现形式是复杂多样的,造成了评估对象的复杂化,对社区教育效果进行评估要综合考虑各方面因素。

4. 评估方法的定性化

为了保证评价结果的准确性,教育评价要综合运用定性分析法与定量分析法,这两种评估方法相互依存、互为补充,忽视任何一种评估方法的使用都有可能导致评价结果的片面化。然而,相对于其他教育评价而言,社区教育效果评估将更多地运用定性分析方法。社区教育的复杂性会导致评估过程中诸多评估要素不可控制、难以测量,如果大量采用定量分析法,可能大大增加评估的工作量,且可操作性不强。而定性分析法能够采用描述的方式对一些难以测量的因素进行分析,增强可行性。基于此,社区教育的效果评估工作应以社区教育效果的实际为前提,以定性分析法为主,定量分析法为辅,综合运用,科学评估。

(三)社区教育效果评估的原则

社区教育效果评估的原则是开展社区教育效果评估工作必须遵循的准则,集中体现了评估工作的指导思想和基本要求。社区教育的效果评估在开展过程中涉及许多具体的程序和步骤,如评估目的的确定、评估对象的选择、评估指标的制定等,这些具体工作的开展必须在一定原则的指导下,才能保证评估工作合理进行,评估功能有效发挥。

1. 导向性原则

导向性原则是指在社区教育效果评估过程中必须坚持正确的方向,以社区教育发展服务于社区、服务于社会主义现代化建设为根本导向。社区教育效果评估的导向性包含两个层面的含义:一是评估必须要从社区教育的目的出发,坚持贯彻党的各项政方针,坚持社区教育为社区的全面发展服务、为提高社区居民的素质服务、为全民的终身教育服务,并以此指导各项评估工作的实施。评估组织机构还要充分重视评估结果的导向作用,为社区教育的改革发展、社区教育质量和效益的提高提供参考。二是社区教育效果评估的正确导向,还包括走中国特色的社区教育之路。我国社区教育起步较晚,且发展之初无论在理论还是实践中都借鉴了国外的有益经验,但国外社区教育的经验运用于我国社区教育的实际时,会出现一定的偏差与矛盾。因此,我国社区教育的发展必须从我国具体国情出发,结合我国社区和社区成员的实际需求,制定适合中国社区教育实际的发展方针。总之,坚持社区教育效果评估的导向性原则,可以为我国社区教育发展遵循中国实际,为选择中国特色发展道路指明方向。

2. 客观性原则

从评价对象上来看,社区教育效果评估对象是社区教育形成的客观成果,如社区居民的参与度、社区居民素质的提高程度等都是客观存在的事实,是不以人的主观意志为转移的。从评价指标的制定上来看,社区教育效果评估指标的制定要从评价目的出发,依据社区教育发展目的、社区教育发展实际客观地制定,要能够正确反映社区教育的客观效果,不能依据个人的主观意志随意确定。从评估方法的选择来看,要结合社区教育效果评估对象的实际,对评估过程中一些难以量化的指标采用定性分析的方法,避免为了统计和分析的便利,走定量分析法的捷径。总之,社区教育的效果评估要坚持客观性原则,才能促进评估工作的顺利开展,保证评估结果的有效性。

3. 科学性原则

社区教育效果评估的科学性原则包括两个层面:第一是实事求是,指社区教育效果的评估必须充分尊重社区发展和社区教育发展的实际。首先,要明确了解社区发展规律和社区教育发展规律,对社区及社区教育做到科学了解、综合把握。其次,要充分了解社区教育的发展现状,清楚社区教育发展的真实水平。再次,要正确把握社区和社区教育之间的内在联系,辩证地看待两者之间的关系。

只有在正确把握社区和社区教育发展实际的基础上,才能科学地规划评估程序、分析评估资料、运用评估结果。第二是科技成果的应用。社区教育效果评估的科学性还要求在评估方法的选择、评估的实施中适当地运用人类科技发展的最新成果,使评估结果更加准确。合理运用最新科技成果可以节省人力物力财力,确保评估结果的科学和公正。

4. 可行性原则

社区教育效果评估的可行性原则是指评估应该符合周围评估环境和条件,切实可行。评估指标的制定、评估方法的选择都是为了评估工作能够在现有的经济技术条件下落实和开展。首先,评估指标和评估程序应简便易行,具有可操作性,如果评估指标和评估程序十分烦琐,无疑增加了评估的难度,使评估无法落到实处。其次,评估手段和评估方法的选择应符合经济技术条件,社区教育的效果评估离不开现代技术的应用和经费的支持,如果选择经济技术条件无法支撑的方法和手段,评估工作将难以进行。再次,社区教育的效果评估要从实际出发,具有针对性。不同社区、不同学习者、不同学习内容都会产生不同的教育效果,因此,评估要增强针对性,因地制宜、因实制宜。

只有针对不同情况,选择可操作的指标体系、评估手段和方法,符合经济技术条件,才能保证社区教育效果评估的顺利进行。

(四)社区教育效果评估的指标内容

形成合理的社区教育效果评估指标事关评估的成败与效能,社区教育效果评估的指标体系必须充分体现国家的政策引导,符合国家的政策要求,同时也要与不同时期、不同地区社区教育发展的实际相契合。社区教育效果评估的指标还要明确评估目的,以评估目的为基础,积极推进社区教育改革,促进学习型社会的构建。

1. 评估目的

明确社区教育效果评估的目的在整个评估活动中处于中心地位,评估主体的确定、评估对象的选择、评估指标的制定等都要围绕评估目的展开,因此评估目的是开展社区教育效果评估活动时首要回答的问题。

概括来说,对社区教育效果进行评估是为了发现问题,为社区教育的调整与发展指明方向。具体来说,社区教育的效果评估工作主要有以下目的:检验目的,检验社区教育的成果是否达到了预期目标以及达到预期目标的程度;激励目的,通过评估社区教育发展过程中的成绩与问题,为社区教育工作的持续开展提供动力;改进目的,评估结果可以促使社区教育反思自身问题,为下一步工作改进提供行动指南;导向目的,通过评估活动为社区教育的实践指明发展方向,使其朝着既定目标前进。

2. 确定评估指标的方法

确定评估指标首先要提出初拟指标,其次要归类合并、筛选指标,最终确定评估的具体指标。提出初拟指标可采用头脑风暴法,尽可能提出更多的评估指标;也可用理论推演法,运用科学的理论成果推演出评估指标;还可以运用借鉴法,借鉴一些较好的评估指标体系作为初拟指标。然而,无论是哪一种方法,评估指标都要遵守可细化、可测量、可评价的原则。提出初拟指标,可先将评价目标分解为若干一级指标,再将每一项一级指标分解成若干二级指标,如此类推,直至分解出来的指标可测量、可评价为止。一般情况下,评估指标可分为三级。

初拟指标会复杂烦琐,甚至有些指标存在不合理性,因此要对初拟指标中的相近指标进行归类合并,删除多余的、可有可无的指标,形成简明扼要、操作性较强的评估指标。

3. 社区教育效果评估的指标

社区教育的成效是衡量社区教育质量和效益的关键,关系着社区居民素质的提高,以及终身教育理念的形成和学习型社会的建构。2010 年,教育部出台《社区教育示范区评估标准(试行)》规范了社区教育的评价标准,其中对社区教育成效的评估标准主要涉及社区居民对社区教育的认知程度、满意程度,社区居民生活质量的提高,社区文明程度提高等方面。教育部《社区教育示范区评估标准(试行)》中关于社区教育成效的具体评价指标如表 6-3 所示。

表 6-3 教育部社区教育示范区评价指标(成效评估部分)[①]

一级指标	二级指标	三级指标	分值
社区教育成效(20 分)	4.1 社区成员的认知和评价	★4.1.1 社区成员对社区教育的知晓率、认同率达80%以上;(5分) ★4.1.2 社区成员对接受社区教育服务的满意率达70%以上。(5分)	10 分
	4.2 社区成员综合素质的提高	4.2.1 社区成员的社区归属感、遵守社会公德自觉性、扶贫帮困、参加公益活动等公民素质有较大的提高。(2分) 4.2.2 社区成员终身学习观念有明显增强,求知欲有明显提升。(2分) 4.2.3 社区成员的知识和技能水平明显提高。(1分)	5 分

---

① 教育部:《社区教育示范区评估标准(试行)》,教职成厅〔2010〕7 号。

续表

一级指标	二级指标	三级指标	分值
	4.3 社区发展和成员生活质量的提升	4.3.1 推进了"文明社区"、"安全社区"、"健康社区"、"生态社区"、"数字社区"等各类创建工作。社区文明程度有较大提高，获省（直辖市、自治区）级及以上"文明社区"称号。（2分） 4.3.2 社区和谐稳定，各类案件发生率下降；（1分） 4.3.3 社区成员的精神生活质量和环境生活质量有了改善。（2分）	5分

依据社区教育的目标及内容，社区教育效果评估成为社区教育整体评估中的重要组成部分。社区教育效果评估不仅仅要关注已取得的成效，也要重视其可持续发展和创新的能力。借鉴教育部《社区教育示范区评估标准（试行）》中关于社区教育成效的部分，并结合社区教育实施的具体情况，社区教育效果的评估指标应该包括如下内容：

认知层面，包括"五度"，即知晓度、认同度、接受度、有效参与度、满意度。知晓度即社区居民对社区教育的知晓程度，包括社区居民对社区内教育培训机构、教育学习机构、学习内容、课程安排等知晓的程度；认同度即对社区教育及社区教育内容和组织形式的认同程度；接受度即个人及亲朋好友对社区教育的接受程度；有效参与度即社区居民有效参与各类社区教育如老年教育、青少年培训、学历教育等的程度；满意度即社区居民对社区教育服务的满意程度。

社区居民层面，包括居民意识形态、知识技能、行为素质三个方面的改变。社区居民意识形态的改变程度，包括终身教育观念的内化程度、求知欲及技能提升意识增强程度、社区归属感、社会公德意识提高程度；知识技能的提升既包括文化休闲知识的获取，也包括职业资格证书及技能等级证书的获得情况，还包括学历教育的覆盖率；行为素质是社区居民接受社区教育后个人行为及综合素质的变化，包括扶助帮困及公益活动的参与率、文明交往行为提升率、社区居民犯罪下降率等。

社区层面，包括社区环境和社区生活质量的改变。社区环境的改变指社区教育对社区环境的影响，包括社区文明程度的改变、社区环境卫生条件的改善、社区和谐程度的提升、社区自治程度的提升等；社区生活质量的改善主要指精神文化生活质量的改善，包括社区安全感的提升、社区文化生活的丰富、社区居民心理健康程度的提升等。

社区教育建设及研究层面，包括社区教育建设和社区教育研究两个方面。社区教育建设即社区教育发展和普及情况，包括社区教育层级办学网络体系建设、社区教育办学机构建设、学习型组织建设、社区教育示范区建设、社区教育模式创新等;社区教育研究即相关专家的理论研究及探索,包括著作及论文的发表数量、理论成果产出情况等。社区教育效果评估的具体指标如表6-4所示。

表6-4 社区教育效果评估指标

评估对象	一级指标	二级指标	三级指标
社区教育效果评估	认知层面	知晓度	对社区内的教育培训机构知晓程度 对社区内教育学习机构知晓程度 对社区教育学习内容知晓程度 对社区教育课程安排知晓程度
		认同度	对社区教育的认同程度 对社区教育内容的认同程度 对社区教育组织形式的认同程度
		接受度	个人对社区教育的接受程度 家人对社区教育的接受程度
		有效参与度	老年教育的有效参与度 青少年培训的有效参与度 学历教育的有效参与度 职业培训的有效参与度
		满意度	对社区教育服务的满意程度
	社区居民层面	意识形态	终身教育观念的内化程度 求知欲及技能提升意识增强程度 老年人社区归属感提升程度 社会公德意识增长程度
		知识技能	文化休闲知识的获取 职业资格证书及技能等级证书的获得情况 学历教育的覆盖率
		行为素质	扶助帮困及公益活动的参与率 文明交往行为提升率 社区居民犯罪下降率
	社区层面	社区环境	社区文明程度的改变 社区环境卫生条件的改善 社区和谐程度的提升 社区自治程度的提升
		社区生活质量	社区安全感的提升 社区文化生活的丰富 社区居民心理健康程度的提升

续表

评估对象	一级指标	二级指标	三级指标
社区教育建设及研究层面	社区教育建设	社区教育层级办学网络体系建设程度 社区教育办学机构建设程度 学习型组织建设程度 社区教育示范区建设程度 社区教育模式创新情况
		社区教育理论研究	著作及论文的发表数量 理论成果产出情况

注：在具体的评估活动中，要根据社区教育的不同情况计算评估指标的权重。

（五）社区教育效果评估工作的一般步骤

社区教育效果的评估工作主要包括三个阶段：评估工作的准备阶段、评估工作的实施阶段、评估工作的总结阶段。

1. 评估工作的准备阶段

社区教育效果评估的前期准备主要包括以下工作：确定评估项目，即确定评估目标、评估主体和评估对象。组织评估机构和评估人员，即依据评估目标设置合理的评估机构，选择合适的评估人员。准备评估方案。评估方案的设计是准备工作的核心阶段，包括设计评估的指标体系，确定指标的权重，确定信息采集和处理技术。撰写实施方案。实施方案是评估工作的指南，一份完整的评估方案一般包括方案名称和主评单位，评价的目的和意义，评价指标体系（包括评价等级、评价标准和权重），评价方法和工具，评价的组织和领导，评价工作的日程安排和实施步骤，评价的预期后果。[①]

2. 评估工作的实施阶段

社区教育效果评估的实施工作即依据评估方案，运用评估指标体系，对社区教育已有的成果和效益进行价值判断。该阶段包括如下工作：思想动员阶段，动员评估主体、评估对象积极参与到评估工作中去；自评阶段，是一个自我把关的过程；他评阶段，一般由外部专家担任评估主体，保证评估的科学性、客观公正性。

3. 评估工作的总结阶段

社区教育效果评估的总结阶段是评估工作的最终收尾阶段，首先，要通过对信息的处理得出综合结论；其次，对评估结论及评估过程中的问题做出分析，提高评估的准确性；再次，对评估结果做深入分析，找出问题存在的原因，提出改进意见；最后，做好对相关职能部门、评估对象及社会的反馈工作。

[①] 桑宁霞主编：《社区教育概论》，北京：中国社会科学出版社，2002年版，第167页。

第七章 社区教育的创新案例

[**内容提示**] 社区教育案例是人们在解决社区教育实践问题过程中形成的带有规律性、创新性的经验,是社区治理的重要成果。这些经验来源广泛,包括社区教育的模式、品牌、平台、队伍、制度、活动、课程、阵地、途径和方法等各个方面,以教育叙事的方式呈现,为广大社区教育工作者提供典型的解决问题的方法。

社区教育案例的收集、整理与呈现不仅有助于本地区社区教育工作的提档升级,而且有助于典型经验的推广和辐射。本章采集的是江苏省近年来社区教育模式、品牌、制度、平台和队伍建设方面的若干创新案例,是广大社区教育工作者理论联系实际、大胆开拓创新的成果,这些成果将为社区教育工作者提升服务能力、科学应对实践问题、互相学习和借鉴、促进社区可持续发展提供新的解决方案。

[**核心概念**] 社区教育模式;社区教育品牌;社区教育评价;数字化学习

"案例"一词按照《新华词典》的解释是"某种案件的例子",现在往往被人们引申为在生产生活当中所经历的具有典型意义的事件。社区教育案例是社区治理的重要成果,是广大社区教育工作者发挥自己的聪明才智,将社区教育理论与地方实践有机结合起来,积极探索社区教育规律的过程。社区教育案例的一个重要特征是:社区教育工作者创新性地运用了本地区的社区教育的条件、队伍、资源、政策,在服务学习者需求过程中解决诸多实际问题,并总结经验、改进措施、完善制度,最终实现人民群众对社区教育的满意度的提升。社区教育案例也从一个侧面见证了各地党委和政府重视民生工程,通过大力发展社区教育,及时总结推广经验,积极追求建设"人人皆学、时时能学、处处可学"的学习型社会的愿景。

一、社区教育模式的选择与创新

模式是在理论指导下的实践经验的抽象和升华,是从不断重复出现的事件中发现和抽象出的普遍规律,是解决相似问题的宝贵经验。建构社区教育模式,不仅是社区教育工作开展的现实需要,而且对促进和指导未来的实践、实现事业的可持续发展有着重要作用,甚至对其他地区的社区教育也会产生一定的积极影响。

厉以贤教授把社区教育模式概括为"能反映社区教育功能的有组织的结构及其活动方式,是社区教育实践中可以照着做的标准模式"。也有学者认为,社区教育模式是"旨在提高社区居民综合素质、技能以及文化娱乐能力等的社区内各级各类教育的综合运作机制和工作方略。它包括规划和实施社区教育的主体机构、主要目标、工作内容和活动方式、协调策略等"[①]。上述概念是从社区教育的组织结构、活动方式、工作特点等方面来界定社区教育的模式,具有重要的指导意义,特别是厉以贤教授指出了模式的标准化和可复制性是其重要的特征。由此可见,模式的提炼不仅有实践价值,而且体现了理论的传承和发展。从社区教育模式形成的历程来看,既需要一定的基础性条件,还需要一定的制度保障,更需要丰富内涵、优化服务的具体有效举措,优秀的队伍支持和经过实践检验的、广大居民认可的工作成效。

综上所述,社区教育模式是在终身教育、终身学习理论和社区治理理念指导下的,在保障制度、推进措施和信息技术支持下的一种具有地域特征的、为广大学习者认可的终身学习服务方式和内涵标准。这种标准特征清晰,在具备一定的基础条件前提下,可以学习、借鉴和进一步改进优化。

案例一:南通市社区教育"三合三学"模式
一、背景

2012年起,南通开放大学在已建成的八所街道分校、一所街坊邻里实验学校、两所地区分院的基础上,不断寻求合作,拓展创新项目,学校通过不断加强社区教育实验项目开发,形成"非遗进社区,文化有传承"、"老年学历教育"、"名人名师工作室进社区"、"全民阅读进社区"等多个特色项目。学校将进一步优化

[①] 王琪丰:《国内外社区教育模式及相关研究综述》,《宁波广播电视大学学报》,2012年第6期,第82页。

与南通报业传媒集团合作"党报社区行",与广电传媒集团合作"空中社区大讲堂",与群艺馆继续合作"非遗进校园"、"非遗牵手外国友人",以及与市委宣传部、文广新局合作"乡村记忆"等项目。"三合三学"模式集一系列大胆创新、勇于实践的理念与行动,使南通的社区教育工作走在了发展的前沿。

二、做法

(一)资源整合形成"三合"

南通社区教育"三合三学"模式的"三合":一是指社区教育不同层次体系的有机融合。如南通开放大学将市区街道社区教育中心设为直管分校,统一管理,统筹社区教育的相关活动。比如:海门市将所有乡镇社区教育中心的人员,划归海门市开放大学集中管理,进行具体的指导服务考核,实现了管理上的纵向到底、横向到边。二是指社会优质教育资源的有效整合。吸纳全社会各行各业的专家、学者及能工巧匠,建立社区教育师资库;充分利用国家数字资源中心、各级开放大学的数字媒体资源,为市民提供服务。三是社会各部门功能的有力联合。如南通开放大学与团市委联合开展"万名青年志愿者进社区";与市委宣传部、老干部局,市教育局、文广新局等六个部门联合举办社区教育艺术节;与市文广新局开展"全民阅读进社区";与崇川区政府签订战略合作协议,共同开发社区课程,联合举办活动,共享相关资源等。

(二)服务学习形成"三学"

所谓"三学":一是指市民便学。订单式课程派送直接进社区,内容贴近百姓,形式生动多样,打通居民学习的"最后一公里"。二是指平台智学。启动智慧学习平台建设,充分利用"两网四平台",为南通市终身教育体系服务,建设"南通学习地图"。三是指体验乐学。"非遗文化进社区"寓教于乐;"名人名师工作室进社区"丰富居民闲暇生活;"社区教育文化体验中心"让学习者在体验中收获快乐,在文化交流中陶冶情操,感受社区教育的魅力。

三、成效

近几年,南通市不断加强社区教育领导机构建设,2011年6月,成立省内首家获准挂牌的社区大学;2013年7月,江苏省教育厅核准建设南通开放大学,2014年12月,南通开放大学正式挂牌;2015年6月,南通市编办又批准南通开放大学增挂南通市社区教育服务指导中心牌子。在南通市教育局指导下,南通开放大学负责承担全市社区教育业务指导和管理服务等工作,校党委高度重视社区教育工作,把完善社区教育体系建设纳入学校年度考核工作目标,主要领导和分管领导多次深入街道、社区,听取相关部门关于社区教育建设情况汇报,并就有关工作提出明确要求。目前,已建立健全了社区教育工作分类指导、分层推进的工作机制,将工作任务分解到部门,责任落实到人,形成了各司其职、合力推进社区教育建设的良好局面。

(南通开放大学　景圣琪　赵　蓓)

案例二:常州市终身教育共同体模式

一、背景

2001年,常州市委市政府提出了建设学习型城市的目标。多年来,常州市以破解机制瓶颈、完善体系、统筹资源、提升社会教育力做为当前终身教育领域的突破点,以社区、街道(镇)、辖区、市为四级体系,对应建设居民学校、社区教育中心、社区培训学院、市开放大学四级终身教育统筹指导机构,其他学校、企事业单位、教育培训机构、学习服务基地、社会团体为重要补充,由四级终身教育统筹指导机构来协调各类社会教育资源,在与学习者的互动过程中推动社会教育力量的聚通与提升。

通过加强终身教育基础能力建设,初步形成居民学校零距离服务、社区教育中心2~5公里服务圈、社区培训学院5~10公里服务圈、市开放大学远程在线服务和送教进社区的教育服务模式,纵向对接形成通道,横向打通形成网格。以社区网格为最小的终身教育共同体,做强四级终身教育统筹指导机构,重点扶持薄弱地区居民学校、社区教育中心建设,逐步形成一个功能完善与生态优化的终身教育共同体,使终身教育服务从无序单一走向有序多元。

二、做法

(一)整合社区教育资源

常州市积极发挥社区教育机构的统筹指导作用,不断强化社区教育机构的领导力,使社区教育机构成为一个强有力的终身教育资源管理中心和学习服务指导中心。比如:街道(镇)社区教育中心与老年学校、党校、文化体育工作站、成人教育中心、科普活动站、妇儿活动中心等机构统筹建在一起,统筹管理公办的教育资源,有利于场所和资源整合利用。社区教育机构不仅办好精品教育培训,而且要做好上下左右的对接,特别要做好对下一层级社区教育的指导、服务及培训工作。

(二)撬动社会组织参与

各级社区教育机构不仅要为有学习需求的个体成员提供场地、资金和培训,更多的是要派人指导和培训社会组织,或者为他们提供物质条件,鼓励社会组织开展各种社区教育活动。目前在街道(镇)一级,书画摄影协会、音乐舞蹈协会、健身气功协会等各种群众团体少则十几家,多则上百家,有的街道(镇)还专门成立社会组织服务指导中心,架起业务管理和信息沟通的桥梁。

社区内的经济组织也为社区教育提供重要资源,这些组织与公民个体均以志愿者的身份积极参与社区教育。目前,企事业单位和有特长的公民从过去的被动参与转变为主动服务,担负社区教育专业角色。社区教育共同体内的各种组织,包括企事业单位、学校、教育培训机构都以志愿者角色发挥作用。比如医院与社区合作,提供培训和医疗指导服务。

(三)完善四级体系建设

四级统筹指导机构虽然不存在隶属关系,功能定位也不完全相同,但资源完全共享。终身教育学习平台由市教育局委托市开放大学统一筹建,资源全市共享;市开放大学提供的菜单式课程送教进社区,所需费用由政府购买服务的方式统一支付;开放大学根据需求组织8个单位建成联盟,共同开发社区教育课程,社区学院负责配合开放大学实施课程;相邻地域的居民可以通过社区教育机构的协调跨区域参加学习活动;终身教育由各部门、机构、组织分工配合;社区教育名师工作室城乡联合开展师资培训活动。

(四)丰富社区教育内涵

市教育局每年开展社区教育特色项目评比奖励活动,并列入对辖市、区的考核内容,较好地推动了内涵建设。目前,由市开放大学牵头开发了社区教育课程500门,供社区居民选择,2016年有966次课被居民选中;同时用好常州终身教育在线的站群系统,充分发挥信息技术的优势,能够让学习者快捷查找自己所需资源和信息,教育学习平台已提供学习视频1.3万个。

终身教育活动的开展以就近服务为原则,机构的设置与居民区紧密地结合在一起,根据居民学习需要增加布点,充分发挥居民学校的作用,丰富社区教育的末梢神经。比如市青少年活动中心在某区街道与一家社会培训机构联合办学,选派教师上门施教,每年吸引周边2000多名儿童在此培训学习,儿童就近就能享受到与本部一样的优质平价培训;许多居民学校都要把年度学习活动排出来,广泛发布,吸引居民参加;农村的生产技术培训有时要送教到田头,与农业生产的时令与销售需求有机结合,这样的教学充分体现了活学活用的特点。

(五)开展专项项目实验

为深化终身教育共同体建设的实践探索,进一步做好各类教育资源整合利用,推动社区教育内涵发展、协同发展和创新发展,常州市专门开展终身教育共同体建设专项项目实验工作。在项目设计上,一是要充分体现终身教育共同体协同发展的理念;二是要从解决工作中的实际问题入手,围绕重点难点,紧扣区域特色;三是实验目标清晰,可操作性强,要形成可视性的实效(实景、实物、实体或经验)。在项目立项上,依据项目实施的重要性、可行性、有效性预测等,将项目分为重点项目、一般项目两类,并给予一定经费资助。

三、成效

一方面,通过推进终身教育共同体研究和项目实验,更好地发挥了社区教育四级体系的阵地作用,以及全市终身教育研究中心、指导中心和信息中心三大中心在学习型城市建设中的引导、推进、服务和智力支持作用,全面提升乡镇(街道)、村(居)社区教育基地建设水平。另一方面,通过激发社会组织参与学习型城市建设的积极意愿,撬动了更多的社会教育资源服务社区建设。到2015年,钟楼区、武进区已成功创建国家级社区教育示范区,新北区、天宁区成功创建为国家级社区教育实验区。省级标准化乡镇(街道)社区教育中心已有41个,城市、农村居民、老年人社区教育参与率分别达65.29%、52.15%、33.30%。

(常州市教育局终身教育处　王　中)

案例三:扬州市仪征市陈集镇"一链三联"模式

一、背景

近年来,作为乡镇一级的社区教育中心机构,不仅承担了职业技术培训等方面的职责,而且是培训农村劳动力方面的主渠道,但是仅仅依靠乡镇社区教育中心自身的资源与力量,在满足劳动力培训的全部要求方面,还存在着资源不足、力量不够等方面的问题,扬州市仪征市陈集镇创新理念,拓展思路,创新社区教育举措,推出"一链三联"模式,有效整合各种优质资源,较好地提升了农村劳动力的培训成效。

二、做法

(一)链接各类办学单位,整合教学资源条件

乡镇一级社区教育中心在整个职业教育培训工作体系中,处于最基层位置,办学基础相对薄弱,教学硬件投入不足,没有职业学校那样的实习设备,在师资力量方面也存在着不足,人数偏少,专业不全,甚至有的乡镇成人学校教师均为管理人员,对此,作为乡镇成人学校这样的办学主体,应当善于借风生力、借鸡下蛋,立足于自身办学思想与方向、实际,在职业类学校中寻找合作单位,建立起短期或者长期合作关系,签订办学协议或者搭建合作办学平台。

在专业师资方面,由于不同时期开办的培训项目不一致,应当借助于合作办学学校的专业师资予以补充,通过聘请兼职专业教师的方式,满足技能培训的实际需求。另外,在办学所需实习设备上,由于耗资巨大,一般只有职业学校相应专业才会配齐,乡镇成校可以通过有偿使用、效益分成等途径,借助职业学校的设备满足培训工作需要,做到资源的进一步整合。

(二)联姻科研技术机构,争取高新技术支持

在当前的农村劳动力转移培训中,一些传统的低技术含量的培训项目已经远远不能满足学员就业要求,如缝纫技术培训,难以让学员在就业竞争中占据优势。针对这样的状况,作为办学机构,应当在提升培训项目技术含量方面下功夫、做文章。但是乡镇社区教育中心受到自身办学投入、技术含量等方面因素的制约,很难自主开发出科技含量较高的培训项目,因此,寻求高一级科研技术机构的支持尤为重要。

目前,在长三角、珠三角地区,机械操作、电氧焊、维修等方面的技术人才较为紧缺,而且待遇较高,乡镇社区教育中心应在开展劳动力转移培训中,将目光紧盯着这一类就业途径广、待遇高的岗位,开展专门的培训活动。明确了这样的目标之后,积极与拥有成熟技术以及设备的科研技术机构开展对接,争取技术方面的支持,可以采取"场地资源+人才设备"的合作办学模式,在这些单位强有力的技术支撑下,提高乡镇社区就业培训的科技含量,提升就业者竞争力。

(三)联系实体培训基地,发挥实践教学优势

在开展就业技能培训活动中,所有环节不能全部在培训教室进行,还应当在相关企业设立培训基地。针对转移就业型培训,建立不同的实体培训基地,才能真正提升培训成效。在转移就业型项目与对象的培训中,可以选择就近的相关企业、项目开展实习活动,将培训中讲授的知识联系实际,进行回顾与深化,如到生产车间、生产线上进行定岗操作,在老师傅的帮助与指导下实地操作,增强掌握效果,这样理论联系实际的就业培训,相对于单纯教师的单纯理论教学效果要更为明显。针对自主创业型技能培训,应当重点针对高效农业与三产服务业开展实训活动,如在培训特种养殖项目教学中,可以结合本地区养殖业实际,建立长鳝鱼养殖场、白对虾养殖场等多个实训基地,学员在培训中学习直观性与可操作性明显增强。

(四)联络用工需求企业,拓展学员就业渠道

除了自主创业型技能项目外,其余项目培训的目的都是为了能够帮助劳动者在就业上提高竞争力,除了强化技能培训之外,办学机构还应当积极帮助学员

拓宽就业渠道,让培训成果转化为实实在在的实惠。一方面,办学机构应当建立起有效的信息搜集网络,与技术性人才需求较大地区的劳动部门建立起经常性联系,搜集整理企业用工需求,进行系统化的筛选与分析,为学员提高就业率奠定基础。另一方面,还应当选准重点岗位进行推荐,可以通过集中实习的方式,让学员与用工企业面对面接触,提高就业率。

三、成效

近几年来,仪征市陈集镇社区教育中心和镇劳保所共同举办各类农村劳动力转移培训班18期,受训人数3155人,其中岗前及引导性培训2910人、职业技能获证培训245人。通过培训,农村劳动力技能得到提高,由原来普通工扩展到技术工,普通岗位扩展到技术岗位。

农村劳动力转移就业的能力得到进一步提升,使得当地剩余劳动力转移到当地企业和外地企业就业。而且增收效果更加明显,人均月收入已增加500元左右。在农村劳动力培训中,"一链三联"模式注重在提高培训科技含量、整合人才设备资源,以及形成用工信息渠道、提升学员培训成效、提高就业竞争力等方面发挥积极作用,为扎实推进社会主义新农村建设做出应有的贡献。

(扬州市仪征市陈集镇社区教育中心　巫万群)

二、社区教育品牌化的路径探索

广义的"品牌"是具有经济价值的无形资产,用抽象化的、特有的、能识别的心智概念来表现其差异性,从而使其在人们的意识当中占据一定位置,比如产品的牌子。狭义的"品牌"是一种拥有对内对外两面性的"标准"或"规则",是通过理念、行为、视觉、听觉四个方面的标准化、规则化,使之具备特有性、价值性、长期性、认知性的一种识别系统总称。品牌承载更多的是一部分人对其产品以及服务的认可,社区教育是提高全体社区成员综合素质,实现自我发展、终身发展的有效途径,其育人功能是社区教育的基本功能。而社区教育的资源整合功能,是指统筹各种教育类型和资源的能力。因此,社区教育品牌应突出育人示范和资源整合两大基本功能。[①] 社区教育品牌化,不仅体现社区教育服务的结果,而且注重过程性的规则梳理;不仅具有显著的外部特征和一定的社会影响力,而且通过理念、运行机制、价值挖掘,逐步形成可以复制、借鉴的"标准"或"规则"。

---

① 余嘉强、谢炜聪:《基于终身教育理念的社区教育品牌设计维度分析》,《职业技术教育》,2012年第8期,第68页。

探索本土化、特色化、人文化、系列化的区域社区教育品牌发展路径,一般可以从以下几方面进行尝试和探索。

一是社区教育形成基础条件方面的优势。优质的社区资源是社区教育品牌形成的基础性条件,品牌的内涵来源于地区的生产生活实践和地方的文化传承,也就是说品牌的形成是基于当地社区教育在人、财、物等方面具有一定的独特优势。

二是社区教育正在实施进程中。品牌的识别及传播能力是社区教育品牌形成的必要条件,品牌要能够有配套的有效举措去实施,内容上要进行加工提炼,实施方式上要有所创新,历史上有传承过程,是一种实实在在的行动。因此,品牌不是历史终结,而是正在进行时。

三是社区教育得到广大居民的认同。品牌的形成需要得到学习者的认可和欢迎,能够让居民乐学善学,而且能够学以致用,有着积极的社会意义,切实能够提升居民的幸福生活指数,使传播受众、教育受众能形成较高的品牌认同感和社区归属感。没有学习者的认可,不能认定为品牌。

案例一:常州市钟楼区的"运河文化课程"

一、背景

京杭大运河自西向东穿越古城常州,它是常州经济发展的黄金枢纽,是常州自然人文景观的走廊和窗口,也是常州人民的"母亲河"。常州市钟楼区五星街道三堡街社区位于运河的南岸,运河岸线达2000米,社区面积0.4平方公里,辖区居民近2000户。自2003年起,在社区党委和政府的发动和号召下,五星街道社区教育中心联合辖区和周边单位,以"保护母亲河协会"为载体,开发和实施了"运河文化课程"。

二、做法

大家一致认为,运河文化课程不能做成普遍意义上的知识性课程,为此,研发小组走访专家、有经验的师傅,不断梳理课程思路,充分挖掘课程资源,调整课程内容和教学策略,最终理清教材建设思路,形成三点基本意见:一是教材要体现课程目标,编排既要体系化,也要具有鲜明的钟楼区特色;二是教材既是理性经验的汇编,也要有鲜活的生活案例启发学员思考;三是固化的教材只是实施课程的依据,教学中应不断对教材进行再开发和再利用。在这样的研讨后,社区教育中心逐步形成了"运河文化课程"开发的思路。

(一)开发社区教育课程

目前课程内容主要有:运河文化介绍、保护母亲河主题实践活动、常州民族工业发展史教育、"运河五号"的创意产业教育。2010年以来先后组织如下活动：一场名为"凝视的力量，纪实摄影八人展"的摄影艺术展在"运河五号"创意街区的半农摄影中心举行；组织辖区内原五毛厂退休的老工人回"娘"家，感受新创意；先后多次组织辖区内的学生代表到"运河五号"创意街区参观包括由废旧宝马车改装的机器人、由废铜烂铁改造的"创意号"小火车等创意作品，还有形态各异的钢雕作品；在"运河五号"创意街区举行了"幸福五星嘉年华"展示活动，围绕爱、美、乐、福四个主题，通过主、分会场相结合，进行了群众文艺、书画摄影、民俗风情和传统手工艺等极具地域特色的文化展示，向居民们展现了"五星人民的幸福感是工作唯一标杆"的目标理念和"幸福五星"的共同愿景。

（二）课程催生行动

2007年，五星街道正式成立了三堡街保护母亲河协会，并专门成立"红领巾护河队"，钟楼区政府专项拨款3万元，民间筹资2万元，用于"保护母亲河"的公益活动。2008年，由江苏理工学院发出倡议，开展保护母亲河的骑车宣传活动。2009年，推出"我为景观河改造献一策"活动，组织常州大学、江苏理工学院和本社区内在校大学生志愿者们集思广益，拿出了景观河策划书，社区评选并表彰了优秀创意者。2010年，开展了"低碳、环保、绿色，保护我们共同的母亲河"活动，并聘请了两位"运河文化"义务宣传员。2011年，社区以"环保科普讲坛"为发展平台，并作为"道德讲堂"的一种形式，大力宣传环境保护，提高公民道德素质。2014年，与钟楼区文明办、常州市义工联联合开展"小黄鸭的奇幻漂流"活动，呼吁全社会关注环境保护和青少年健康成长。

三、成效

开发实施的系列课程特色鲜明，主要体现在课程目标和内容设置具有适应性、时效性，教学设计具有先进性、创新性，课程使用价值具有发展性、可持续性。课程深受广大学员欢迎，通过课程实施，使更多的人走进"运河五号"，了解运河文化以及"运河五号"的诞生，对社区的和谐发展起到了积极的推动作用，极大地满足了当地老百姓品质生活的需求。

近年来，"CCTV-7阳光大道——钟楼杯"美食烹饪技能大赛就在五星街道的"运河五号"创意街区举行。作为课程的特色载体——保护母亲河行动已成为当地的一张名片和一个亮点，也吸引越来越多人的关注，先后获得市十佳环保民间组织、省"邵圣杯"绿色社区环境志愿者队伍二等奖、中国青年"丰田杯"环境保护奖等荣誉。

（常州市钟楼区五星街道社区教育中心　陈丽云）

案例二：宿迁开放大学的"农民电商培训"

一、背景

宿迁地区是传统农业大市，农产品资源丰富、品质优良。近年来，面对互联网技术和信息化的快速发展大潮，全市上下抢抓"互联网＋"战略机遇，把农村电子商务作为推进农民创新创业的重要领域，依托自身资源优势，挖掘本地特色产业，与农村电商培植相结合，探索"一村一品一店"发展模式，大力扶持农民电商发展，以电子商务引领优势特色产业发展。宿迁开放大学抓住这一机遇，以教育服务地方经济和社会发展为宗旨，利用学校教育资源优势，走进乡镇社区，开展"送教下乡——电商培训"活动，为农民创业创新提供专业知识和技能支撑。

二、做法

为做好电商培训，学校利用江苏开放大学京东电商学院电子商务专业优势，选聘经验丰富的专业教师，并从学院合作方京东商城选聘资深的专业培训师组成教学团队，设计课程内容并组织教学，系统传授农村电商创业发展专业理论知识。

（一）开发培训课程

开发培训课程："互联网＋时代的农产品挖掘"从农产品的品种选取、种植技术、土壤结构、生长环境等方面发掘其品质特点，教会农民如何发现并向买家展示自己的农产品优势和卖点，提高产品的知名度；"教你开网店"从注册网店、网店装饰、网店运行与维护、经营活动开展等方面，教会农民如何开办自己特色网店；"营销策略与技巧"从产品推介策划、推销技巧、客户交流策略与技巧等方面，教会农民如何通过语言沟通与交流提高产品成交量和成交额。

（二）加强实操训练

为了让农民能够把学到的专业知识熟练地运用，又快又好地开办和打理自己的网店，学校通过两种形式对他们进行实操训练：一是利用乡镇社区教育中心网络创业实训室，指导他们进行模拟开网店实操训练。如沭阳县新河镇网创服务中心开设"花木网店"实训项目，教师利用教学软件，手把手教花农开网店、网店装饰、网上交易等操作技术。二是利用乡镇社会网络创业孵化基地、网络创业典型户，组织附近农民到基地进行顶岗实习训练，以学徒工形式，进行岗位工作培训，通过实操训练，提高他们技术水平和工作能力，尤其是创业能力。如宿迁市宿豫区丁嘴镇家庭农场集群服务中心的"丁嘴金菜电商孵化基地电商培训"项目，受训农民可在网店运营中心、配货区、货物包装区等区域实习，在老师指导下进行岗位工作训练，掌握实用技术。

由于培训活动经过精心策划和周密安排，受训农民在专业知识和专业技能上收获很大，不少农民办起了自己的网店，开始电商创业，并有了很好的收益。比如：淘宝网店——四丫味道店，经营宿迁土特产黄墩湖腊豆系列产品；学文金菜农场店，经营宿迁土特产丁嘴金针菜系列产品；润润花圃店，经营花卉绿植盆栽、园艺用品等产品，实现农产品由生产到营销的转型升级，展现了现代职业农民的新形象。

三、成效

项目实施以来，促进了乡镇社区与学校紧密合作关系，共同推进电商培训工作向纵深发展。一是问题解决了。学校与培训点建立长期合作关系，共同制订计划，定期组织农民开展电商培训，并根据经营过程中出现的问题进行针对性培训。二是影响扩大了。项目实施得到了农民的认可，并不断扩大培训服务范围，比如：其他乡镇主动联系宿迁开放大学，要求建立合作关系，共同实施农民电商培训项目，引导农民网络创业。

目前，全市形成电子商务服务中心113个、农产品网店约2.8万个、触网农产品4600余种、行政村"一村一店"1405个、"一村一品一店"779个；全市建成"中国淘宝镇"4个、"中国淘宝村"26个。"一村一品一店"作为宿迁新特色和品牌，在全省予以总结与推广。宿迁开放大学的"送教下乡——电商培训"项目，为推动宿迁地区电商业的发展，做出了应有的贡献。

（宿迁开放大学　张根和）

案例三：苏州市张家港市凤凰镇的"河阳文化三进工程"

一、背景

凤凰镇位于长江三角洲新兴城市张家港市南大门，古称河阳，因境内凤凰山而得现名。镇域面积78.7平方公里，下辖15个行政村和3个居委会，常住人口12.3万。境内历史悠久，文化底蕴深厚，特别是千百年来劳动人民的原生态歌谣河阳山歌，是首批国家级非物质文化遗产吴歌的重要一脉，其中的"斫竹歌"被誉为是华夏古老音乐的活化石，先后获评"中国吴歌之乡"、"中国宝卷之乡"、"中国吴地山歌传承保护基地"、"中国历史文化名镇"等称号，是一个集山水人文、古韵今风于一体的新型乡镇。

凤凰镇社区教育中心是江苏省标准化社区教育中心，苏州市社区教育示范乡镇。近年来，凤凰镇社区教育中心围绕城乡一体化的快速推进和社会经济转型发展，坚持以"立足社区、以人为本、创新创优"为教育理念，从凤凰的地域环境、历史文化出发,最大限度挖掘地方资源,将传统地域文化与社区教育相融合,积极开展"河阳文化三进工程",打造河阳文化品牌,努力构建与凤凰经济发展相适应的社区教育体系,大力提升社区教育工作水平,河阳文化的影响力不断扩大,社区教育的美誉度不断提升。

二、做法

(一)河阳文化进校园,开辟社区教育新阵地

为引导学生做一个有根的人、有底蕴的人、有理想的人,全镇 8 所中小学、幼儿园,在镇社区教育中心的指导下,多管齐下,全力推进河阳文化进校园。一是环境育人,各校精心布置校园环境,凸显家乡文化气息,凤凰特产、历史名人等都在校园醒目位置——呈现,通过环境育人,让学生了解家乡,热爱家乡。二是课程育人,全镇各校都把河阳文化列入教学计划,精心编制校本教材,利用班会课、实践课等开展课程教育,各幼儿园组织学生学唱河阳山歌。三是活动育人,每年各校均举办河阳文化艺术节,邀请河阳山歌传承人进校园现场展示,让学生与河阳山歌零距离接触,既展示了非物质文化遗产的风采,又让优秀的河阳文化走进学生心灵。同时,学校还组织学生参观千亩桃园、探访恬庄古街、游历河阳山歌馆,开展"小小河阳讲师团"演讲比赛,学生参与率达到 100%。

(二)河阳文化进家庭,拓展社区教育延伸地

河阳山歌、宝卷等非物质文化遗产是河阳文化代表作品,但年轻一代对其兴趣不浓、了解不多,针对这一状况,镇社区教育中心联合妇联开展了"传承河阳文化,构建和谐家庭"主题活动,组织"听爷爷奶奶讲过去的事情"故事征集比赛,举办"河阳民间故事社区巡回讲座"等活动,依靠妇女在家庭中的带动作用,以大手拉小手的形式,实现河阳文化普及、传承的全覆盖;还在全体居民中开展"河阳文化进家庭"示范户的创建活动,与文明家庭、绿色家庭、书香家庭、廉洁家庭等学习型家庭创建相结合,充分发挥河阳文化在"学习型家庭"创建中的重要作用,让更多的人参与到学习活动中来,从而让"河阳文化"活在当下,让优秀的传统文化与现代文明携手共进,共促凤凰镇社区教育的健康发展,共推学习型乡镇的和谐建设。

(三)河阳文化进社区,打造社区教育主阵地

一是浓墨重彩打造节庆活动。从 2006 年起,以"听歌、赏花、游园、品茶"为主题开始,到"对接世博、相约凤凰、结缘桃花",每年一主题,凤凰桃花节、河阳山歌节已成功举办 10 届。河阳山歌先后走上了中央电视台,走进了上海世博会,河阳文化品牌已在国内外享有美誉,社区居民对河阳文化产生了认同感和归

属感。二是有声有色举办培训活动。为满足社区居民对河阳文化的学习需求，镇社区教育中心开发了以河阳文化为主题的社区教育课程；镇文体中心组建了河阳山歌社区艺术团，举办河阳山歌培训班，镇机关全体工作人员率先垂范，人人参与学唱。三是寓教于乐开展系列活动。在举办"河阳民俗文化讲座"、"河阳民间故事社区巡回讲座"的基础上，还通过"最美凤凰，乐学家园"系列活动，将河阳文化传承展示与全民终身学习周、老年教育艺术节等相结合，让河阳文化与社区居民零距离接触，营造出不同特征的、活态的文化记忆，实现了传统文化与社区教育双赢的目标。

三、成效

"河阳文化三进工程"传承非物质文化遗产，创新了社区教育工作思路。在打造河阳文化品牌的过程中，我们对凤凰镇人文历史进行了整理，使得河阳文化内涵不断扩展。这些宝贵的财富使凤凰镇拥有了深厚的历史文化底蕴，这些留存的史实更成为全镇社区教育的生动教材，极大地丰富了社区教育内涵，创新了社区教育工作思路。

"河阳文化三进工程"弘扬了优秀传统文化，提升了全民道德素质。依托河阳山歌这个国家级非物质文化遗产，社区教育中心组织编写了"河阳文化"社区教育课程，拍摄了"幽幽风情话香干"视频课程，积极开展河阳文化进校园活动，使河阳文化的精髓在学生中生根，并以"小手牵大手"的形式进入家庭。

"河阳文化三进工程"延续历史文脉，扩大了古镇知名度。通过编写《河阳情》《江南最美是凤凰》《凤凰山集锦》等书籍，定期编辑《河阳文化》期刊，举办河阳山歌节、河阳庙会，营造出全民弘扬优秀传统文化的良好氛围。2012年，凤凰镇被授予"国家 AAAA 级景区"；2015年，凤凰镇如愿增列进国家文物局江南水乡古镇申遗预备名单，成为踏上新一轮"江南水乡古镇"申遗征程的13家古镇之一，通过启动申报世界文化遗产工作，古镇知名度得到了大力提升。

（苏州市张家港市凤凰镇社区教育中心 戴卫东）

案例四：无锡市崇安区的市民"四品大讲坛"

一、背景

"四品"主要指品德公务、品质生活、品位文化、品牌经济，"四品大讲坛"是无锡市崇安区教育局组织的公益性讲座。它起始于2011年，发展于2012年，成熟于2013年，现在每年举办52场讲座，成为崇安市民最喜爱的社区教育品牌之一，参加讲座的市民已达3.65万人次。"四品大讲坛"的宗旨是弘扬人文精神，传播先进文化,普及社科知识,改善人际关系,提升社会理性。

崇安区在尊重居民学习需求的基础上,精心设定讲课主题,按照系列化、课程化、专题化的要求,构思四品大讲坛内容,为各层次社区居民提供增长知识、开阔眼界、提升素养、增强竞争力的重要机会,为建设全民学习、终身学习的学习型社会搭建了一个重要平台,为建设美丽崇安尽一份微薄之力。

二、做法

"四品大讲坛"以社区精神为灵魂,以文化体验为载体,融知识性、学术性、趣味性、通俗性于一体,拉近市民朋友与严肃文化的距离。"四品大讲坛"主要采用面对面的形式,与市民们进行文化沟通,将政治、文化、教育乃至经济方面的理论和形势变得更加具体化和形象化,以利于听众的接受。

(一)组建一支讲师团队伍

讲师团成员除了来自我区的名师、骨干教师和学科领军人物以外,还有来自社区各行各业的专家和领导,如无锡市委党校李湘云教授,第八人民医院副院长缪荣明先生,国家心理咨询师、江南大学单平医生,疾控中心医师等。

(二)确定系列讲座主题

面对市民群体的多层次、市民需求的多元化,重心下移,服务民生,满足市民百姓的文化需求,努力将讲坛打造成文化传播和心灵沟通的平台,使之更贴近社会、贴近百姓、贴近生活,增强讲坛的吸引力和感召力。如将讲课主题分为三大类别:一是家庭教育讲座——分享我的教育故事;二是科普教育讲座——科学在我们身边;三是六品专题讲座——品德公务、品质生活、品位文化、品牌经济、品读国学、品鉴崇安,提高市民的人文素质。

三、成效

"四品大讲坛"魅力无穷,在这里,市民步入了知识的殿堂,学术走进了平民的视野。其中,"相约星期六"已真正走进广大家长的心中,已成为广大家长的一种生活方式和学习方式,让名家学者的真知灼见为市民们的精神充电。连元街小学二年级(6)班崔琪莉同学的奶奶每周六送完孩子直奔七彩剧场,是每场必到,并且每次都把老师讲座的课件拷回家。崔奶奶说:听听很有意思,一方面对照我自己,哪些方面需要改进,更主要的是带回家让儿子、媳妇学习,共同抚养好下一代。年轻妈妈是四品大讲坛的主力军,一位四年级的家长说,这个活动让我们能亲眼看到名家的风采,近距离聆听名家们的精彩演讲,极大丰富了我们的文化生活,有时听完讲座,我还跑到书店购买与讲座相关的书籍。

大讲坛打开了一扇发现明星老师的窗。东林中学丁星方老师的孝道教育讲座非常受市民欢迎,讲座结束以后,很多家长上台咨询育儿方法;连元街小学赵敏芳老师的科尔曼报告、五种典型家长类型的分析,引起在座市民们强烈的共鸣;疾控中心姜伟芬医师的《预防艾滋 我们共同的责任》用权威的数据、专业的眼光、通俗易懂的方式向市民们普及艾滋病预防知识,号召广大居民建立正确的艾滋病观,倡导文明健康的生活方式,引发市民们深深思考。

(无锡市梁溪区教育局　孔　琴)

三、社区教育的评价制度

社区教育评价是建立在社区教育工作基础之上,根据一定的指导思想,对社区教育工作的现状及其发展趋势做出客观、公正的评价和正确导向的过程。[1] 社区教育评价是社区教育制度建设的重要组成部分,是推进社区教育深入发展的重要手段。在社区教育实施进程中,合理地开展社区教育评价活动是提高社区教育质量的有效保障。

社区教育评价可以根据对象的不同分两类:一类是单一性评价。比如对社区居民的评价,通过对学习者的过程性评价和终结性评价,观测学习质量。也有对社区管理人员的评价,期望通过评价管理人员,加大考核力度,提高管理人员的素质,改进社区教育工作。[2] 还有一类是综合性评价。比如对社区教育管理部门的评价和对一个地区社区教育的评价,既要考察制度管理、队伍建设、经费投入,也要考察具体工作实效,包括考察学习者、管理者对社区教育服务的评价。

现阶段,我国社区教育评价主要由政府推动,评价标准由政府制定,政府组织实施,表现形式多为上级评下级。社区教育评价行为带有一定的导向性、约束性。目前社区教育评价的主要缺陷是,社会的第三方独立评价还没有充分发展起来,管理和评价尚未做到相对独立,而且更多的是定性评价,缺乏大数据的支持。

目前,江苏省社区教育评价制度建设比较完善,特别是有三项社区教育评价制度对基层工作有着非常重要的规范、指导和引领作用。

---

[1] 胡凤英:《论社区教育评价的创新》,《职教通讯》,2005年第9期,第11页。
[2] 周俊、林杰、周鸿:《社区教育评价研究述评》,《成人教育》,2008年第10期,第53页。

案例一：江苏省社区教育示范区建设标准

《江苏省社区教育示范区建设标准(试行)》

（苏教社教〔2014〕6号）

为贯彻落实《江苏省中长期教育改革和发展规划纲要（2010—2020年）》精神，深入推进全省城乡社区教育发展，加快完善终身教育体系、促进学习型社会建设，按照"深化内涵、创新发展、彰显特色、示范引领"的原则，在总结以往社区教育工作经验的基础上，结合江苏实际制定本标准。

一、县(市、区)党委、政府对开展社区教育工作指导思想明确、理念创新，制定了社区教育发展规划和工作计划，并纳入当地经济社会建设和教育发展规划之中，加以认真落实。

二、社区教育的运行机制完善，社区教育管理网络健全，管理机构运行正常，指导有力。

三、社区教育基地办学条件较好。县(市、区)、乡镇(街道)、村(居)的三级社区教育系统基本形成，并能有效开展多种形式的教育活动。

四、积极推进数字化学习型社区建设。县(市、区)建有服务社区居民终身学习的数字化学习网站，社区数字化学习成效明显。

五、社区教育资源开发和服务程度较高。学校与社区的教育资源共享度高，培训机构参与社区各类公益培训度高，社区内非教育机构教育资源得到较好的开发和利用。社区重视培育民间社团组织，形成政府主导、居民自主活动的社区教育发展格局。

六、具有一支素质较高、熟悉社区教育、专兼职结合的社区教育管理队伍和师资队伍，定期开展岗前的上岗培训和在岗的提高性培训。

七、保障社区教育经费的投入。县(市、区)政府对社区教育的财政拨款按常住人口测算，每年人均社区教育经费：苏南不低于4元、苏中不低于3元、苏北不低于2元，并逐年有所提高。建立多渠道筹措社区教育经费的保障机制。社区内企事业单位的职工教育经费得到落实。

八、建立完善的社区教育各项规章制度，政府教育督导部门有计划地对社区教育进行督导。

九、广泛开展各类教育培训活动。全年接受社区教育服务的社区成员占全体成员的比例，城市达60%以上，农村达40%以上。城市社区，登记在册的下岗待业人员和外来务工人员的培训率分别达到70%和50%以上。农村社区，农民实用技术培训率达30%以上，农村劳动力转移培训率达到50%，社区教育机构有专门服务未成年人的场所和主题教育活动,未成年人参与社区教育活动的比例不低于50%。老年人参与社区教育学习活动的比例达20%以上。

十、各类学习型组织创建力度大,建成率较高。学习型党政机关创建率达80%左右,学习型社区(村、居)创建率达70%以上。

十一、社区教育工作成效显著。社区居民参与终身学习的积极性高,对社区教育认同度和满意度、对社区的归属感均有明显提高,社区和谐稳定,文明程度较高。

十二、重视社区教育理论与实践研究,独立承担或积极参与市级以上社区教育课题研究,形成了一批有实效、有影响的市民读本,理论指导实践成效显著。

十三、注重社区教育的特色建设。已形成具有区域特色的课程及活动资源,已打造出有关项目、载体、平台等方面的特色品牌。

十四、注重社区教育管理体制、运行机制、教育模式、评价体系等方面改革创新,起到示范引领作用。

案例二：江苏省省级乡镇(街道)社区教育中心建设方案

《江苏省省级乡镇(街道)社区教育中心建设方案》

(苏教职〔2006〕17号)

构建城乡一体的乡镇社区教育网络,整合农村各种教育资源,大力发展农村职业教育和成人教育,是省委、省政府《关于积极推进城乡统筹发展加快建设社会主义新农村的若干意见》(以下简称《意见》)中对我省加快发展农村社区教育提出的工作要求。为全面贯彻落实《意见》精神,推动我省社区教育建设更上一个新的台阶,根据教育部《关于推进社区教育工作的若干意见》,现制订《江苏省省级乡镇(街道)社区教育中心建设方案》。

一、指导思想

以党的十六大精神和"三个代表"重要思想为指导,贯彻落实科学发展观,以富民为中心,以人的全面发展为核心,以服务为宗旨,以弘扬创业、创新、创优的新江苏精神为主线,立足社区、依靠社区、服务社区,切实提高社区居民的整体素质和生活质量,增强社区居民对社区的亲和力、归属感,促进社区教育更好地为实现"两个率先"、构建和谐江苏和建设社会主义新农村服务。

二、建设目标和任务

紧紧围绕和谐江苏、学习型江苏和新农村建设的需要,坚持统一规划、分类指导、分区域发展的原则,加快构建城乡一体的乡镇社区教育网络,形成推进社区教育加快发展的新机制。依托现代教育手段,逐步建立和完善社区教育网络信息资源平台,实现社区教育的信息化管理。"十一五"期间我省将积极实施社区教育基础建设行动计划,到2010年,在全省重点建设200个省级乡镇(街道)社区教育中心。逐步形成城乡一体、水平较高、具有江苏特色的,以城市社区学院为龙头、县区职教中心为骨干、乡镇(街道)社区教育中心为基础的社区教育发展格局。

乡镇(街道)社区教育中心建设,要在市级以上社区教育实验区和省重点乡镇成人教育中心校的基础上,突出体制和机制创新,突出全民终身学习理念,突出统筹协调能力,突出基础能力建设,突出中心服务效益。通过社区教育中心的建设,大力提升社区开展全民教育培训的能力,不断满足社区居民多种学习需求,通过提高素质,帮助农民掌握技能、增进就业、丰富生活、增收致富,做新型农民,创文明新风。

三、建设标准和条件

乡镇(街道)社区教育中心是指在社区教育领导小组的领导下,以成人教育中心校为依托,整合基层党校、人口学校、文化体育等教育力量于一体,统筹规划、指导协调本区域社区教育培训工作,具有社区教育组织管理职能和承担社区教育培训任务的社区教育机构。

省级乡镇(街道)社区教育中心必须具备以下基本条件:

(1)市级以上社区教育实验区或省重点乡镇成人教育中心校。

(2)成立由党委、政府领导挂帅,教育、人事、劳动、民政、宣传等政府部门主要负责人参与的社区教育委员会,常设管理机构设在社区教育中心,办公室主任由乡镇(街道)分管领导或社区教育中心主任担任。建立了完善的社区教育管理网络。

(3)有相对独立的教育场所,建筑面积2500~3000平方米以上。学习点相对稳定,社区教育中心专用教室不少于6个。

(4)建有计算机教室,计算机不少于30台。

(5)建有社区图书馆、阅览室,图书不少于8000册(建有电子图书馆和阅览室的教育中心,图书不少于5000册)。

(6)建有社区教育信息服务网站,基本形成社区教育信息传输网络,并开设远程社区教育培训网络课程。

(7)基本实现社区内各级各类教育资源的综合利用。

(8)社区内有80%以上的社区居委会建立社区教育站(或市民学校、村民学校)。

(9) 社区居民参与社区教育活动的参与率不低于30%。

四、建设要求

(一) 明确目标,准确定位

社区教育中心要有正确的办学目标,准确的教育定位,明确的服务宗旨。社区教育中心要积极承担乡镇(街道)政府制定的各项社区教育工作,在社区教育管理委员会的领导下负责制定乡镇(街道)社区教育发展规划和年度工作计划,组织、协调和指导辖区内企事业单位、社区居委会等单位开展社区教育工作。要坚持以人为本,着眼于社区居民多层次、多样化的文化需求,特别是大力开展居民最关心、最需要的就业技能等培训,帮助居民脱贫致富。要坚持分类指导,既要在省统一要求下进行整体推进,又要针对不同社区和不同的社会人群寻找薄弱环节,明确重点项目和解决关键问题;既要坚持广受居民欢迎的传统教育方式,又要善于运用现代化的教育手段,紧密结合本地的实际情况,利用本地的人文资源,指导基层教育组织面向居民开展丰富多彩的社区教育活动,引导居民实现终身学习,为社区教育规范化发展提供科学的指导和帮助。要制订和落实社区工作者培训计划、方案和培训工作,将社区教育工作者的培训工作纳入制度化、规范化、科学化的轨道,加强社区教育队伍建设,从而全面提高他们的整体素质。要积极开展对社区教育工作的理论研究、政策指导,引导社区教育朝着健康的方向发展。

(二) 突出重点,形成特色

社区教育中心要把关注民生、教育富民作为开展社区教育的重点工作。积极有效地实施"五大培训工程",为社会主义新农村建设提供有效的服务。一是全面实施现代农民教育工程,大力提升农民综合素质,培养和造就有文化、懂技术、善经营的新型农民;二是积极实施农村劳动力转移培训工程,引导农村劳动力向二、三产业和城镇有序转移,使大批农民向科技能手、经纪人、企业家转变;三是大力实施农村实用技术培训工程,为"三农"发展培养致富能人和技术骨干;四是深入实施"两后双百"培训工程,全面提高农村青年的职业技能,从源头上提高农村青年的科技水平和创业能力;五是积极实施新市民教育培训工程,提高进城务工人员的职业技能和整体素质,帮助他们在城市稳定就业和尽快适应城市生活,融入城市社会,享受城市文明成果。

(三) 整合资源,注重实效

打破单位和部门教育资源所有制界限,加快社区教育阵地的整合,构筑社区教育平台,实现资源共享,推进社区教育的可持续发展。首先是整合社区教育资源,有计划、有步骤地实现教育系统各类教育机构面向社会开放。同时,广泛动员社区内各单位部门积极参与社区教育活动,特别是发挥基层党校、人口学校、文化体育等教育力量,面向社区开展教育活动,逐步形成以社区教育中心为龙头,基层党校、人口学校等教育机构和村(居)委会村民学校(或市民学校)为基础,民办培训机构和其他企事业单位培训机构为补充的三级社区教育网络。其次是整合人力资源,逐步建立社区教育教师资源库,选派中小学和职业学校教师充实到镇村社区教育中心(校),负责社区教育的组织和管理;动员社区的农业技术专家、学者等科技工作者和有一技之长的社会人员成为社区教育的志愿者,为社会化教育培训提供教师资源。再次是整合社区网络教育信息资源,利用网络技术和现代远程教育技术,依托县(区)职教中心网、中小学校校通网、党员基层教育网等网络教育资源,建立和完善社区教育信息服务网,及时把致富信息和技术送到农民手中,为社区居民提供丰富的教育内容,初步实现镇、村(单位)、户三级数据传输和信息资源共享。

五、政策保障

(一) 加强领导,提高认识

各地要充分认识开展乡镇(街道)社区教育中心建设的重要性,把这项工作作为教育系统服务社会主义新农村建设的重要工作落到实处,作为贯彻全省职业教育工作会议精神,发展农村职业教育的重要载体。社区教育是一项综合性工作,涉及许多部门和单位,关系到每一个公民的利益,因此要切实加强领导并给予支持。要在政府统筹领导下,按照互惠互利、资源共享的原则,积极引导社区内各类教育设施的有序开放,积极发挥民间组织、驻区单位、企业及个人在社区教育中的作用,鼓励他们积极参与社区教育活动。

(二) 科学规划,建章立制

基本形成以"党政统筹领导、教育部门主管、有关部门配合、社会积极支持、社区自主活动、群众广泛参与"的社区教育管理体制和运行机制。各社区教育中心在社区教育管理委员会的领导下,把社区教育工作列入政府和部门的年度工作目标,制定社区教育发展的中长期规划,并始终把制度建设作为中心工作来抓,通过建立议事办公制度、工作联席会议制度、目标责任考核制度、教育评估督查制度等,出台一系列推动和发展社区教育的文件和规章,使社区教育走上一个可持续发展的道路。

(三) 落实责任,确保投入

按照教育部《关于推进社区教育工作的若干意见》(教职成[2004]16号)规

定的"国家和省级社区教育实验区应努力按照社区常住人口人均不少于1元的标准,落实社区教育经费"的建设要求。建立县(区)财政专项、乡镇(街道)财政配套、社会筹措补充的经费保障机制,社区教育专项经费达到常住人口年人均1元以上的标准,专款专用。与此同时,积极采取"政府拨、社会筹、单位出、个人拿"的办法,解决社区教育的投入问题,从而构建社区教育的多元化投资模式。

(四)配好人员,建好队伍

每个乡镇(街道)都要安排不少于1名专职人员从事社区教育工作,每一个社区居委会(村)配备一名兼职社区教育管理干部。农村按总人口的万分之一至一点五的比例重点配足乡镇成人教育中心校的教师。建设一支热心教育、乐于奉献、结构合理、满足需要的社区教育志愿者队伍,使之成为开展社区教育工作的重要力量。

案例三:省标准化居民学校标准

《江苏省居民学校建设标准(试行)》

一、组织管理建设

(一)领导高度重视

社区教育工作指导思想端正,办学目标明确,树立符合本地实际和创新特色的社区教育理念,社区教育纳入本地社会事业发展规划,有符合本村(居)工作实际的年度工作计划和创新举措等。

(二)组织机构健全

居民学校成立由村(居)分管社区教育领导、专任干部和居民代表组成的校务委员会,定期召开会议,研究社区教育工作;有专任或兼任校长,有专人负责学校日常工作;指导协调社区教育工作坚强有力,能认真完成乡镇(街道)下达的各项社区教育任务,接受县(市、区)社区学院、乡镇(街道)社区教育中心的指导与督查。

二、教学设施建设

(一)校舍设施良好

城区居民学校面积不少于200平方米,农村居民学校面积不少于250平方米;有多功能教室,配备投影设备;有图书阅览室,配备图书量不少于1000册;有数字化学习教室,配备专用电脑不少于10台,接入宽带。

(二)资源有效整合

建设满足居民需要的、共享的教育活动场所,各类教育资源有效整合,做到有序开放。

三、保障举措健全

（一）重视队伍建设

学校配备 1 名素质较好的专职管理人员；配备一支符合社区教育事业发展需求的专兼职师资队伍；建立一支不少于村（居）人口 1.5% 的社区教育志愿者队伍；能组织社区教育管理人员、教师、志愿者参加多形式、多渠道培训并富有成效。

（二）经费保障到位

有多渠道筹措社区教育经费的机制，每年用于社区教育的专项经费达到社区人口人均 1 元；能按社区教育事业发展需要，逐步改善办学条件，优化教学环境。

（三）加强制度建设

建立居民学校工作章程、工作例会、岗位职责、教学管理、档案管理、财务管理、表彰奖励等方面的制度，且执行情况良好。

四、实施成效明显

（一）教育培训有成效

围绕构建学习型社会要求积极开展形式多样的教育培训活动，培训内容贴近居民需求，社区教育年参与率 30% 以上。

（二）创建学习型组织

积极开展创建学习型组织活动。学习型家庭、学习型楼组、学习型个人的数量逐年增加，社区学习氛围浓厚，居民对社区教育归属感明显增强。

（三）注重特色创新

社区教育工作注重研究与创新，成绩显著，形成鲜明的地方特色，有较好的借鉴作用。

四、"互联网+"与社区教育

数字化学习是指通过因特网或其他数字化内容进行学习与教学的活动。数字化学习以其学习主体个性化、学习方式灵活化、学习过程交互化、学习时空全面化等优势，成为我国构建学习型社会，实现终身教育的重要途径。[1] 作为重要

---

[1] 梅海莲、陈琳：《数字化学习中文期刊文献统计研究综述》，《广州广播电视大学学报》，2013 年第 4 期，第 1 页。

的应对措施,建成一个功能强大的公益性居民在线学习服务平台是学习型城市建设的基本配置,也是江苏省推进教育现代化建设的重要目标,两届国际学习型城市大会均把"推广应用现代学习技术,开发高质量的电子学习资源"和"有效利用信息通信技术和其他现代学习技术,帮助市民掌握必备的知识、技能、价值观和态度"作为重要的议题。这是对新的学习变革的迅捷回应。

随着社区教育的快速发展以及市民学习需求的不断增长,传统的学习组织方式已经显现出种种不足,不能满足"人人皆学、处处能学、时时可学"的学习型社区建设的要求。而社区数字化学习依托信息技术的优势,有效拓展了学习空间,为社区教育注入了新的活力。[①] 数字化学习正成为学习变革的新潮流。

与传统的网上教育相比,社区教育信息化助推数字化学习,具有两个优势:一是社区教育信息化的学习资源更贴近于生活。社区教育信息化的目的是解决人们现实生活中可能会出现的各种问题,提高人们的生活质量,促进社区的发展。二是社区教育信息化的进度安排是非常灵活的。社区教育的教学过程具有灵活性,社区成员可以自愿参加。它完全按照社区成员的需求,在整个的学习过程中完全是自主自愿进行的。[②] 也就是说,社区教育信息化注重教育供给与教育需求的有效对接。

当前,"互联网+社区教育"已经成为教育部门的一项重要工作,为了推进学习型城市建设,更好地服务居民的终身学习,使线上学习与线下学习相结合的混合学习方式成为居民日常生活方式,各地均加大投入,加强基础条件建设,开发应用平台,丰富数字化学习资源,积极进行推广应用,吸引广大居民参与数字化学习,使数字化学习的便捷性和服务的灵活性得到充分的发挥,数字化学习逐渐成为居民日常生活的一种方式。

现阶段的数字化学习应用取得了明显成效,但是还存在着区域不平衡和大量的应用"孤岛"现象。在省教育厅的统筹规划下,各地因地制宜,先行先试,积极推动终身教育学习平台建设,为最终实现全省各级平台的融通与共享,打下了坚实的基础。

[①] 宋亦芳:《我国社区数字化学习的实践与思考——基于全国数字化学习先行区推进5年的回顾》,《职教论坛》,2014年第27期,第39页。

[②] 于欣:《信息化社区教育的内涵与特点》,《中小企业管理与科技(上旬刊)》,2014年第4期,第146页。

案例一:"江苏学习在线"平台

一、背景

"江苏学习在线(www.js-study.cn)"是江苏省教育厅主管、江苏省社会教育服务指导中心主办,江苏开放大学承建,以推进全民终身学习、促进人的全面发展为宗旨,集课程学习、政策发布、网站导航、理论研究、社会教育培训于一体的综合服务平台。

"江苏学习在线"于2009年5月20日(省社指中心挂牌之日)建成开通,被《扬子晚报》、"中国江苏网"等誉为"国内首家省级学习资源型网站"。2010年8月,"建好江苏学习在线网站"正式写入中共江苏省委、江苏省人民政府印发的《江苏省中长期教育改革和发展规划纲要(2010—2020年)》。2011年5月20日,新版"江苏学习在线"正式发布,明确了工作宣传推广、学习资源导航、成果认证存贮三大服务定位,完成了8大功能的全新构建。同年7月被教育部确认为"终身学习公共服务平台建设示范基地"。2011年12月参加教育部"2011继续教育数字化学习资源共享与服务成果展览会",2012年6月参加"全国职业院校学生技能作品展洽会社区教育专项展",得到了国家部委和省教育厅领导的肯定。

二、做法

(一)明确服务定位

"江苏学习在线"综合平台的发展目标,定位了三个服务方向:一是江苏社区教育的门户网站,全省社会教育政策宣传、理论引领、信息发布的主流平台;二是国内社会化终身学习知名网站导航,全省社区教育在线学习网站链接与建设成果的展示窗口;三是集社会教育课程学习、资源管理、成果认证等功能为一体的学习平台。目前发布"工作"、"生活"、"修养"、"服务三农"、"老年教育"等9个大类、48个小类课程,1.8万个单元,网站同时发布各类证书23个,获得各类证书的用户达6.7万多人次,注册用户超过34万人,每天学习人数3000人左右,同时承担了"农村妇女网上行"和"夕阳红·扶老上网"等项目。

2011年改版后平台主要功能包括:信息发布与管理、课程发布与管理、信息统计与分析、管理员分级管理、学习者的资格注册与自我管理、全省社会教育网站及资源导航、学档管理与学分存储、课程/资讯多维搜索等。同时通过"区域试点"等模块,为区域社会化学习和行业系统的项目实践提供专项服务。

(二)成立项目联盟

"江苏学习在线"作为省级平台,直接面向社区居民的服务缺少必要的抓手和渠道。以"项目联盟"的形式,通过区域推广,为优质海量的学习资源通向社区为更广泛的社区居民共享,提供了畅通的渠道,积累了成功的经验。在线学习项目联盟主要由各级社区大学、社区学院、相关终身教育办学机构加盟构成,分为战略联盟、合作联盟和项目联盟三种类型。"学习联盟"的设计目标是:联盟单位依托"江苏学习在线"综合服务平台,通过多模式、多层次、大范围整合各级各类优秀教育资源和网络节点,开展资源共建、共享、交易、交换,积极探索一网注册、多网互通、学分互认、线上线下沟通衔接的协作运行机制。目前建有项目合作联盟6家,区域合作联盟28家。

（三）探索学分银行

"江苏学习在线"将积极探索"学分银行"和江苏公民终身学习卡制度,加强数字化学习资源建设,促进优质教育资源共享,为各级各类教育机构之间的学分互认与转换,为推进公民的自主学习、享受学习,提供最广泛的支持与服务,为建设全民学习、终身学习的学习型社会不懈努力。

（四）服务老年教育

"夕阳红·江苏老年学习网"作为江苏学习在线二级联盟网站,是面向老年朋友开展课程学习、娱乐活动,展示老年朋友老有所学、老有所为、老有所乐精神面貌和活动风采的专题网站。目前网站建有800余门特色课程,为江苏教育频道播出的《开放大学》和《空中老年大学》两档电视栏目提供网络视频点播资源近600个单元。

（五）支持农村建设

为帮助广大农村妇女掌握基本的计算机知识和初步的网络应用技术,省教育厅、省妇联联合开展为期三年的"农村妇女网上行"项目,项目的具体实施由江苏省社会教育服务指导中心(江苏开放大学)承担,利用"江苏学习在线"网站平台为全省农村妇女开展专项技能培训,提高农村妇女现代信息技术应用能力,学会通过利用现代信息技术和互联网,了解信息、掌握技能、发展产业,提高综合素质和生活质量。"江苏学习在线"为"农村妇女网上行"项目专门打造了"现代女性网络技能初级证书",其中必修课程22门计50分,选修课程40门计30分,辅修课程需要学习20分。

三、成效

"江苏学习在线"开通以来,共开发各类学习证书23种,其中针对中小学及幼儿园教师开发了不同时期的"教师继续教育证书A、B、C"。完成的课程主要是与教学生活密切相关的课程,如"不能承受的作业之痛"、"特别的爱给特别的孩子"、"'父''母'之争谁占上风"、"老师的孩子不好教""'探索我们的宇宙'——朱进解读国际天文年"等。目前全省获得"江苏学习在线""教师继续教育证书"的各类教师2.1万多名,为中小学、幼儿园老师自我素养的提升提供了一个便捷的学习平台和经验交流的园地。目前通过"江苏学习在线"网站共培训农村妇女近4万人,有近2万名妇女获得"现代女性网络技能初级证书"。网站注册老年学员逾万人,获得学分总计近70万分。网站面向全省社区开展"夕阳红·扶老上网"活动,130多家单位成为"夕阳红"工程省级联系点,数万民老年人在300名志愿者的帮扶下开展在线学习活动。

(江苏开放大学　王　权)

案例二:"常州终身教育在线"平台

一、背景

常州市为了推进学习型城市建设、更好地服务居民的终身学习,使线上学习与线下学习相结合的混合学习方式成为居民日常生活方式,2013年2月注册建立了"常州终身教育在线"网站。2014年出台《常州市教育局关于加快推进社区教育信息化建设的工作意见》,进一步系统性地规划社区教育信息化工作。同年投入80万元,于2015年9月完成社区教育三级体系站群系统的重构,使"常州终身教育在线"从网站升级为拥有站群系统的平台,真正实现从信息孤岛走向应用连通,使终身学习服务成为一项重要的民生工程。

二、做法

(一)建成站群系统

过去一段时间,为了服务居民的学习需求,除了市级建有"常州终身教育在线",各辖市、区和街道、镇均建立了自己的网站,处于各建各的、各管各的、各自为政的状态,从人、财、物投入以及服务能力等各方面看,均处于不经济状态。为此,从2014年起,市教育局把"常州终身教育在线"升级改版列入教育信息建设的重要工程,整体打包重建了市、区(县)、街(镇)三级站群系统,并对原三级网站的数据进行了整体迁移,服务能力和质量有了质的飞跃,目前在多个方面取得了新进展。

(二)加强测试应用

目前建成包括全市7个社区学院、59个社区教育中心的站群系统,并对接江苏学习网和常州开大慕课平台,满足自主学习、自助式和专题式在线学习服务需求。2015年9月站群系统交付,迁移学分数据10.2601万条、用户数据2.7365

万条、其他数据4.6702万条,开展维护团队的应用培训,组织专题培训。经100多人培训应用测试,系统运行效果非常好。

(三)完善硬件建设

在"常州终身教育在线"站群系统内,各辖市(区)依托社区培训学院建设区域市民终身学习局域网站,投入相应的硬件设备,社区培训学院配备满足数字化教育培训的多媒体教室和网络教室;街道、镇社区教育中心均设有数字化学习教室(电子阅览室可共用),并配备联网计算机≥30台,配备多媒体投影设备≥1套;各村、社区配有提供居民上网学习的计算机,标准化居民学校配有≥3台电脑。

(四)优化用户体验

站群系统界面美观、版块分布清晰合理;学习者免注册,可以使用QQ或微博账号直接登录平台,学习者集中管理已收藏、正学习、已学习的课程信息;系统自动分析学习者爱好,推荐相关课程;在线学习、查询服务、培训预约、培训评价、年检投诉、开大慕课等功能系统一键登录,提供手机端wap方式访问平台,通过平台的微信号"乐学龙城"定期推荐学习资源,新的积分系统有各区、县、街(镇)和居民个人的排名。

(五)实现真正连通

子站上传的课程资源自动编入统一目录,可被站群内所有站点直接调用;子站独立发布新闻报道和专题活动,通过推送或采集方式在主站呈现;主站通知报道等信息直接发布到各子站,避免重复操作。实现了四大学习服务功能:一是在线学习服务。提供视频学习资源、自助式和专题式在线学习服务。二是信息交流服务。子站与主站实现视频、新闻、用户等信息的统一管理,展示、分享活动、经验、成果。三是培训查询服务。提供培训机构办学一站式信息查询、培训预约、培训效果评价服务。四是培训管理服务。如培训机构日常管理、在线年检、网上受理培训投诉(自动进入档案)、广告备案等。

三、成效

目前站群系统能够服务59个街镇,辐射全市991社区(村),凝聚各层级100人的支持团队和数百位社区教育宣传通讯员;引进了超星资源库,对接江苏学习网,开发主题学习慕课,将每届优秀社区教育微课、3个市社区教育名师工作室和13个特色项目工作室动态生成的优质资源及时上线供居民学习。

初步形成"月月有主题,季季有活动"的服务特色。去年终身学习活动周开展"千文杯"有奖问答活动,一周有5万人点击,80多岁老奶奶参加在线学习的事迹在《常州日报》等媒体进行了报道;今年4月开展"悦享生活、亲子共读"有奖活动;开发教师人文素养培训专题,为广大中小学教师提供艺术、历史、文学等视频课程;开展学分兑换,比如:钟楼区近年来与"淘常州网"合作,支付17万元为居民兑换学分,"淘常州网"将学分所兑的商品送货上门,极大地调动了居民学习的积极性。

为了办好培训超市,开发培训服务,推动培训积极健康发展,334个正规培训机构上线,提供便捷的网上查询服务,一部分优秀培训项目和课程将陆续推出;加强站群系统在社区的推广应用,开展数字化学习先行社区创建,在其他社区教育创建评比中,数字化学习应用作为重要方面。平台已有1.44万个信息被百度收录。为提高资源开发利用效率,明确开发的重点,推动众建共享机制,并推动文化传承学习资源开发,将孟河医派与健康养生、金坛刻纸、钟楼虎头鞋制作等一批"非遗"列入社区教育特色开发项目,予以奖励。

(常州市教育局终身教育处　王　中)

案例三:南京市"鼓楼市民学习在线"平台

一、背景

2009年5月,鼓楼区为满足社区居民的学习需求,建成了终身教育公共资源平台——鼓楼市民学习在线。数字化学习是鼓楼居民终身学习的一种现实选择。从鼓楼人对学习的需求来看,经济高速发展的今天,人们把越来越多的关注集中到精神文化领域,鼓楼区64万人口中有33.3%的人口具有大专以上学历,如何满足人们日益增长的个性化学习需求,如何为居民提供多层次、多规格、多形式的学习支持服务,成了鼓楼区完善数字化学习平台,推动居民参与数字化学习的目标。调查数据表明,已经有一部分居民具备了数字化学习的条件,2008年年底的专项调查表明,辖区有85%的居民具有上网条件,73%的居民会上网,每天上网时间在1小时以内的居民达到35%,时间在1~3小时的居民约44%。

二、做法

(一)发展用户,开发资源

建设目标为:1)让鼓楼居民积极参与到数字化学习中,运用数字化学习平台学习的注册家庭从1万人(户)发展到5万人(户),所占比例从1%提高到6%(如按户计算则从4%提高到20%)。2)建设课程资源,采取自建一批、引进一批、合作开发一批的模式,建设具有社区教育特色、符合社区居民学习特点、深受广大居民喜爱的优质课程,使此类课程数从现在的400余门增加到600门。

3）通过数字化学习平台的运用,提高居民运用数字化学习平台学习的参与率,使学分达50分的学员所占注册数从13%提高到50%,使"数字化学习"成为居民的生活习惯,为建设数字化学习型社区提供有力支持。

（二）营造氛围,展示成果

通过各种渠道,包括上门走访、社区版报、网络推广等形式,面向居民进行"鼓楼市民学习在线"平台宣传,免费发放宣传册1.5万份、学习手册1.6761万份、学习卡1.0353万张。各级管理人员登录各大网站（尤其是市区的一些教育网站）,在业主社区、专业论坛等处发帖介绍"鼓楼市民学习在线"网站,并链接"鼓楼市民学习在线"网址,进行"鼓楼市民学习在线"的宣传活动,进一步提高网站的点击率和知名度。

各成人教育中心主动与街道、社区合作,拍摄数字化学习专题片《学习在线——居民终身学习的公共资源平台》宣传"鼓楼市民学习在线"。在全国社区教育成果展上,在全国职业院校学生技能作品展洽会暨全国社区教育专项展上,在教育部职业教育与成人教育司开展的社区教育发展成果展示活动中,滚动播放专题片,扩大平台影响力,把"鼓楼市民学习在线"推向更广的区域。

（三）典型引领,加强考核

实验中,树立起一批数字化学习典型人物和典型集体,以江东街道清河新寓社区朱宜萍女士为代表的231位居民、湖南路丁家桥社区李莉等52位社区管理员及华侨路街道、凤凰街道、湖南路街道丁家桥社区、江东街道清河新寓社区等受到了表彰和奖励。榜样的力量是无穷的,数字化学习典型带动更多的居民加入到数字化学习中来,为学习型社会的形成做出了贡献,让终身学习的理念成为鼓楼人的共识。

为营造数字化学习氛围,优化数字化学习环境,我们加大激励措施,建立了目标责任考核、绩效评估等多种激励机制,将居民数字化学习参与率纳入对街道及社教老师的考核,同时作为社区教育示范区评选的必备条件。依据《鼓楼区数字化学习先进社区评选办法》《鼓楼区居民数字化学习奖励办法》对推进数字化学习的社区志愿者、居委会突出贡献者以及先进街道、先进社区进行表彰及相应经费奖励,进一步提高数字化学习的绩效。

（四）加强合作,拓展服务

为提高居民的学习兴趣,我们不断更新课程资源的种类和数量。先后与中央电大课程资源中心、上海紧缺办、上海易邦教育、爱迪柯森终身教育运营平台合作,引进符合社区居民学习特点的精品课程资源;与上海长宁区社区教育学院、南京至善教育培训部合作,开发交流社区教育精品课程资源。另外,还和区电教馆合作开发以中小学优秀课堂教学实录为主体的资源,将终身教育的服务触角伸向基础教育这一领域,打造具有鼓楼特色的精品课程。目前已开发7大类具有社区教育特色的优质课程,课程数由实验初期的400门800单元增加至646门1600多单元,完成了建设数字化课程资源的实验目标。

"鼓楼市民学习在线"为鼓楼区居民提供了包括文本、图形、图像、网页、网站、高清视频、数字音频、三分频、在线学习管理系统、计算机模拟、在线讨论等形式多样、内容丰富的网络学习资源,直接带来的变化表现在居民的参与面和认同度上,全区利用平台在线学习的用户激增,学习论坛上的发帖也反映了社区居民对"鼓楼市民学习在线"资源的认可。

三、成效

全区运用平台在线学习的注册家庭从实验初期的1.069万人(户)增加至5.0017万人(户)。学分在50分以上的用户占注册人数的比率从13.6%升至47.5%,有10%的用户学分达30分以上,并呈动态递增趋势。在实验结束时,50分以上的用户占注册总户数已攀升至50.3%,注册数和参与率两项指标都达到了实验目标。通过实验,全区参与"鼓楼市民学习在线"在线学习的居民受众面也有了扩展。统计表明,5.0017万人(户)的注册用户中,60岁以上用户占17.1%,18岁以下的未成年用户占4.5%,18~60岁中青年用户占78.4%。区电大还结合自身优势,以高职学生和专本科学员为对象,将社区教育和学历教育相融合,开展"鼓楼市民学习在线"的网上学习。得益于项目实验的推动,鼓楼区数字化学习社区教育呈现出辐射各个年龄段、各个层次人群的趋势。

(南京市鼓楼区成人教育中心　张　力)

五、社区教育师资队伍的建设策略

近年来,社区教育队伍建设已成为内涵建设的重要方面,拥有一支结构合理、数量充足、适应社区教育教学需要的专兼职教师队伍,社区教育工作才能真正实现提档升级。

当前普遍存在社区专职教育教师数量不足和质量参差不齐的问题,有学者指出,邀请更多的兼职教师、客座讲师、专家学者、行业精英、社会知名人士等加入社区教育师资队伍,才能形成多样化、全方位、多视角的社区教育服务能力,为社区教育的长远发展奠定人力资源的基础。① 充实兼职教师队伍固然可以解决一部分问题,但还是要争取从增加编制、充实人员、提升待遇、完善职称评聘机制等角度统筹考虑师资队伍的建设。目前,建好三支社区教育队伍已成为社区教育内涵建设的共识。

一是社区教育干部队伍。有一支懂理论、会协调、善统筹、能教学的复合型干部队伍是做好社区教育工作,特别是社区教育师资队伍建设的重要前提条件。未来需要进一步提升社区教育干部的领导力,包括学习力、决断力、组织力、教导力、推行力、感召力。学习力是领导者快速成长能力,决断力是领导者高瞻远瞩能力,组织力是领导者撬动资源能力,教导力是领导者带队育人能力,推行力是领导者获取绩效能力,而感召力是领导者宣传发动能力。增强社区教育干部的领导力,才能真正帮助社区教育干部实现统筹资源、培养师资队伍、完善办学条件、营造良好氛围的工作目标。

二是社区教育教师队伍。一支善于与居民沟通交流的、能够采取喜闻乐见的教学方式的教师队伍是留住居民、吸引居民参与社区教育的关键。首先要按照常住人口万分之一的比例,补足教师编制,同时要按需求配足专职教师。其次要依托开放大学和社区学院,分工配合,开展各类主题培训,提升教师的业务能力。社区教育不同于学校教育,对象复杂、需求广泛,不能像中小学的课堂教学一样去组织。在教师使用策略上,要重点依托各级开放大学和社区学院现有的教师队伍,充分发挥他们的辐射作用。再次,要完善社区教育教师的职称评审机制,能够有正常的职称晋升通道。最后,要完善兼职教师聘任机制,提升兼职教师待遇,加强兼职教师的管理。

三是社区教育志愿者队伍。社区中往往有许多身怀绝技的能工巧匠、博古通今的知识分子,他们中有一些人愿意担任社区教育的部分工作,为社区的健康发展和人的健康发展贡献自己的力量。这些人需要社区教育机构积极联络,把他们召唤出来、组织起来,发挥他们的专长和作用。许多社区教育机构共同聘请同一位志愿者时,社区教育机构彼此之间需要加强沟通和协调,让志愿者能够更好地服务社区教育。

社区教育教师队伍的成长,既需要政策待遇的扶持、系统的培训和考核激励措施,更需要在长期一线教学实践中磨炼成长。所以社区教育教师的培养是一个系统工程,需要因地制宜,通过实践磨炼,并坚持自己的特色和活力。

---

① 鲁杨:《社区教育师资队伍建设现状与原因探析》,《继续教育研究》,2014年第3期,第48页。

案例一：苏州市虎丘街道"山塘书院"讲师团

一、背景

苏州市虎丘街道依据"人无我有,人有我特"的工作思路,整合资源,发挥优势,成立了"山塘书院"讲师团。充分利用辖区吴中第一名胜虎丘山、七里山塘人文历史文化的独特资源,以及一批热心公益的社区教育师资力量,开展具有地域特色的社区教育活动。2015年2月,"山塘书院"讲师团挂牌成立,徐文高、洪祖仁、瞿慈珍等10位社区能人被聘为街道首批讲师团成员,他们中有画家、书法家、民俗专家、摄影家,也有社区基层法律工作者、大学生村干部。"山塘书院"充分发挥社区能人的优势,为社区居民和学生私人定制课程,打造"苏式"社区教育品牌。

二、做法

（一）注重人才选拔

虎丘街道党委、政府高度重视创设"山塘书院"讲师团,在招募"山塘书院"讲师团首批成员时,从各社区、辖区单位推荐的关工委志愿者中择优选拔,讲师团注重吸收各方面人才,特别是在某个领域有研究、有建树的能人参加,其中年龄层次涵盖老中青,从而充实和强化了讲师团的师资力量。"山塘书院"讲师团直接受街道党工委、办事处领导,并制定章程,依法发挥讲师团的功能。"山塘书院"讲师团由社区教育中心指导具体工作,配合街道社区教育中心定制适合居民的社区教育课程,定期开设老山塘文化专题系列讲座。同时发挥五老志愿者、市作协会员、市科协讲师团作用,进行专题授课。通过向社区居民和学生讲山塘故事、说虎丘典故传说,使他们了解老山塘的民风民俗,进一步培养新老苏州人对山塘的情结,加深他们对传统文化的关注和热爱。

（二）编写社区读本

"山塘书院"讲师团在徐文高老人带领下,动员了60多位社区人员研究了山塘的桥和水、山塘的会馆历史、山塘的牌楼和人物、山塘街的诗歌和对联等,编著了山塘文化的一系列研究专著,为吴越文化的传承奠定了良好的基础,为古山塘的旅游开发提供了详尽的历史资料。

（三）开设特色课程

"山塘书院"讲师团根据辖区实际需求,利用市民学校、护苗班、专题培训班等平台,协助搞好街道的社区教育工作,定期研讨编写地域特色课程、项目实验等。

（四）定期开展活动

"山塘书院"设立课目,并制订计划,按网格化运作方式,定期走进社区开展老山塘历史人文、苏州文化、法律普及、国防教育、医疗保健等授课活动,在赋予微课程传统和现代、历史和时尚有机糅合的同时,进一步多角度展示老山塘独特的历史文化资源,让辖区居民和学生更好地了解老山塘的前世今生和未来。此外,街道还视情况给予讲师一定的激励,并安排讲师团举行读书会、参观等交流活动,保持讲师团的活力,提高讲师团的理论实践水平。

（五）注重示范引领

"山塘书院"讲师团采取"中国好人"典型引路,抓好"五人墓"、"南社"、"玉涵堂"基地建设,按照整体设计,分层推进的策略,致力于授业解惑工作的实效性。

三、成效

"山塘书院"讲师团的成立和成功运作,是虎丘街道党工委、办事处开展社区教育、关心下一代工作的桥梁和纽带。讲师团成员充分发挥经验优势、威望优势、亲情优势和时间优势,为深化社区教育内涵、弘扬革命传统、培育民族精神、传播科学知识、帮扶困难群体做出了努力。制作的"七里山塘"微课程,通过全新的视角,让居民欣赏到七里山塘的独特魅力,这部微课程在全国首届微课程大赛中还荣获全国社区教育优秀奖;书院参与制作的微课程"矫义"获得江苏省乡土课程(视频)二等奖。"山塘书院"讲师团为打造姑苏区"四区四高地"新型城区做出了应有的贡献。

（苏州市姑苏区虎丘街道社区教育中心　王力刚）

案例二：常州市社区教育名师工作室建设

一、背景

2015年1月,常州市教育局首批社区教育名师工作室成立,首批社区教育名师工作室分别由常州市旅游商贸高等职业技术学校沈凤君、常州开放大学董农美、常州工学院崔涛领衔,28名教师参与,形成营养餐饮、家庭教育和常州文化三个专题研究与社区教育教学团队。名师工作室的成立将进一步发挥了三位优秀教师的专业引领作用,促使工作室成为培养社区教育优秀教师的发源地、优秀青年教师的集聚地和未来名教师的孵化地,促进全市社区教育更好更快地发展。

二、做法

在广泛发动的基础上,通过个人自荐、单位推荐、专家评审、现场答辩、综合评审等环节,共有3人被市教育局聘为市级社区教育名师工作室领衔人。

（一）签署协议

（1）市教育局与社区教育名师工作室领衔人签署协议。为发挥名师领衔人的专业引领作用，促进全市社区教育更好更快地发展，根据《常州市中小学名教师工作室管理试行办法》的有关规定，就完成工作室研究项目、培养中青年教师、质量评估、各项保障等方面有关权利和义务事项，通过协议进行明确。

（2）领衔人、工作室成员、常州市教育局签署三方协议。三方协议主要内容为：一是依据《常州市中小学名教师工作室管理试行办法》，由领衔人对成员进行考核，并认定是否实现了本协议所确定的培养目标，考核不合格者则调整出名教师工作室。二是根据《常州市中小学名教师工作室管理试行办法》，市教育局支付领衔人工作津贴，并视培养成效对工作室及甲乙双方予以奖励。

（二）加强考核

市教育局对领衔人实行过程性、终结性评价淘汰制，考核不合格则取消领衔人资格，并相应停止核发工作津贴。

（三）注重指导

工作室原则上每个月活动一次，活动主要以进社区进行教学活动为主，活动务求实效，即使居民受益，也要通过课程开发、评课议课实现教学相长，活动要做好记录，形成反思，市开放大学参与全程指导；常州市名师工作室（社区教育类）依托常州市名教师工作室博客群，整合资源、合作互动，计划、总结均要上传至本工作室博客群中，供学习交流；领衔人每半年根据工作室运行情况，总结经验，反思不足，提出改进措施。

三、成效

社区教育名师工作室是指建立在社区教育持续推进过程中，在已经取得经验的基础上，根据社区教育教师的研究领域与专业特长而建立起来的社区教育教师工作团队。在一年的时间里，三位领衔人充分发挥了示范引领的职责，认真按照评估考核的要求，带领工作室成员进行了社区教育课程开发、教学实践、项目实验、网站开发、理论研究、宣传引导等工作，取得了较为丰硕的成果。一年来，先后进社区开展教学活动100多次，形成教学视频、微课近100个资源，论文教材20余篇（本），新闻报道200多篇，不仅培养了大批优秀社区教育年轻教师，还通过工作实践为常州市民提供了更多、更好的终身学习服务，使优质社区教育资源真正起到普及、集聚、转化和辐射作用。

经过上报材料、汇报答辩、专家评审等多个环节，在2015年度终结性评估中，董农美社区教育名师工作室被评为优秀名教师工作室，崔涛社区教育名师工作室被评为良好名教师工作室,沈凤君社区教育名师工作室被评为合格名教师工作室。另外,董农美社区教育名师工作室的成员仲红俐与戴菊伟、崔涛名师工作室的杨曙与曲师被评为优秀成员;董农美社区教育名师工作室的项目"'和'之魂国学讲堂建设实践研究"被评为优秀成果。

(常州市教育局终身教育处　王　中)

案例三:淮安市金湖县农村成人教育师资队伍建设

一、背景

农村成人教育教师队伍建设是一个重要课题,其特殊性表现在教师的劳动成果往往直接体现为帮助劳动者提高知识和技能,从而提高劳动生产率,帮助农民增收致富。因此,在市场经济条件下,加强师资队伍建设,发展乡镇成人教育事业,具有重要意义。

而师资队伍建设又是乡镇成教中心校发展的薄弱环节。当前农村成教中心校教师呈现学历结构偏低、知识结构不合理、能力结构差异大等特点。乡镇成人学校是教育延伸到农村的最终端的办学机构,是打通农村教育的"最后一公里"和构建全民终身学习和学习型社会的重要基石,在继续教育体系和经济社会发展中具有非常重要、不可替代的作用。乡镇成人教育中心校对教师要求高,除了对学历的要求,更多的是对各种专业知识和一定生产技能的要求。师资水平跟不上,办学效果必将大打折扣。多年来,我们着力打造"四支队伍",有效地提高了农村成人教育中心校办学水平。

二、做法

(一)打造一支精明的校长队伍

常言说"一个好校长就是一所好学校"。我们的做法是:1)公推公选,精心挑选。我们制订了《校长任用办法》,在全镇公开选拔成人教育中心校校长,在中层正职以上校干中,按照不低于1:3的比例提名,通过公开演讲、不记名投票选出一名校长,公示结束后,由教育局任命。2)岗位培训,提升素质。主要培训有集中培训和自学培训。集中培训主要是参加省、市级培训,县教育局每年两次成教工作者培训和考察活动。自学培训主要是阅读一本与自己工作相关的书籍,完成一篇农村成人教育调研报告和培训感想,主持一个课题实验。特别是通过专家的理论讲解和系统指导,校长逐步形成适合本地教育现状的实践操作经验,实现自身思考问题、解决问题、创新发展能力的提升。

(二)打造一支精干的专职教师队伍

建立一支精干的专职教师队伍是搞好农村成人教育的重要前提。金湖县对成教教师做出了明确规定:1)把好入口关。新教师的配备学历须大专以上,年龄不大于45周岁,身体健康,有吃苦精神,具有一定的协调、沟通能力。2)引导教师参加继续教育。教师的继续教育是教师队伍发展的必需环节,是增强教师基本素质的重要途径。我们投入专项经费,有计划、有针对性地开展教师培训。通过培训,让所有教师熟悉成人学员的学习特点和成人教育的教学规律,学会因材施教、有的放矢。

我们重点培养"双师型"教师。在成人教育教师队伍中,专职教师往往缺乏专业知识,所以,我们定期进行深造培训,要求教师根据自身实际,选择企业或种植、养殖大户跟班实习和开展技术咨询服务,培养既有扎实的理论知识,又有丰富的实践经验和岗位技能的"双师型"教师。

(三)打造一支肯奉献的兼职教师队伍

农村成人教育工作面很广,要满足各类人群的学习需求,就必须有一批专业性很强的兼职教师队伍。我们根据不同人群的学习要求,在广泛征求意见的基础上出台了《金湖县农村成人教育中心兼职教师培养与管理方案》,涵盖兼职教师培养与管理的原则、职责与义务、评价与考核等相关内容。为兼职教师了解农村成人教育规律、了解教学工作特点、适应教师岗位需求、提升教育教学技能和提高教学水平提供了有力保证。重点体现在两方面:

一是搭建兼职教师发展平台,发挥专业指导作用。我们发挥兼职教师所长,创造条件,搭建兼职教师发展的平台,让兼职教师参与专业设置、教材开发、授课实训。开设名师工作室、进行行业专业知识讲座等,使兼职教师能引进来、用得上、干得好,为发展农村成人教育事业奠定了坚实的基础。

二是建设兼职教师专业教学资源库,完善整体资源建设。通过多年的建设管理,金湖县兼职教师队伍参与农村成人教育,承担了一定的教学任务,积累了丰富的教学资源,补充完善了整体资源建设。

(四)打造一支能吃苦的志愿者队伍

社区志愿者本着"奉献、友爱、互助、进步"的志愿者精神,自愿利用业余时间和自身所掌握的技能等资源,为居民、公益事业提供帮助或服务。加强社区志愿者队伍建设,是保证社区健康发展,推进和谐社会建设的基础。

(1)加强宣传,普及理念。立足于反映社会发展进步的时代要求,通过各种媒体,弘扬以"奉献、友爱、互助、进步"为主要内容的志愿精神,普及志愿理念,引导各类优秀人才、具有一技之长的专业人士、热心公益的各界人士参与志愿服务。

(2)党员带头,拓宽渠道。坚持志愿者队伍以党员和领导干部为表率,号召党员和领导干部充分发挥先锋模范作用,带头参加志愿服务,推动志愿者队伍的壮大。

(3)整合资源,整体推进。建立文明办牵头总抓、部门管理、社会参与的组织领导体系。经常组织协调会,充分整合和有效利用各单位、部门的人才优势和便利条件,形成志愿服务联动协调、优势互补、齐抓共管、整体推进的良好态势。

三、成效

目前,全县11名校长10名本科学历,1名大专学历,最小年龄38岁,平均年龄45岁,社区教育专业高级职称4人,享受县政府津贴1人、国家表彰1人、省级表彰1人、市级表彰3人。专职教师54人,其中本科学历31人,其余为大专学历,平均年龄47岁,基本担任过学校校长或中层领导职务。兼职教师300余人,志愿者1万余人,都是中、高级职称的专家,涉及各行各业,有力地提升了农村成人教育的办学水平。

(淮安市金湖县教育局职社科　汪　海　马荣军)

参考文献

一、专著

1. 陈文德、黄应贵:《"社群"研究的省思》,"中央"研究院民族学研究所,2002年版。
2. 周德民、吴鹏森、苏振芳:《现代社会学》(第五版),人民出版社,2014年版。
3. R.E.帕克等:《城市社会学——芝加哥学派城市研究文集》,华夏出版社,1987年版。
4. 施坚雅:《中国农村的市场和社会结构》,中国社会科学出版社,1998年版。
5. 张兴杰:《现代社会学新编》,北京大学出版社,2012年版。
6. 刘视湘:《社区心理学》,开明出版社,2013年版。
7. 叶忠海、朱涛主编:《社区教育学》,高等教育出版社,2009年版。
8. 何爱霞:《成人教育社会学研究》,中国海洋大学出版社,2007年版。
9. 钟玉英:《社会学概论》,华南理工大学出版社,2011年版。
10. 徐永祥:《社区发展论》,华东理工大学出版社,2001年版。
11. 李华:《中国农村:公共品供给与财政制度创新》,经济科学出版社,2005年版。
12. 皮埃尔·卡蓝默:《破碎的民主——试论治理的革命》,生活·读书·新知三联书店,2005年版。
13. 吴志成:《治理创新——欧洲治理的历史、理论与实践》,天津人民出版社,2003年版。
14. 詹姆斯·N·罗西瑙:《没有政府的治理》,江西人民出版社,2001年版。
15. 俞可平主编:《治理与善治》,社会科学文献出版社,2000年版。
16. *The Commission on Global Governance, Our Global Neighborhood: the Report*

of the Commission on Global Governance, Oxford University Press, 1955.

17. 刘军宁、贺卫方:《市场逻辑与国家意志》,生活·读书·新知三联书店,1995年版。

18. 中共中央翻译局:《马克思恩格斯选集:第4卷》,人民出版社,1995年版。

19. 周晓虹:《公共管理学概论》(第2版),中央广播电视大学出版社,2009年版。

20. 郑杭生:《中国城市社区治理结构研究》,中国人民大学出版社,2012年版。

21. 曹荣湘:《走出囚徒困境:社会资本与制度分析》,上海三联书店,2003年版。

22. 詹姆斯·科尔曼:《社会理论的基础(上)》,社会科学文献出版社,1999年版。

23. 韦克难:《社区管理》,四川人民出版社,2003年版。

24. 黎智洪:《从管理到治理:我国城市社区管理模式转型研究》,经济日报出版社,2014年版。

25. 王颖:《城市社会学》,上海三联书店,2005年版。

26. 方轮、胡艳曦:《城市社区教育资源开发与整合》,广东人民出版社,2009年版。

27. 鲁洁:《教育社会学》,人民教育出版社,1990年版。

28. C.J.泰特缪斯主编:《培格曼国际终身教育百科全书》,职工教育出版社,1990年版。

29. 迈克尔·富兰:《变革的力量——透视教育改革》,教育科学出版社,2004年版。

30. 保尔·朗格朗著:《终身教育引论》,中国对外翻译出版公司出版,1985年版。

31. 陈乃林:《现代社区教育理论与实验探索》,中国人民大学出版社,2006年版。

32. 黄济、土策二:《现代教育论》,人民教育出版社,1996年版。

33. 叶忠海:《创建学习型城市的理论和实践》,上海三联书店,2005年版。

34. 小林文人、末本诚、吴遵民:《当代社区教育新视野——社区教育理论与实践的国际比较》,上海教育出版社,2003年版。

35. 金德琅：《终身教育体系中社区学校实体化建设的研究》，上海社会科学院出版社，2007年版。

36. 杨坚：《中国社区教育发展报告(1985—2011)》，中央广播电视大学出版社，2012年版。

37. 彼得·圣吉：《第五项修炼——学习型组织的艺术与实务》，上海三联书店，1994年版。

38. 辞海编辑委员会：《辞海》(缩印本)，上海辞书出版社，1999年版。

39. 李路路、李汉林：《中国的单位、组织、资源、权利和交换》，浙江人民出版社，2000年版。

40. 张永理：《社区治理》，北京大学出版社，2002年版。

41. 王善迈：《教育经济学简明教程》，高等教育出版社，2000年版。

42. Arther Levine：*Handbook on Undergraduation Curiculum*，Jossey-Base Publisher，1978.

43. 杨应崧等著：《世界各国社区教育概论》，上海大学出版社，2000年版。

44. 中共中央文献研究室编：《十三大以来重要文献选编》(上)，人民出版社，1991年版。

45. 续润华：《美国社区学院发展研究》，中国档案出版社，2000年版。

46. 万秀兰：《美国社区学院的改革与发展》，人民教育出版社，2003年版。

47. 周志群：《美国社区学院课程变革与发展研究》，福建教育出版社，2012年版。

48. 宋亦芳：《社区数字化学习资源建设研究》，上海科学技术出版社，2013年版。

49. 张雅晶：《台湾社区教育概论》，中国社会出版社，2005年版。

50. 侯怀银：《社区教育》，北京师范大学出版社，2015年版。

51. 徐国庆：《职业教育课程论》，华东师范大学出版社，2015年版。

52. 谢国东：《构建学习社会》，四川教育出版社，1997年版。

53. 黄济、王策三：《现代教育论》，人民教育出版社，1996年版。

54. 黄云龙：《社区教育管理与评价》，上海大学出版社，2000年版。

55. 孔繁斌：《公共性的再生产：多中心治理的合作机制建构》，江苏人民出版社，2008年版。

56. 孙绵涛：《教育管理学》，人民出版社，2007年版。

57. 王涤等：《中国社区教育示范区实证研究——以浙江杭州下城区为例》，

西泠印社出版社,2013年版。

58. 彭飞龙:《终身学习体系——学分银行的原理与技术》,高等教育出版社,2013年版。

59. 桑宁霞:《社区教育概论》,中国社会科学出版社,2002年版。

60. 徐琦:《美国社区学院研究》,中国社会出版社,2008年版。

61. 叶忠海:《中国社区教育发展研究》,同济大学出版社,2011年版。

62. 邓伟志:《社会学辞典》,上海辞书出版社,2009年版。

63. 汪大海:《社区管理学》,北京师范大学出版社,2011年版。

64. 刘淑兰:《学校与社区的互动》,四川教育出版社,2003年版。

65. 唐·培根、唐纳德·R.格莱叶:《学校与社区关系》,重庆大学出版社,2003年版。

66. 詹姆士·H.道尔顿、毛瑞斯·J.伊莱亚斯、阿伯汉姆·万德斯曼:《社区心理学》,中国人民大学出版社,2010年版。

二、期刊论文

1. 张俊浦、李朝:《社区:从一个社会学概念到一种基本的分析框架》,《甘肃理论学刊》,2008年第5期。

2. 周德民、吕耀怀:《虚拟社区:传统社区概念的拓展》,《湘湖论坛》,2003年第1期。

3. 李晓非:《拿来、改造、中国式运用——社区概念中国化的思考》,《学术探索》,2012年第9期。

4. 李文茂、雷刚:《社区概念与社区中的认同建构》,《城市发展研究》,2013年第9期。

5. 赵德华:《社区与社区功能的探析》,《中南民族大学学报(人文社会科学版)》,2007年第6期。

6. 陈柳钦:《现代城市社区的内涵、特性与功能》,《郑州航空工业管理学院学报》,2008年第6期。

7. 陈柳钦:《城市社区功能研究》,《重庆工商大学学报(社会科学版)》,2008年第5期。

8. 卜万红:《论现代城市社区的基本功能》,《上海城市管理职业技术学院学报》,2007年第3期。

9. 李东泉:《中国社区发展历程的回顾与展望》,《中国行政管理》,2013年第 5 期。

10. 华伟:《单位制向社区制的回归——中国城市基层管理体系 50 年变迁》,《战略与管理》,2000 年第 1 期。

11. 陈伟东:《论社区建设的中国道路》,《学习与实践》,2013 年第 2 期。

12. 艾医卫、廖惠丽:《当前城市社区建设存在的主要问题与对策》,《湖南行政学院学报》,2007 年第 2 期。

13. 马西恒:《理念与经验:中国与北美社区建设之比较》,《上海行政学院学报》,2011 年第 1 期。

14. 潘泽泉:《以构建市民社会为目标:社区建设和发展策略的转变》,《福建论坛(人文社会科学版)》,2009 年第 3 期。

15. 潘永强:《我国乡村城镇化建设中的问题与对策》,《内蒙古财经学院学报(综合版)》,2004 年第 4 期。

16. 刘银喜、任梅:《治理理论与公共产品的相关性分析》,《中国行政管理》,2006 年第 9 期。

17. 刘朝阳:《国家治理概念辨析》,《武汉科技大学学报(社会科学版)》,2015 年第 5 期。

18. 郝天聪:《社会转型视角下的职业教育发展初探》,《职业教育研究》,2015 年第 3 期。

19. 张宝锋:《治理概念的社会学分析》,《经济与社会发展》,2005 年第 9 期。

20. 胡国进、赖经洪:《新时期政府治理模式探析》,《江西社会科学》,2005 年第 8 期。

21. 程杞国:《从管理到治理:观念、逻辑与方法》,《南京社会科学》,2001 年第 9 期。

22. 杨敏:《我国城市社会发展与社区建设的新态势——新一轮城市化过程社会资源配置的社区化探索》,《科学社会主义》,2010 年第 4 期。

23. 陈潭、史海威:《社区治理的理论范式与逻辑结构》,《求索》,2010 年第 8 期。

24. 汪大海:《外国人是如何管理社区公共事务的》,《社区》,2005 年第 3 期。

25. 陈伟东、李雪萍:《社区治理与公民社会的发育》,《华中师范大学学报(人文社会科学版)》,2003 年第 1 期。

26. 吴晓林、郝丽娜:《"社区复兴运动"以来国外社区治理研究的理论考察》,《政治学研究》,2015年第1期。

27. 陈潭、史海威:《社区治理的理论范式与逻辑结构》,《求索》,2010年第8期。

28. 刘建军:《和而不同:现代国家治理体系的三重属性》,《复旦学报(社会科学版)》,2014年第3期。

29. 韩伟:《社区治理与政府放权刍议》,《农村经济》,2015年第11期。

30. 姚何煜、王华:《城市社区治理的组织结构探析》,《华东经济管理》,2009年第4期。

31. 张洪武:《论社区治理中的多元权力互动》,《广东行政学院学报》,2005年第1期。

32. 汪小波:《试论非营利组织在社区治理中存在的问题与对策》,《内蒙古农业大学学报(社会科学版)》,2012年第1期。

33. 刘辉:《管治、无政府与合作:治理理论的三种图式》,《上海行政学院学报》,2012年第3期。

34. 张晨:《城市化进程中的"过渡型社区":空间生成、结构属性与演进前景》,《苏州大学学报(哲学社会科学版)》,2011年第6期。

35. 李泉:《中国城乡社区治理:反思与检讨》,《广东广播电视大学学报》,2011年第3期。

36. 张艳国、刘小钧:《十八大以来我国社区治理的新常态》,《社会主义研究》,2015年第5期。

37. 韩兴雨、孙其昂:《现代化语境中城市社区治理转型之路》,《江苏社会科学》,2012年第1期。

38. 任海心:《积极探索社区治理能力现代化的有效路径》,《湖南行政学院学报》,2015年第5期。

39. 郑杭生、黄家亮:《当前我国社会管理和社区治理的新趋势》,《甘肃社会科学》,2012年第6期。

40. 韩兆柱、何雷:《中国城市社区治理云服务发展与运用研究》,《学习论坛》,2014年第5期。

41. 周庆智:《当前的中国社区治理与未来转型》,《人民智库报告》,2016年第2期。

42. 姜晓萍、衡霞:《社区治理中的公民参与》,《湖南社会科学》,2007年第1

期。

43. 赵爽:《社区研究对社区教育模式的启示》,《继续教育研究》,2007年第6期。

44. 厉以贤:《社区教育的理念》,《教育研究》,1999年第3期。

45. 黄云龙:《我国社区教育的嬗变、发展态势及其实践策略》,《国家教育行政学院学报》,2006年第1期。

46. 顾明远:《学习和解读〈国家中长期教育改革和发展规划纲要(2010—2020)〉》,《高等教育研究》,2010年第7期。

47. 吴雪萍、王艳玲:《发展以人为本的社区教育》,《职业技术教育》,2003年第4期。

48. 李会红:《整合社区教育资源,构建开发式德育平台》,《天津教育》,2008年第4期。

49. 刘尧:《政协提案中的社区大学(学院)创建构想》,《荆门职业技术学院学报·教育学刊》,2007年第10期。

50. 沈治成:《谈教育资源利用率及其提高途径》,《教育现代化》,2001年第4期。

51. 王嵘:《贫困地区教育资源的开发利用》,《教育研究》,2001年第9期。

52. 雷少波:《社区教育资源的开发及其价值思考》,《教育理论与实践》,2001年第7期。

53. 赵艳丽、徐玲:《改革开放以来我国社区教育政策的演进》,《中国成人教育》,2011年第19期。

54. 张喧:《日本社区教育》,《社区》,2008年第5期。

55. 丁海珍:《社区教育微课程建设的问题与对策探析》,《职教论坛》,2014年第21期。

56. 杨立艺:《社区教育活动课程建设刍议》,《成才与就业》,2014年第15期。

57. 丁邦平、顾明远:《学科课程与"活动课程":分离还是融合——兼论"学生本位课程"及其特征》,《教育研究》,2002年第10期。

58. 李晨英、王昕:《在活动中培养学生——日本社区教育实践活动的启示》,《河北教育(德育版)》,2013年第4期。

59. 仲红俐、李梦军:《关于常州市社区教育活动课程编制的思考——以社区青少年机器人素质提升系列课程为例》,《课程教育研究》,2015年第6期。

60. 王寿斌:《美国社区学院管理特色借鉴》,《教育与职业》,2013 年第 28 期。

61. 刘莉、张爱文:《社区教育:远程教育的新挑战》,《中国远程教育》,2007 年第 12 期。

62. 周立卓:《"互联网+教育"背景下地方高职院校参与社区教育的路径研究》,《河南科技学院学报》,2016 年第 4 期。

63. 陈乃林:《社区教育管理创新简论》,《职教论坛》,2012 年第 30 期。

64. 邱建新、查永军:《我国社区教育发展的有效运行机制》,《成人教育》,2001 年第 6 期。

65. 孙登林:《终身教育体系构建的原则、结构及运行机制》,《黑龙江高教研究》,2003 年第 1 期。

66. 李平:《社区教育运行机制的选择和建构》,《职业技术教育(教科版)》,2005 年第 1 期。

67. 刘明生:《美国社区学院学分转换制度的经验与启示》,《职业技术教育》,2015 年第 15 期。

68. 林晓凤、安宽洙:《韩国学分银行十五年:成就、挑战与未来》,《职教论坛》,2015 年第 3 期。

69. 王琪丰:《国内外社区教育模式及相关研究综述》,《宁波广播电视大学学报》,2012 年第 6 期。

70. 余嘉强、谢炜聪:《基于终身教育理念的社区教育品牌设计维度分析》,《职业技术教育》,2012 年第 8 期。

71. 胡凤英:《论社区教育评价的创新》,《职教通讯》,2005 年第 9 期。

72. 周俊、林杰、周鸿:《社区教育评价研究述评》,《成人教育》,2008 年第 10 期。

73. 宋亦芳:《我国社区数字化学习的实践与思考——基于全国数字化学习先行区推进 5 年的回顾》,《职教论坛》,2014 年第 9 期。

74. 于欣:《信息化社区教育的内涵与特点》,《中小企业管理与科技(上旬刊)》,2014 年第 4 期。

75. 鲁杨:《社区教育师资队伍建设现状与原因探析》,《继续教育研究》,2014 第 3 期。

76. 张洪武:《一个关于社区治理的新思考》,《公共管理》,2006 年第 3 期。

77. 张洪武:《非营利组织在社区治理中的作用》,《陕西行政学院学报》,

2010 年第 2 期。

78. 张洪武:《多中心秩序与社区治理模式选择》,《河北学刊》,2005 年第 4 期。

79. 郝天聪:《市场发挥职业教育资源配置决定性作用的路径探析》,《职业技术教育》,2015 年第 10 期。

三、在线联机资料

1. 杨少鸣:《社区教育与社区发展研究》,见《98 上海社区成人教育学术研讨会论文集》。

2. 教职成司〔2000〕14 号:《教育部关于在部分地区开展社区教育实验工作的通知》;教职成司〔2004〕16 号:《教育部关于推进社区教育工作的若干意见》;教职成函〔2008〕1 号:《教育部关于确定全国社区教育示范区的通知》。

3. 教育部网站:《国家中长期教育改革和发展规划纲要(2010—2020 年)》。http://www.moe.edu.cn/publicfiles/business/htmlfiles/moe/moe_838/201008/93704.html. 2010-7-29.

4. Eastern Florida State College:http://www.easternflorida.edu/academics/workforcetrainingandcertifications/non-credit-technical-professional-training/index.cfm.

5. Sinclair Commjnity College summer 2016:http://www.sinclair.edu/www/assets/File/Hom-StuSer-AcaRes-ColLifLear/CfLL_SUM16.pdf.

6. 百度文库:《DACUM 工作分析法介绍》。http://wenku.baidu.com/link?url=E6uQoyDXGbDgeV_KA-JTgBbUzlSw_NEiE5aryz072jR57XIBeR7JmfKtNyY3OxIumXCcRJij4U5uNv4sienEQQ8EL4hrRMI3IiNblDmRiu.

7. 台北市大同社区官方网站:《大同社区周课程表》。http://www.datong.org.tw/course.asp.

8. 《北京市顺义区社区教育督查工作报告》。http://www.moe.edu.cn/publicfiles/business/htmlfiles/moe/s7277/201303/148813.html.

9. 教职成〔2016〕4 号:《关于进一步推进社区教育发展的意见》。

10. 教职成厅〔2010〕7 号:《社区教育示范区评估标准(试行)》。

四、学位论文

1. 钟坛坛:《城乡一体化进程中乡村社区治理研究:影响因素分析与指标体系构建》,苏州大学博士学位论文,2014 年。

2. 周婧飒:《契约化治理:公约在社会治理中的作用研究》,上海交通大学硕士学位论文,2013年。

3. 梅倩:《社区治理模式研究》,湖北大学硕士学位论文,2013年。

4. 朱鸿章:《社区教育政策与公民学习权保障的研究》,华东师范大学博士学位论文,2012年。

5. 胥英明:《中国主要社区教育模式研究》,河北大学硕士学位论文,2000年。

6. 李征:《社区教育资源开发研究》,华东师范大学硕士学位论文,2004年。

7. 郝美英:《国外社区教育的成功经验及其对我国的启示》,河北师范大学硕士学位论文,2010年。

8. 汪丽娟:《广州市萝岗区社区教育管理研究》,华南理工大学硕士学位论文,2015年。

9. 李佳萍:《我国社区教育管理的问题与对策研究》,东北师范大学博士学位论文,2014年。

后 记

从 2012 年开始,我们每年举办一次全省社区教育管理人员高级研修班。那个时候我就想撰写一本与社区教育有关的书作为培训用书,现在这个愿望实现了。我始终认为,社区教育是促进社区居民个体发展的手段,是改善社区治理的路径,是推动社会和谐的桥梁,因此,理解社区教育的重要性、分析社区教育存在的问题、设计社区教育发展的模式,都必须站在有利于社会建设和社区治理的角度。换言之,只有对社会转型、社区变迁有深刻的认知,才能对社区教育有深入的理解,就社区教育谈社区教育是没有意义的。我们这本书就是在这样的理念统领下撰写的,这一点从本书的书名可以看得出来。

本书的写作过程是这样的。我构思和设计整本书的写作提纲,然后组织写作团队并跟他们讲清楚写作理念、体例、行文应注意的问题。具体分工是我撰写导论和第一章,郝天聪撰写第二章,刘晓玲撰写第三章,杜连森撰写第四章,李政撰写第五章,吕倩蕾和范平平撰写第六章,第七章案例部分由常州市教育局终身教育处王中处长组织编写。上述作者中,除了王中同志外,其他人都曾经是我在南京师范大学指导的硕士研究生,他们现在分别在不同的高校或继续学习或已经工作。之所以找他们撰写,原因有二:一是他们都有一定的写作能力和社区教育知识积累;二是他们能比较好地贯彻我的写作理念。初稿出来后,我看了一遍,认为基本上达到了我当初撰写本书的设想。为了使文字风格尽量统一,我们交叉审读别人写的内容,并提出修改建议。最后由我来统稿,并且对每章都补充了一些必要的内容,纠正了文字方面存在的舛误。在这里我对于第二到第七章作者付出的努力表示由衷的感谢。

本书得到了江苏省高校"青蓝工程"科技创新团队的资助,还得到了省教育厅社会教育处朱大梅处长的鼓励和支持,对此我也表示衷心的感谢。

庄西真

2016 年 9 月 5 日